UHD 고화질 영상 압축을 위한
HEVC 표준 부호화 알고리즘의 분석

호요성·최정아

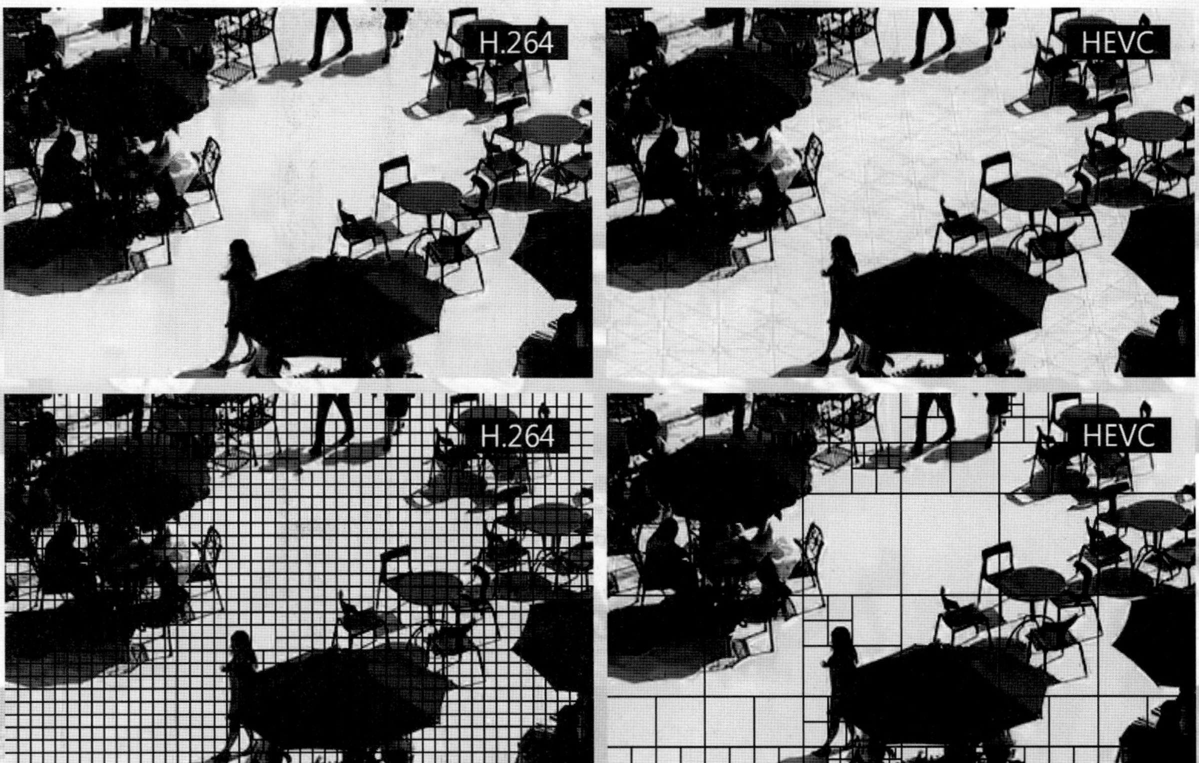

JINSAEM 진샘미디어

PREFACE

디지털 기술과 네트워크 기술의 발전으로 대용량 고화질 비디오 콘텐츠를 소비하는 시대가 열렸다. UHD(Ultra High Definition)급 영상을 시청할 수 있는 TV, 빔 프로젝터가 출시되었고, 스마트폰으로도 UHD 영상을 촬영할 수 있는 세상이 되었다. 하지만 기존에 널리 사용되던 H.264/AVC 표준은 이런 고해상도, 고화질 영상 서비스를 지원하기에는 한계가 있다. 따라서 국제 비디오 압축 기술 표준화 기구인 ISO/IEC JTC1/SC29/WG11 MPEG (Moving Picture Experts Group)과 ITU-T SG16 Q.6 VCEG (Video Coding Experts Group)은 새로운 표준에 대한 필요성을 느끼고, 공동으로 HEVC (High Efficiency Video Coding) 압축 기술 표준화를 진행했다.

HEVC 표준은 기존의 H.264/AVC 비디오 압축 표준에 비해 약 두 배 이상의 압축 효율을 제공하는 차세대 영상 압축 표준 기술로, UHD급 비디오의 방대한 데이터를 효과적으로 압축 부호화하는데 있어 핵심 기술로 사용될 것으로 예측된다. 지난 2013년 4월 HEVC가 국제 표준(International Standard)으로 승인됨에 따라, 전 세계적으로 HEVC 기술을 상용화하기 위한 노력이 시작되었으며, HEVC 소프트웨어 코덱뿐 아니라 SoC 기반 하드웨어 코덱 연구개발이 진행되고 있다. 일반적으로 표준 완성 후 안정화된 제품이 시장에 나오기까지 소프트웨어는 약 2년, 하드웨어는 약 4년 정도의 시간이 소요된다. 하지만 HEVC는 학계뿐 아니라 세계 유수의 소프트웨어 및 하드웨어 업체들이 적극적으로 참여해 만들어진 표준이므로 가까운 시일 내에 최적화된 HEVC 하드웨어 및 소프트웨어 솔루션이 시장에 출시될 것으로 예상된다. 또한, HEVC 기술을 바탕으로 4K-UHD급 스테레오스코픽 TV, 다시점 TV, DVD, 디지털 카메라, 캠코더, 감시비디오, 블랙박스 등 많은 응용 제품이 기획됨에 따라, 관련 시장이 폭발적으로 성장할 것으로 전망된다.

지금까지 표준 원천 기술 개발이 중요한 단계였다면, 이제부터는 이를 이용한 제품 개발을 통한 부가가치 생성의 단계에 있다고 볼 수 있다. 이러한 HEVC 기반 제품의 상용화에 있어서, 그 핵심 기술에 대한 명확한 이해가 선행되어야 한다. 또한, 이들 알고리즘을 구현한 참조 소프트웨어의 세밀한 구조 및 동작에 대한 분석이 필요하다. 그런 가운데 HEVC 표준의 알고리즘에 대한 상세한 설명과 함께 소스 코드의 분석에 대한 지도안의 필요성을 절실히 느끼게 되어 2013년 HEVC FDIS(Final Draft International Standard)를 기반으로 초판을 집필하였다. 이후 HEVC 참조 소프트웨어가 계속하여 갱신되면서 이를 한층 더 심도 있게 분석할 필요성을 느꼈다. 이에 최근에 갱신된 HEVC 참조 소프트웨어 버전 13.0을 기반으로 전면 개정판을 만들게 되었다. 이번 전면 개정판에서는 초보자가 이해하기 쉽도록 영상 압축 기초 이론에서 HEVC 핵심 기술까지 그림을 곁들여 쉽게 해설하였다. 또한, HEVC 참조 소프트웨어의 소스 코드에 대한 설명을 보강해 실무자들에게 좋은 길잡이가 될 수 있도록 하였다.

이 책의 구성은 다음과 같다. 우선 제1장에서는 동영상 압축을 위한 국제 비디오 표준화 기구인 MPEG과 VCEG, MPEG과 VCEG이 공동으로 발족한 JCT-VC에 대해 알아본 후, HEVC 표준화 활동의 배경 및 경과, 비전, 요구사항, 응용분야를 기술했다. 제2장에서는 HEVC 표준을 이해하기 위해 필요한 과정으로 일반적인 비디오 데이터 압축에 사용되는 기본적인 부호화 알고리즘을 간단히 소개하였다. 제3장에서는 HEVC 표준의 참조 소프트웨어를 다운받고 구동하는 법을 설명한 후, HEVC 부호화 표준에 포함된 주요 알고리즘과 전체 구조에 관해 설명했다. 제4장에서는 최대 35개의 다양한 예측 방향을 가지는 화면내 예측, 향상된 움직임 벡터 예측 방법, DCT 기반 보간 필터, 루프 필터, 높은 처리율을 갖는 엔트로피 압축 기술 등 HEVC의 요소 기술을 상세히 설명하고 HEVC 참조 소프트웨어의 소스코드도 함께 분석했다.

이 책은 광주과학기술원 정보통신공학부 영상통신연구실에서 그동안 HEVC 비디오 부호화 방식에 대한 연구를 수행하며 습득한 기술들을 바탕으로 집필했다. 무엇보다도 바쁜 가운데 이 책을 준비하는데 도움을 준 영상통신연구실 학생들에게 깊은 고마움을 전하며, 이 책의 출판을 맡아 수고해 주신 진샘미디어 관계자 여러분께도 감사를 표한다. 마지막으로, 이 책이 멀티미디어 분야의 실무자들이나 학생들이 HEVC 표준의 핵심 알고리즘을 이해하고, 관련 연구 및 개발 분야에서 최고의 경쟁력을 확보하는데 좋은 밑거름이 되기를 바란다. 이 책의 미흡한 부분에 대한 여러분들의 좋은 의견을 보내주시면 이 책을 개선하는데 최대한 반영하도록 노력하겠다.

2014년 4월

호요성, 최정아

CONTENTS

CHAPTER 1

국제 비디오 부호화 표준의 이해

1.1 HEVC 표준화 배경

거실에 50인치 이상의 TV를 두고, 집에서 편안하게 방송 프로그램 또는 영화를 감상하는 모습은 현대 일반적인 가정의 흔한 모습이다. 디지털 TV의 보급이 확산되면서 시장 전반적으로 대형 TV에 대한 선호도가 높아지고 있으며, 삼성과 LG 등의 대기업들은 앞다투어 대형 TV들을 출시하고 있다. 하지만 60인치 이상의 대형 디스플레이에서 기존의 HD (High Definition)급 해상도로 사람의 얼굴을 크게 비추면 사각형의 화소가 보여 화질이 매끄럽지 못하다. 따라서 기존의 HD급 영상보다 4배 이상 16배까지 선명한 초고화질 UHD (Ultra High Definition) 영상 서비스가 차세대 방송 기술로 새롭게 주목받고 있다.

UHD 고화질 영상은 시청자에게 현장감과 사실감을 제공할 수 있어 방송, 원격 회의, 교육, 의료, 게임 등 다양한 분야에서 광범위하게 활용될 것으로 기대된다. 실제로 UHDTV로 고화질 영상을 본 사람은 저절로 탄성을 지른다. 어떤 이들은 화면이 매우 생생해 굳이 3차원 영상을 보지 않아도 입체감이 느껴질 정도라고 얘기한다. 삼성이 85인치 UHDTV를, LG는 84인치 UHDTV를 출시함에 따라, UHDTV 바람이 불고 있다. UHDTV는 일반 보급형 디지털 TV에 비해 고가임에도 불구하고 높은 판매량을 기록하고 있다는 점에서 곧 다가올 UHDTV 시대를 점쳐볼 수 있다.

〈그림 1-1〉 UHDTV

〈표 1-1〉은 UHDTV의 주요 특징을 HDTV와 비교한 것이다 [1]. 〈표 1-1〉에서 볼 수 있듯이, 4K UHDTV는 HDTV의 4배, 8K UHDTV는 HDTV의 16배의 해상도를 갖는다. 또한 10~12 bit로 색을 표현하고, 4:2:0 컬러 포맷뿐 아니라 4:2:2, 4:4:4의 컬러 포맷을 사용해 대

형 화면에서 더욱 섬세하고 자연스러운 영상의 표현이 가능하다.

〈표 1-1〉 UHDTV의 특징

구분	HDTV	UHDTV	
		4K	8K
해상도	1920×1080	3840×2160	7680×4320
화면 주사율	30Hz	60Hz	
컬러당 비트수	8, 10 bits	10, 12 bits	
컬러 포맷	4:2:0	4:4:4, 4:2:2, 4:2:0	
가로세로 화면비	16:9	16:9	
오디오 채널수	5.1	10.1 ~ 22.2	
수평 시야각	30°	55°	100°

4K UHDTV의 시야각은 55도, 8K UHDTV의 시야각은 100도로 기존의 HDTV에 비해 실제감이 최대화되었다. 또한, 어느 방향에서나 실제 현장과 동일한 음향을 감상할 수 있도록 기존의 5.1채널이 아닌 최대 22.2 채널의 오디오를 사용한다. 즉, UHDTV는 현재 서비스 중인 HDTV에 비해 시청각적으로 더욱 선명한 화질과 풍부한 음질을 제공한다.

또한, 스마트폰이 대중화되면서 이동통신 시장 역시 일대 혁신을 맞이했다. 최근 출시되는 스마트폰이 크고 선명한 화면과 빠른 프로세서를 잇달아 탑재하면서 고해상도 및 고품질 영상에 대한 사용자들의 수요가 급증하고 있다. 하지만 고해상도 및 고품질 영상은 데이터의 양이 방대하므로 실제 서비스 적용을 위해서는 데이터 통신 트래픽의 증가 및 저장 공간의 한계로 인한 문제를 해결해야 한다.

〈표 1-2〉는 압축을 하기 전 원본 영상의 데이터량을 보여 준다. 〈표 1-2〉에서 볼 수 있듯이, 해상도가 커지고, 색 공간 및 색 깊이, 프레임율이 증가할수록 데이터량이 급속히 증가하는 것을 알 수 있다. 예를 들어, 실감미디어 서비스를 위해 8k UHD (7680×4320)급 YUV 4:4:4 12bpp (bits per pixel) 60fps (frames per second) 비디오를 사용하는 경우, 이를 저장하거나 전송하기 위해서는 현재 서비스 중인 Full HD (1920×1080) YUV 4:2:0 8bpp 30fps 영상의 약 96배에 해당하는 공간이 필요하다. 이러한 데이터량은 현재의 저장 매체와

전송 매체에서 소화하기 어려울 뿐만 아니라, 그 비용이 매우 높다는 문제점을 갖는다. 따라서 실감미디어 시대에는 데이터를 효과적으로 압축할 수 있는 비디오 압축 표준의 역할이 매우 중요하다는 것을 알 수 있다.

〈표 1-2〉 다양한 비디오 포맷에 따른 데이터량 비교

비디오 포맷				원본 영상의 데이터량
QVGA (416×240)	YUV 4:2:0	8bpp	30fps	35.9Mbps
WQVGA (832×480)	YUV 4:2:0	8bpp	30fps	143.8Mbps
720p HD (1280×720)	YUV 4:2:0	8bpp	30fps	331.8Mbps
Full HD (1920×1080)	YUV 4:2:0	8bpp	30fps	746.5Mbps (720p HD의 약 2.2배)
	YUV 4:2:2	10bpp	30fps	1.2Gbps (720p HD의 약 3.6배)
	YUV 4:4:4	12bpp	60fps	4.5Gbps (720p HD의 약 13.6배)
Cropped 4k UHD (2560×1600)	YUV 4:2:0	8bpp	30fps	1.5Gbps (720p HD의 약 4.5배)
	YUV 4:2:2	10bpp	30fps	2.5Gbps (720p HD의 약 7.5배)
	YUV 4:4:4	12bpp	60fps	8.8Gbps (720p HD의 약 26.5배)

현재 DTV, DMB, DVD, 디지털 캠코더, 영상 블랙박스, IPTV, 스마트 TV, 스마트폰 등에 이르기까지 다양한 멀티미디어 기기에 사용되는 H.264/AVC 표준[2-6]은 고해상도 및 고화질 영상 서비스를 지원하기에는 한계가 있다. 따라서 국제 비디오 부호화 표준화 기구인 MPEG (Moving Picture Experts Group)과 VCEG (Video Coding Experts Group)은 JCT-VC (Joint Collaborative Team on Video Coding)을 설립하고, 2010년 초 공동으로 차세대 동영상 압축 표준화 작업을 시작했다. 2013년 1월, 표준화 활동을 시작한 지 약 3년 만에 새로운 표준인 HEVC (High Efficiency Video Coding)의 최종 표준안 (FDIS: Final Draft International Standard)[7][8]이 완성되었다. 이전의 H.264/AVC 비디오 부호화 표준이 유선망과 무선망이 통합되고 방송과 통신이 융합되어 언제 어디서나 인터넷과 방송을 즐길 수 있는 방통 융합 서비스 시대를 개척하였다면, HEVC는 방통 융합 서비스를 한 단계 더 진보시킬 수 있는 표준이 될 것으로 예상된다. 다음 각 절에서 국제 비디오 부호화 표준화 기구와 HEVC 표준의 개요를 좀 더 자세히 살펴본다.

1.2 국제 비디오 부호화 표준화 기구

ISO/IEC SC29 WG11의 MPEG (Moving Picture Experts Group) 표준화 그룹과 ITU-T SG16 Q6/VCEG (Video Coding Experts Group) 그룹은 비디오 압축 표준화의 양대 산맥이라 할 수 있다. ITU-T가 VCEG을 통해 H.261, H.263, H.264로 이어지는 일련의 비디오 압축 표준을 만들어 내고, ISO/IEC 산하의 MPEG 그룹에서는 MPEG-1, MPEG-2, MPEG-4 표준을 만들면서, 이 두 전문가 그룹은 때로는 서로 경쟁하고 때로는 상호 협력하면서 이 분야의 발전을 위해 부단히 노력하고 있다. 〈그림 1-2〉는 ITU-T VCEG과 ISO/IEC MPEG이 만든 동영상 압축 부호화 표준 H.26x (x:1, 2, 3, 4)와 MPEG-y (y: 1, 2, 4, AVC)의 초판 완성 시기를 보여준다.

적어도 2000년대 중반 이전까지 MPEG 그룹은 주로 TV를 중심으로 한 Video CD, DVD, DTV 등의 가전제품 위주의 비디오 표준화를 다루었고, ITU의 VCEG 그룹은 영상전화와 영상회의 등 통신 응용을 위한 비디오 표준화가 핵심 테마였다. 하지만, 2000년대 중반 이후의 이른바 통신-방송 융합 환경에서는 방송과 가전 분야 위주의 MPEG과 통신 위주의 VCEG의 전통적인 구별이 모호해지거나 심지어 구별하여야 할 모 산업의 경계 자체가 없어

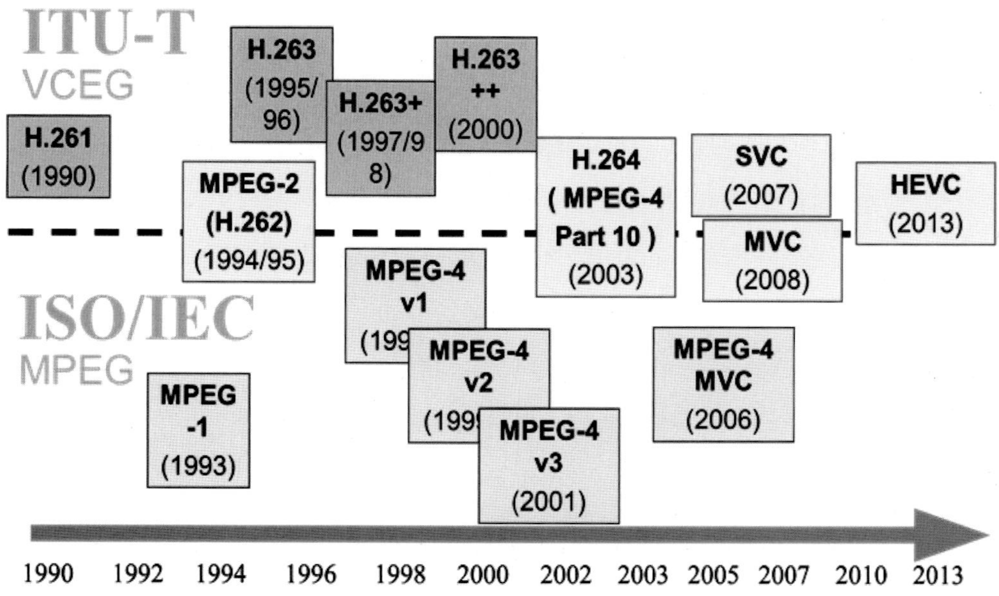

〈그림 1-2〉 비디오 부호화 표준의 발전 과정

져 버렸다. 더구나 비디오 서비스가 최근에 범 IT 분야에서 킬러 애플리케이션이 되어버린 탓에, 이제 영상/비디오 서비스는 어느 IT 응용에서도 빠질 수 없는 핵심이 되었다.

1.2.1 ISO/IEC MPEG

국제 표준화 기구 (International Organization for Standardization, ISO)는 여러 나라의 표준 제정 단체의 대표들로 이루어진 국제 기구이다. ISO는 1947년에 출범했으며, 나라마다 서로 다른 산업 통상 규격을 조정하고 통일한다. 스스로 비정부 기구로 정의하지만, ISO가 정한 규격은 보통 국제 협약이나 국가 표준 제정을 통해 제도화되기 때문에 다른 비정부 기구보다 영향력이 크며 사실상 각국 정부와 깊은 유대 관계를 맺고 있다. 참가자에는 회원국마다 표준 제정 단체 하나와 주요 기업이 포함된다. ISO는 전기 기기에 관한 국제 표준화를 담당하는 국제 전기 표준 회의 (International Electrotechnical Commission, IEC)와 긴밀한 협조 관계에 있다. ISO라는 명칭은 International Standards Organization 또는 그 비슷한 정식 명칭을 줄인 것이라는 오해가 많지만, ISO는 머리 글자를 딴 약칭이 아니고 그리스어의 isos, 즉, "같다, 동일하다"라는 단어에서 따온 것이다. 국제 표준화 기구의 영어 명칭은 International Organization for Standardization, 프랑스어 명칭은 Organisation Internationale de Normalisation으로 약자가 각각 IOS, OIN으로 서로 다르기 때문에 기구의 창설자들은 중립적인 명칭인 ISO를 전 세계 공통의 약칭으로 택했다.

국제 전기 표준 회의 (International Electrotechnical Commission, IEC)는 전기, 전자, 통신, 원자력 등의 분야에서 각국의 규격과 표준의 조정을 행하는 국제 기관이다. IEC는 1906년에 설립되었으며, 1947년 이후부터는 ISO의 전기 · 전자 부문을 담당하고 있다. IEC 본부는 스위스 제네바에 위치하고 있으며, 우리나라에서는 지식경제부 기술표준원이 이 회의의 구성원으로 참여하고 있다.

MPEG은 영문 Moving Picture Experts Group의 약자이며, 한국어로는 보통 동영상 전문가 그룹이라 부른다. 국제 표준화 단체로서의 공식 명칭은 ISO/IEC JTC1/SC29/WG11이다. MPEG은 ISO와 IEC 산하에서 비디오와 오디오 등 멀티미디어 압축 표준을 개발하는 서브그룹이다. MPEG은 1988년 캐나다 오타와에서 첫 모임을 가진 이래, 지금까지 활발하게 활동하고 있다. MPEG 회의에는 다양한 산업계와 학계에서 400여명의 전문가들이 참여하고 있으며, 일반적으로 연간 4회의 표준화 총회를 가진다.

ISO/IEC JTC1에서 표준화된 동영상 압축 부호화 표준은 MPEG-1, MPEG-2, MPEG-4, MPEG-4 AVC의 네 가지가 있다. MPEG-4는 MPEG이 만든 세 번째 멀티미디어 압축 부호화 표준을 나타낸다. MPEG-1, MPEG-2 다음에 나왔던 MPEG-3는 그 기능이 MPEG-2에 통합되었기 때문에 별도로 존재하지 않는다.

H.264/AVC의 AVC는 MPEG-4 규격 제10부의 표준으로 정식 명칭은 MPEG-4 Part 10: Advanced Video Coding이다. MPEG-4 규격서는 Part 1 (식별번호: ISO/IEC 14496-1)부터 순서대로 파트 번호가 붙여지는데, MPEG-4 Part 10은 그 10번째 표준 (ISO/IEC 14496-10)이다.

1.2.2 ITU-T VCEG

국제전기통신연합 전기통신 표준화 부문 (International Telecommunication Union Telecommunication Standardization Sector, ITU-T)은 국제전기통신연합 부문의 하나로 통신 분야의 표준을 제정하며, 스위스 제네바에 위치해 있다. 1947년에 국제연합 (UN)의 전문 부서가 되었으며, 이에 따라 1993년에 ITU-T라는 이름으로 바뀌었다.

ITU-T의 임무는 때에 맞춰 모든 전기통신 분야에 적용하는 표준을 효율적으로 만들어 내는 것이다. 또한 국제전기통신 서비스를 위한 규정 요금과 회계 원칙을 정하기도 한다. ITU-T가 만들어 내는 국제 표준을 '권고 (Recommendation)'라고 부르는데, 국제법의 일부로 채택되었을 경우에만 의무 사항임을 알려 준다. ITU-T는 ITU의 일부이기 때문에 비슷한 형태의 기술 규격을 출판하는 대부분의 다른 표준 개발 기구의 표준보다 ITU-T의 표준이 국제적으로 중요성이 더 크다.

ITU-T는 표준 식별 번호로 기술 분야마다 정해진 A부터 Z까지의 한 개의 알파벳 문자와 마침표 뒤에 따라 오는 1~4 자리의 숫자를 조합하여 사용한다. 예를 들어, H.264/AVC 의 H는 오디오 비주얼 (AV) 멀티미디어 시스템 분야를 가리킨다. 200번 대는 시스템을 구성하는 요소를, 260번 대는 그 가운데 동영상 부호화를 가리킨다. H.264와 MPEG-4 AVC는, H.262와 MPEG-2의 관계와 마찬가지로, 실제로는 동일한 표준이다.

1.3 HEVC 표준의 개요

1.3.1 JCT-VC의 구성

2003년 H.264/AVC 표준화가 끝난 이후에도 영상 압축 표준화의 양대 기구인 ISO/IEC MPEG (ISO/IEC JTC1/SC29/WG11)과 ITU-T VCEG (ITU-T Question6/WP3/SG-16)에서는 각각 차세대 비디오 압축 표준 방식에 관한 연구를 계속 진행했다. 먼저, VCEG에서 2005년 1월에 H.264/AVC 다음의 차세대 비디오 압축 표준을 위한 사전 작업으로, 핵심 부호화 기술을 발굴하기 위한 일련의 활동을 진행했다. 2005년 4월, 이 작업을 위한 KTA (Key Technology Area) 소프트웨어를 만들기로 결정하고, 부호화 효율 향상, 복잡도 감소, 피드백 기반 오류 강인성의 세 분야에 대한 기술 개발을 시작했다.

2008년 10월까지도 이러한 작업을 계속 수행했으나, 그때까지 KTA를 통해 개발된 대부분의 기술은 H.264/AVC를 뛰어넘는 차세대 비디오 압축 표준 기술이라기보다는 기존의 H.264/AVC의 틀에서 크게 벗어나지 않는 확장 기술 (H.264+)에 지나지 않았다. 또한 KTA는 H.264/AVC 대비 성능 개선의 폭이 매우 작아, 새로운 표준을 시작하기에는 충분하지 않다고 판단되었다. 그 외에 VCEG 회의 전반에 걸쳐 H.264/AVC 하드웨어 구현 시의 대역폭과 데이터 처리량 등의 문제에 대한 산업체의 피드백이 기고되었고, 이에 따라 차세대 비디오 압축 표준 작업에서는 연산 복잡도를 고려해야 한다는 의견이 제기되었다.

한편 MPEG에서는 2008년 4월부터 새로운 비디오 부호화 표준에 대한 브레인스토밍을 시작했다. VCEG이 차세대 비디오 압축 표준을 위한 기술적인 내용에 치중했다면, MPEG은 새로운 비디오 압축 표준의 필요성과 요구 사항 등을 살펴보는 상의하달식 접근 방법을 택했다. 즉, 2008년 10월에 새로운 표준에 대한 목표를 정립한 후, 곧바로 2009년 4월에 그에 해당하는 기술 성숙도 검증 (Call for Evidence, CfE)을 시작했다. 2009년 7월 CfE 결과 기존 H.264/AVC 표준 대비 30% 이상의 압축율 향상이 검증됨에 따라 새로운 표준화 작업은 급물살을 타기 시작했다.

결국 2010년 1월 MPEG과 VCEG 두 기구는 보다 효율적인 표준화 기술 개발을 위해 공동으로 표준화 작업을 수행하기로 결정했다. 표준화 작업을 위한 협력팀의 공식 명칭은 "Joint Collaborative Team on Video Coding (JCT-VC)"이며, 이후 JCT-VC는 기술 제안을 모집하기 위한 CfP (Call for Proposals)를 공동으로 발표하였다. <표 1-3>은 HEVC 표준화 경과를 정리한 것이다. JCT-VC 회의에서는 표준화를 위해 검증되어야 할 기술에 대한 실험을 CE (Core Experiment)라고 하고, 이에 대한 결과를 매 회의마다 보고한다. <표 1-4>는 각 JCT-VC 회의에서 검토한 CE를 보여 준다. 관심있는 기술이 있다면, JCT-VC 사이트[9]에서 해당 회차의 회의 문서를 살펴보기 바란다.

<표 1-3> HEVC 표준화 경과

회의	일시	장소	주요 이슈
제84차 MPEG 회의	2008년 4월	프랑스 Archamps	새로운 영상 부호화 표준의 브레인스토밍 회의를 가짐
제85차 MPEG 회의	2008년 7월	독일 Hannover	새로운 영상 부호화 표준을 위한 본격적인 논의 시작
제86차 MPEG 회의	2008년 10월	한국 부산	새로운 영상 부호화 표준을 위한 공식적인 준비 작업 수행 • 요구사항 문서 초안 발행 • 시험영상 모집 공고 발행 • 기술 성숙도 검증을 위한 CfE 문서 초안 발행
제88차 MPEG 회의	2009년 4월	미국 Hawaii	새로운 표준화를 시작할만큼 기술적으로 성숙되었는지를 확인하기 위해 CfE 문서 발행 (실험조건, 비교대상 지정)
제89차 MPEG 회의	2009년 7월	영국 London	CfE 평가 결과 기존 표준 (H.264/AVC) 대비 30% 이상의 압축률 향상 가능성이 검증되어 새로운 영상 부호화 표준화 추진 결정 • CfE 평가 결과 문서 발행 • 기술 제안 모집을 위해 CfP 초안 작성
제90차 MPEG 회의	2009년 10월	중국 Xian	새 표준을 위한 CfP 초안 발행 향후 표준화 일정 수립 VCEG과의 협력 방안 논의
제91차 MPEG 회의	2010년 1월	일본 Kyoto	MPEG과 VCEG이 공동으로 JCT-VC를 구성하기로 합의 • 최종 요구사항 문서 발행 • 두 기관 공동으로 Joint CfP 발행 • JCT-VC 운영 원칙을 담은 ToR 발행 • CfP의 27개의 기술이 제안

회의	일시	장소	주요 이슈
제92차 MPEG 회의	2010년 4월	독일 Dresden	제 1차 JCT-VC 회의가 열림 • 제안된 27개의 기술의 검토 • 다양한 실험 영상들을 이용해 제안된 기술들의 주관적 화질 및 복잡도 평가 • 세부 기술들의 Tool Experiment (TE) 시행 결정 및 AdHoc 그룹 발족 • Test Model under Consideration (TMuC) 개발 협의 • TMuC의 초안 작성 [10]
제93차 MPEG 회의	2010년 7월	스위스 Geneva	제 2차 JCT-VC 회의가 열림 • 제안된 기술들의 추가 실험 결과 발표 • TE의 결과 발표
제94차 MPEG 회의	2010년 10월	중국 Guangzhou	제 3차 JCT-VC 회의가 열림 • HM version 1 결정 • 공통 실험 조건 결정 (JCTVC-C500) • Core Experiment (CE) 시작
제95차 MPEG 회의	2011년 1월	한국 대구	제 4차 JCT-VC 회의가 열림 • HM version 2 결정 • CE의 결과 발표 • 공통 실험 조건 업데이트 (JCTVC-D600)
제96차 MPEG 회의	2011년 3월	스위스 Geneva	제 5차 JCT-VC 회의가 열림 • HM version 3 결정 • AdHoc Group 보고 • CE의 결과 발표 • 결과 cross-check
제97차 MPEG 회의	2011년 7월	이탈리아 Torino	제 6차 JCT-VC 회의가 열림 • HM version 4 결정 • AdHoc Group 보고 • CE의 결과 발표 • 결과 cross-check
제98차 MPEG 회의	2011년 11월	스위스 Geneva	제 7차 JCT-VC 회의가 열림 • HM version 5 결정 • AdHoc Group 보고 • CE의 결과 발표 • 결과 cross-check • 단일 엔트로피 부호화 논의
제99차 MPEG 회의	2012년 2월	미국 San Jose	제 8차 JCT-VC 회의가 열림 • HM version 6 결정 • AdHoc Group 보고 • CE의 결과 발표 • 결과 cross-check

회의	일시	장소	주요 이슈
제100차 MPEG 회의	2012년 4월	스위스 Geneva	제 9차 JCT-VC 회의가 열림 • HM version 7 결정 • AdHoc Group 보고 • High level 구문
제101차 MPEG 회의	2012년 7월	스웨덴 Stockholm	제 10차 JCT-VC 회의가 열림 • HM version 8 결정 • AdHoc Group 보고 • 변환 단순화 외의 모든 CE 종료
제102차 MPEG 회의	2012년 10월	중국 Shanghai	제 11차 JCT-VC 회의가 열림 • 레벨 • SoDIS 제정 • 확장 기술에 대한 WD
제103차 MPEG 회의	2013년 1월	스위스 Geneva	HEVC FDIS 완성

〈표 1-4〉 JCT-VC 회의의 CE 목록

회의	CE 목록
제3차 JCT-VC 회의	• CE1: Decoder-side motion vector derivation • CE2: Flexible motion partitioning • CE3: Interpolation filtering for MC (luma) • CE4: Interpolation filtering for MC (chroma) • CE5: Low complexity entropy coding improvements • CE6: Intra prediction improvement • CE7: Alternative transforms • CE8: In-loop filtering • CE9: Motion vector coding • CE10: Number of intra prediction directions • CE11: Coefficient scanning and coding • CE12: Adaptive motion vector resolution • CE13: Intra smoothing
제4차 JCT-VC 회의	• CE1: Decoder-side motion vector derivation • CE2: Flexible motion partitioning • CE3: Interpolation filtering for MC (luma) • CE4: Slice boundary processing and fine granularity • CE5: Low complexity entropy coding improvements • CE6: Intra prediction improvement • CE7: Alternative transforms • CE8: Non-deblocking loop filtering • CE9: MV coding and skip/merge operations

회의	CE 목록
	• CE10: Core transform design • CE11: Coefficient scanning and coding • CE12: Deblocking filtering • CE13: Sample adaptive offset • CE14: Intra mode coding
제5차 JCT-VC 회의	• CE1: Motion data storage reduction • CE2: Motion partitioning and OBMC • CE3: Motion compensation interpolation • CE4: Quantization • CE5: CAVLC entropy coding improvements • CE6: Intra prediction improvement • CE7: Additional transforms • CE8: Non-deblocking loop filtering • CE9: MV coding and skip/merge operations • CE10: Core transform design • CE11: Coefficient scanning and coding • CE12: Deblocking filtering
제6차 JCT-VC 회의	• 제5차 JCT-VC 회의의 CE 그대로 유지
제7차 JCT-VC 회의	• CE1: Entropy coding investigation • CE2: Chroma RQT depth • CE3: Chroma interpolation filter • CE4: Quantization • CE5: Transform skipping • CE6: Intra coding improvements • CE7: Additional transforms • CE8: Non-deblocking loop filtering • CE9: MV coding and skip/merge operations • CE10: Deblocking filtering • CE11: Coefficient scanning and coding
제8차 JCT-VC 회의	• CE1: Sample adaptive offset filtering • CE2: Adaptive loop filtering • CE3: Coefficient scanning and coding • CE4: Quantization metrices • CE5: Transform skipping • CE6: Intra coding improvements • CE7: Additional transforms • CE8: Non-deblocking loop filtering • CE9: MV coding and skip/merge operations • CE10: Deblocking filtering • CE11: Coefficient scanning and coding

회의	CE 목록
제9차 JCT-VC 회의	• CE1: Intra transform mode dependency simplifications • CE2: Adaptive loop filtering • CE3: Coefficient scanning and coding
제10차 JCT-VC 회의	• CE1: Intra transform mode dependency simplifications
제11차 JCT-VC 회의	• CE1: Deblocking filter

1.3.2 비전

이미 많은 영상이 디지털화되어 방송 채널이나 디지털 네트워크를 통해 서비스되고 있으며, 앞으로도 소비자들의 끊임없는 요구에 부응하기 위해 보다 많은 영상이 고해상도 고품질로 서비스될 것으로 예상된다. 또한, 디지털 신호처리 기술이 진보함에 따라, 시공간 화질 (temporal and spatial resolution), 색 충실도 (color fidelity), 진폭 해상도 (amplitude resolution)가 증가된 영상의 획득 및 출력이 가능해 질 것이다. 하지만, 현재의 전송 네트워크로는 HD급 영상을 고품질에 적합한 데이터율로 전송하는 것이 어려운 실정이다.

예를 들어, HD 영상을 위해 디스플레이 장치와 카메라를 사용할 수 있지만, 현재 사용 가능한 인터넷과 방송 네트워크 용량은 고화질 콘텐츠의 많은 데이터양을 전송하기에 부족하다. 이러한 영상 서비스 발전에 따른 데이터 증가 속도에 비해 디지털 네트워크의 인프라는 경제적인 요인으로 인해 상대적으로 발전 속도가 낮아 가까운 시점에 심각한 문제가 될 것이므로 4K×2K와 같은 차세대 UHD 시장에 대한 적절한 대응이 필요하다.

휴대형 기기의 경우에는 176×144 크기인 QCIF와 같은 작은 영상으로는 더 이상 사용자의 높은 요구 수준을 만족시키지 못하기 때문에 휴대형 기기에서도 HD급의 영상 해상도가 필요하게 되겠지만, 현재 3G/LTE 또는 4G 통신 기술의 고속 전송 데이터율을 사용하더라도 이를 여러 사람이 나누어 사용하는 것을 감안한다면 휴대형 기기를 겨냥한 HD급 고화질 영상을 위한 더욱 향상된 영상 압축 기술이 필요하다.

2008년 말에 MPEG 그룹에서는 고화질 및 고해상도 영상을 효율적으로 부호화할 수 있는 차세대 코덱의 필요성을 인지했다. 그 결과, 기존의 비디오 압축 표준인 H.264/AVC에 비해 약 두 배 이상으로 압축 성능을 향상시키기 위해 새로운 비디오 압축 표준인 HEVC 표준을 제정하기로 결정했다. 또한 복잡도가 너무 높은 코덱 기술은 상용화하는데 걸림돌이 될 수 있기 때문에 각 기술의 압축 효율과 복잡도의 득실을 고려해 개발하기로 했다.

1.3.3 요구사항

JCT-VC는 HEVC 표준화를 시작하기에 앞서 압축 효율, 해상도, 색 공간 및 깊이, 프레임율, 복잡도, 부호화 모드 등 다양한 요구사항을 정의했다 [11]. 요구사항에는 반드시 만족되어야 하는 필수 항목과 권장 항목이 있다. 〈표 1-5〉는 HEVC 표준의 요구사항을 정리한 것이다. 표준 개발 초기에 정의한 요구사항이므로 현재 상황과 정확히 일치하지는 않지만, HEVC version 1 이후의 표준 확장 방향을 살펴볼 수 있어 그 중요도가 높다. 예를 들어, 현재 HEVC 확장 기술의 일환으로 SNR 계위성, 공간적 계위성, 시점 계위성의 계위 부호화 모드가 추가되었으며 시간적인 계위성과 비트 depth 계위성과 같은 다양한 종류의 계위성이 추가로 고려될 전망이다.

〈표 1-5〉 HEVC 요구사항

항목	주요 내용
압축 효율	HEVC는 기존 H.264/AVC보다 두 배 이상의 압축 효율 향상을 목표로 하고 있다. 단순히 특정한 환경에서의 압축 효율 향상이 아닌, 모든 비트율 범위에서 기존의 코덱보다 성능이 좋아야 한다. 또한, 무손실 기능 및 시각적 무손실 기능을 지원하도록 권장하고 있다.
해상도	HEVC는 TV, 모바일 등 여러 응용 분야에서의 고화질 영상 부호화를 목표로 하고 있는 만큼 다양한 해상도를 지원해야 한다. 따라서 일반적으로 많이 사용되는 VGA (832×480)에서 4k UHD (4k×2k)의 해상도는 필수적으로 지원해야 하고, 최대 QVGA (416×240)에서 8k UHD (8k×4k)까지의 해상도를 지원해야 한다.
색 공간 및 깊이	HEVC 표준은 일반적으로 사용되는 YCbCr 4:2:0의 색 공간 (color space)에 각 색 성분 당 8비트 색 깊이 (bit depth)는 반드시 지원해야 한다. 또한, 다양한 응용에 이용되기 위해서 YCbCr/RGB 4:4:4의 색 공간과 14비트까지의 색 깊이를 지원하도록 권장한다. YCbCr 4:2:2의 색 공간의 경우, 아직 규정되지 않았지만 스튜디오 응용을 위해 확장될 가능성도 있다. 넓은 색 영역 (gamut) 및 투명 (transparency) 채널 지원을 권장하고 있다.

프레임율	프레임율은 디스플레이 장치가 하나의 화면에 해당하는 데이터를 표시하는 속도를 의미한다. HEVC는 다양한 응용 분야에서의 폭넓은 활용을 위한 일반적인 프레임율인 초당 24 ~ 60 프레임을 지원해야 한다.
주사 방식	HEVC 표준은 모든 프로파일과 모든 레벨에 대해 순차 주사방식(progressive scanning)을 지원해야 한다. 여기서, 순차주사 방식이란 화면에 표시할 내용을 처음부터 끝까지 순서대로 표시하는 영상의 표시 방법이다. 대부분의 디지털 영상 표시 장치에서 기본 주사 방식으로 순차 주사 방식을 사용하고 있다.
복잡도	요구사항에서 정의하는 복잡도는 전력 소모량, 계산량, 메모리량 등을 포함한다. HEVC 표준은 표준이 사용될 것으로 예상되는 시점의 기술 수준으로 구현할 수 있어야 하므로, 복잡도와 부호화 효율의 득실(trade-off)을 따져 보아야 한다. 즉, HEVC 표준은 기존의 H.264/AVC 표준에 비해 낮은 복잡도를 가지면서 더 나은 압축 효율을 가지거나, H.264/AVC 표준에 비해 상당한 복잡도 증가를 가지면서 그에 상응하는 압축 효율을 증가시켜야 한다. 또한, 병렬 처리 지원을 권장하고 있다.
부호화 모드	HEVC 표준은 부호화 및 복호화에 대한 시간 지연이 적어야 한다. 즉, 저지연 (low delay) 모드를 지원해야 한다. 또한, 저장된 비디오 스트림의 특정 위치로의 임의 접근 (random access) 및 멀티 채널의 경우 고속 채널 전환을 지원해야 한다. 저장된 비디오 스트림에 대한 일시 정지, 빨리 감기, 빨리 되감기 등의 기능과 화면내 부호화 (intra-only) 모드 지원은 권장사항이다. 각 부호화 모드에 대한 설명은 뒤에서 자세히 다룰 것이다.
오류 강인성	오류 강인성 (error robustness) 향상을 위해 목표 대상 네트워크에 대한 비디오 비트스트림 분할 (segmentation) 및 패킷화 (packetization) 방법을 반드시 개발해야 한다. 즉, 비디오 계층과 네트워크 계층의 비디오 인터페이스에 적절한 오류 강인성 방법을 효율적으로 적용할 수 있는 구조를 개발해야 한다.
계위성	HEVC 표준의 초기 디자인에 계위적 부호화 기술이 추가될 수 있어야 한다. 계위성에 대한 정확한 정의는 명시되어 있지 않지만, 표준화 시작 단계에서부터 계위성 확장을 고려하고 있는 것이 특징이다. 이전의 비디오 압축 방식에 비추어 볼 때, SNR 계위성, 공간적 계위성, 시간적 계위성, 복잡도 계위성, 시점 계위성과 같은 다양한 종류의 계위성이 고려될 수 있다.

1.3.4 응용 분야

HEVC는 기존의 영상 압축 표준에 비해 두 배 이상 향상된 압축 성능을 제공하므로, H.264/AVC가 그랬던 것처럼 다양한 응용 분야에서 널리 사용될 것으로 기대된다 [12]. 각 세부 절에서 예상되는 응용 분야를 살펴보자.

(1) 디지털 방송

최근 디지털 방송을 위한 신호처리 기술이 발전함에 따라 차세대 방송 서비스에 대한 관심이 급속히 높아지고 있다. 현재 서비스 중인 HDTV 이후의 차세대 방송 서비스로 거론되고 있는 것이 UHDTV와 3DTV이다.

UHD급 영상을 디스플레이할 수 있는 대화면 TV 및 안경/무안경식 3DTV의 보급으로 인해 고해상도 영상 서비스에 대한 소비자의 기대치가 높아지고 있으며, 3DTV는 이미 초기 기술 개발이 완료되어 시험 방송 중이다.

하지만, 이러한 차세대 방송 서비스는 기존의 방송 서비스에 비해 처리해야 할 데이터의 양이 방대하기 때문에 현재의 H.264/AVC보다 더 높은 압축 효율을 가지는 비디오 압축 표준을 필요로 한다. 따라서 현재 H.264/AVC보다 약 40% 이상의 높은 압축 성능을 보이는 HEVC는 실감미디어 전송 데이터량 절감을 위한 좋은 해결책을 제시할 것이다.

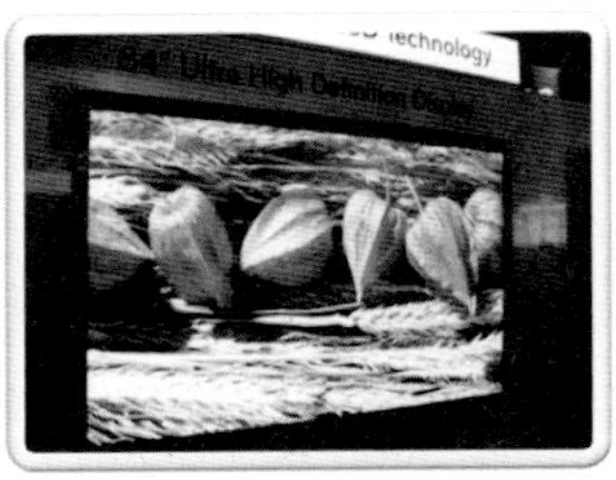

UHDTV

IPTV

3DTV

위성 영상

케이블

〈그림 1-3〉 디지털 방송 분야

(2) 비디오 스트리밍

가정뿐만 아니라 공공장소 등에서 유무선 네트워크 환경이 보편화되면서 네트워크와 연동하는 멀티미디어 콘텐츠가 대중화되고 있다. 스마트폰이나 타블렛과 같은 휴대용 기기의 보급 확대로 인해 비디오 스트리밍에 대한 요구도 급속히 증가하는 추세이다. 인터넷 스트리밍, VOD 서비스, 모바일 기기에서의 비디오 스트리밍과 화상 전화 등이 네트워크에 기반을 둔 비디오 스트리밍의 예이다.

데스크톱과 휴대용 기기의 하드웨어 발전으로 고화질 영상을 디스플레이하는 것이 가능해졌지만, 이러한 영상을 실시간 스트리밍하기 위해서는 큰 데이터량으로 인한 스트리밍 지연을 해결해야 한다. 따라서, 낮은 복잡도를 가지면서 높은 압축률을 제공하는 HEVC 표준은 실시간 비디오 스트리밍 서비스에서 높은 활용도를 가질 것으로 보인다.

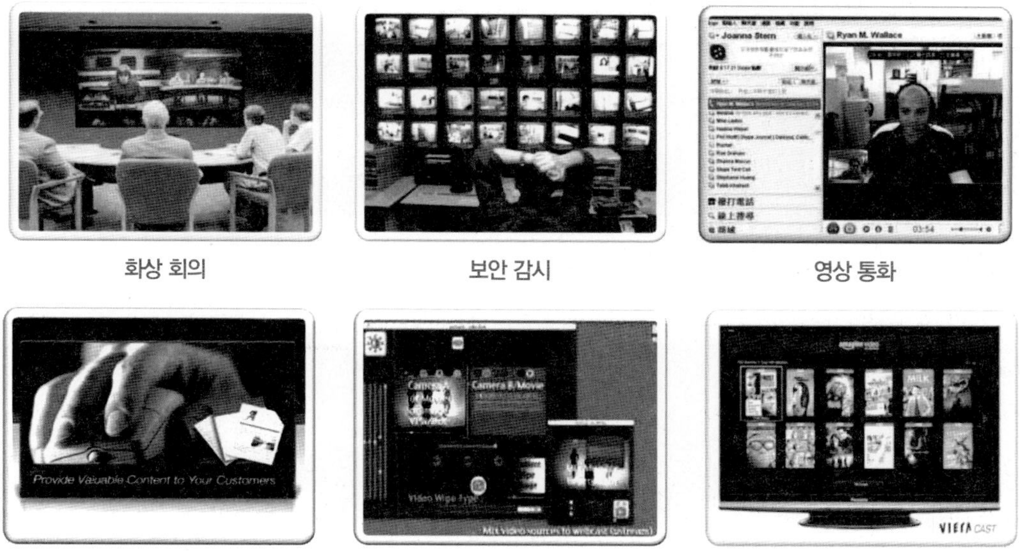

화상 회의 보안 감시 영상 통화

다운로드 인터넷 스트리밍 VOD

〈그림 1-4〉 비디오 스트리밍 분야

(3) 전문 분야

전문 분야란 디지털 시네마, 의료 영상, 위성 영상 등과 같이 초고해상도 및 초고화질 비디오 신호를 다루는 응용 분야를 의미하며, 이러한 전문 분야에서는 데이터의 크기보다 복호된 영상이 포함하고 있는 데이터를 더 중요하게 생각한다. 따라서 전문 분야에서는 고화질의 복호 영상을 얻을 수 있는 무손실 또는 근접 무손실 부호화를 주로 사용한다.

최근 HEVC 표준이 손실 부호화 환경에서 이전의 영상 압축 표준에 비해 높은 압축율을 보이는 것처럼 무손실 또는 근접 무손실 부호화 환경에서도 기존의 무손실 부호화 방식(JPEG-LS, JPEG2000)에 비해 더 높은 압축율을 보이는 것으로 보고되었다. 현재 AdHoc 그룹을 통해 HEVC 표준의 요구사항에서 권장하고 있는 무손실 부호화의 개발이 진행되고 있으며, 기술 개발이 모두 완성되면 무손실 부호화가 필요한 전문 분야에서 HEVC 표준을 많이 사용할 것이다.

데이터 저장 장치

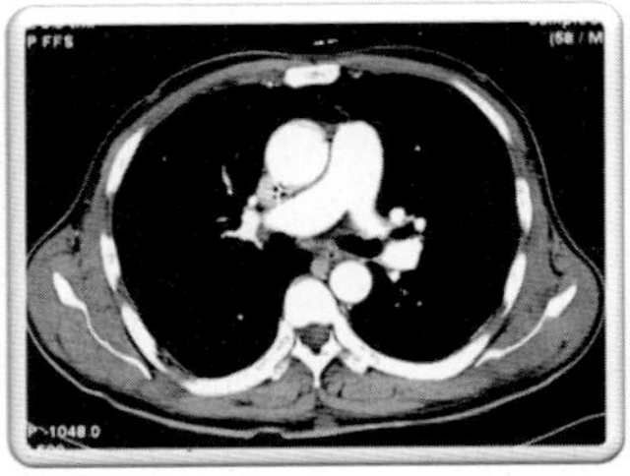

의료 영상

위성 영상

입체 영화

디지털 시네마

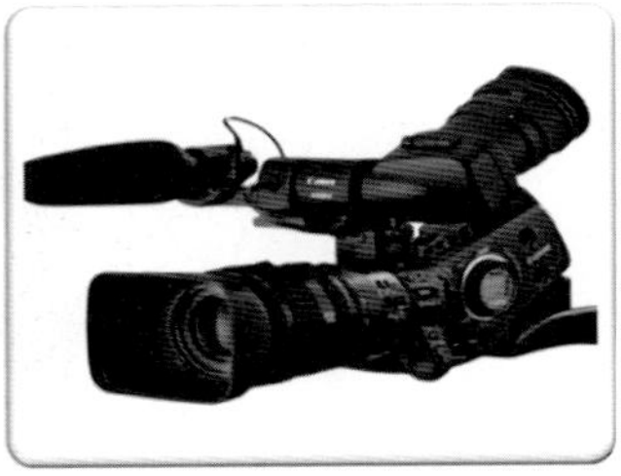

전문 카메라 장치

〈그림 1-5〉 전문 분야

CHAPTER 2

기초지식

2.1 디지털 기술

디지털 기술은 모든 신호를 '0'과 '1'의 조합으로 표현하여 처리하므로 아날로그 기술에 비해 여러 가지 장점을 갖는다. 우선, 디지털 기술은, 아날로그 기술과는 달리, 채널 잡음이나 매체 손상의 경우에도 오류 정정 기법을 이용하여 원래 신호를 재생할 수 있다. 신호처리 관점에서는 아날로그 신호를 디지털 신호로 변환하는 과정에서 데이터양이 크게 늘어나지만, 다양한 디지털 신호처리 기법을 활용하여 효율적으로 데이터를 압축할 수 있다. 이와 같은 디지털 신호처리 기법은 많은 영상 정보를 실시간으로 처리하고 화질을 개선하여 디지털 텔레비전, 의료용 영상기기, 디지털 카메라, 디지털 전기기기 등과 같은 다양한 멀티미디어 분야에 널리 사용된다.

일반적으로 디지털 영상의 정보 데이터양은 매우 커서, 하드디스크나 고속 디지털 통신망으로도 감당하기 어렵다. 따라서 다양한 응용 분야에서 디지털 신호처리 기술을 이용하기 위해서 방대한 데이터양을 최대한 효율적으로 압축해야 한다. 멀티미디어 정보 혁명의 성패는 바로 디지털 데이터를 얼마나 효율적으로 압축하는가에 달려 있다.

2.2 디지털 데이터 압축

압축이란 정보를 전달하기 위해 필요한 데이터의 양을 줄이는 과정을 말한다. 비디오 압축은 디지털 비디오 영상을 적은 수의 비트로 만들거나 압축하는 과정을 의미한다. 비디오 압축은 두 가지의 중요한 이점을 가지고 있다. 첫째, 비디오 압축은 압축되지 않은 '원래 그대로의 (raw)' 비디오를 지원하지 않는 전송 환경 및 저장 환경에서 디지털 비디오를 사용하는 것이 가능하도록 해준다. 예측 들어, 현재의 인터넷 처리 속도는 압축되지 않은 비디오를 실시간으로 다루기에 충분하지 않다. 또한 DVD (Digital Versatile Disk)로 원본 비디오를 저장하는 경우 TV 화질의 해상도의 영상이라도 단지 몇 초 분량의 원본 비디오밖에 저장하지 못하므로 비디오와 오디오의 압축 없이는 DVD 비디오 저장이 실용적이지 않다. 둘째, 비디오 압축은 전송 매체와 저장 매체를 보다 효율적으로 사용할 수 있게 해준다. 높은 비트율의 전송 채널을 사용할 수 있다 하더라도 압축되지 않은 저해상도의 비디오 스트림 하나를 전송하는 것 보다는 고해상도의 압축 비디오 또는 여러 개의 압축 비디오 채널을 보내는 것이 보다 매력적이다.

압축의 필요성은 영상의 크기를 계산해 본 독자들이라면 쉽게 납득할 수 있다. 상용 멀티미디어 서비스에서 많이 사용되는 다양한 크기의 정지 영상을 압축되지 않은 원래 그대로의 영상이라 가정했을 때, 이를 저장하는데 필요한 저장 용량을 계산해보자.

- **CIF (352 × 288)급 영상** : $352 \times 288 \times 8 \times 3 \simeq 2.4 \times 10^6$ bits
- **VGA (640 × 480)급 영상** : $640 \times 480 \times 8 \times 3 \simeq 7.4 \times 10^6$ bits
- **HD (1920 × 1080)급 영상** : $1920 \times 1080 \times 8 \times 3 \simeq 49.8 \times 10^6$ bits

상대적으로 크기가 작은 CIF급 영상일지라도 한 장의 영상을 위해 약 2.4 Mbits를 필요로 하므로 (초당 30 화면의 속도로 디스플레이 된다고 가정했을 때 1초 분량의 영상을 위해 약 73 Mbits의 저장 공간이 필요하다.) 디지털 비디오의 저장 및 전송을 위해서는 압축이 필수적이라 할 수 있다. 따라서 저장 용량 및 전송 용량이 지속적으로 향상되고 있다 하더라도 데이터 압축은 멀티미디어 서비스의 핵심 요소 기술이 될 것이다.

압축에는 크게 무손실 압축과 손실 압축의 두 가지 방법이 있다. 무손실 압축은 높은 압축 결과를 제공하지 못하는 반면 복원된 신호가 원래 신호와 동일하며, 손실 압축은 뛰어난 압축 결과를 제공하는 반면 복원되는 신호가 원래 신호와 동일하지 않다는 단점이 있다. JPEG-LS (Joint Photographic Experts Group-Lossless)와 같은 현재의 무손실 압축 방법으로는 최대 약 3~4배 정도의 압축 효율만을 얻을 수 있으므로 대부분의 실제 비디오 응용에 적합하지 않다. 따라서 대부분의 실제적인 비디오 압축 방법은 손실 압축에 기반을 두고 있다. 따라서 이 책에서는 손실 압축만을 생각한다.

데이터 압축은 데이터로부터 중복성 (redundancy), 즉 데이터를 정확히 복원하는 데 꼭 필요하지 않은 요소를 제거하여 압축될 수 있다. 영상 압축의 경우에 영상 신호가 갖는 중복성을 살펴보면, 한 화면에서 인접한 화소의 값이 비슷한 관계를 나타내는 공간적 중복성, 연속적으로 나타나는 화면 사이의 상관관계를 나타내는 시간적 중복성, 그리고 영상 신호 값의 통계적 특성을 나타내는 통계적 중복성, 이렇게 크게 세 가지로 나눌 수 있다. 각 절에서 비디오 압축의 핵심인 세 가지 중복성을 알아본다.

2.2.1 공간적 중복성

공간적인 영역에서는 인접한 화소 사이에 높은 상관관계가 존재한다. 여기에서 높은 상관관계라는 것은 인접한 화소의 값이 매우 유사함을 의미한다. 일반적인 영상을 살펴보면, 영상 내에 존재하는 화소 값의 차이가 크지 않다는 것을 알 수 있다. 〈그림 2-1〉은 광주과학기술원 실감방송연구센터에서 촬영한 Café 영상 [13] 영상을 보여준다. 〈그림 2-1〉의 벽을 나타내는 화소 값을 살펴보면 서로 비슷한 값을 가지는 것을 알 수 있는데, 이러한 영상의 특성을 공간적인 중복성이라 한다.

〈그림 2-1〉 영상의 공간적 상관관계

좀 더 구체적으로 설명하면, 디지털 영상은 각 화소의 위치에서 명암과 색상 값을 샘플링하고 양자화하여 얻는다. 이렇게 생성된 디지털 영상은 촘촘한 간격으로 배열된 수많은 화소로 구성된다. 이 화소 중에서 임의의 한 화소를 선택하면, 그 화소의 주위에 있는 화소는 거의 비슷한 값을 가지는 것을 알 수 있다. 이러한 관계를 영상의 공간적인 중복성이라고 한다.

이와 같은 비슷한 값을 가지는 화소들은 다시 전송하지 않고, 그 차이 값만을 전송하면 공간적인 중복성을 이용한 효과적인 데이터 압축을 수행할 수 있다. 공간적인 중복 정보는 화면내 예측 부호화 (predictive coding)나 변환 부호화 (transform coding) 방법을 이용하여 효과적으로 줄일 수 있는데, 구체적인 방법은 나중에 설명한다.

2.2.2 시간적 중복성

비디오는 정지 영상의 연속이라 생각할 수 있다. 우리가 영화, 드라마, 운동 경기 등을 시청할 때, 정지 영상의 연속성에 따라 마치 물체가 연속적으로 움직이는 것처럼 보인다. 이렇게 연속적으로 보이는 영상에서, 어떤 순간에 찍은 하나의 화면과 그 화면의 바로 앞 또는 뒤의 화면을 비교해 보자. 동일한 카메라로 포착된 영상에서 현재 화면과 바로 앞 또는 뒤의 화면은 거의 비슷한 정보를 가지고 있음을 알 수 있다. 만일 현재 화면에서 어떤 사람이 전화를 받는 장면이라면, 인접 화면에서 변하는 것은 입 모양이나 상체의 미세한 움직임 정도일 것이다.

이와 같이 비디오를 구성하는 인접 화면들 간에 존재하는 중복성을 시간적 중복성이라 한다. 초당 30 화면의 비디오인 경우 인접 화면 간의 시간 차이는 1/30초이며 이웃한 화면 사이에는 높은 상관관계가 존재한다. 일반적으로 시간의 순서로 연속한 화면이 대개 상관관계가 높으며 화면 간 영상을 촬영한 시간이 짧을수록, 즉 시간적인 샘플링 비율이 높을수록 상관관계가 높다. 〈그림 2-2〉는 비디오[13]에서 인접한 화면 사이의 차분 영상을 보여준다.

(a) 189번째 화면 (b) 190번째 화면 (c) 191번째 화면

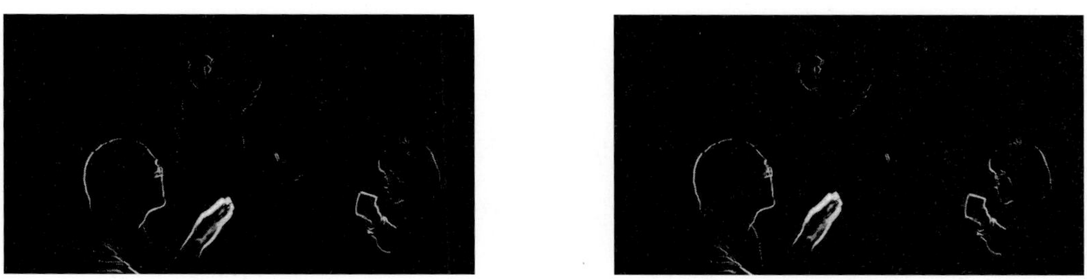

(d) 189번 영상과 190번 영상간의 차 (e) 190번 영상과 191번 영상간의 차

〈그림 2-2〉 영상의 시간적 상관관계

그림에서 보듯이 차분 영상은 움직임이 발생한 영역에서만 큰 오차 값이 발생하고 대부분의 배경 영역에서는 신호값이 없음을 알 수 있다. 따라서 이러한 시간적인 중복성을 이용해 적은 데이터 량으로 화면 간 오차 신호만을 전송하고, 수신단에서는 복원된 이전 화면에 전송된 오차 신호를 더하여 현재 화면을 재구성하는 효과적인 데이터 압축을 수행할 수 있다. 시간적인 중복 정보는 움직임 보상에 의한 화면간 예측 부호화 방법을 이용하여 효과적으로 줄일 수 있는데, 구체적인 방법은 나중에 설명하도록 한다.

2.2.3 통계적 중복성

일반적으로 전송되어야 하는 심볼들의 발생 확률은 균등 분포가 아니다. 즉, 어떤 심볼은 높은 발생 확률을 갖고 어떤 심볼은 상대적으로 낮은 발생 확률을 갖는다. 임의의 심볼이 높은 발생 확률을 갖는다는 것은 그 심볼이 다른 심볼들에 비해 확률적으로 자주 발생함을 의미하며 이를 통계적 중복성이라 부른다. 이와 같은 통계적인 중복성은 정보를 표현하는데 사용한 심볼의 발생 빈도에서 기인한다.

19세기 중엽 미국의 발명가 Samuel Morse는 영어 알파벳 중에서 글자 E와 글자 A가 다른 글자보다 더 자주 이용되는 사실에 착안하여 전신기에 사용하기 위한 Morse 부호를 개발하였다. 전신기를 이용하여 정보를 전달하는데 소요되는 평균 시간을 줄이기 위해, Morse는 상대적으로 자주 발생하는 글자 E와 글자 A에는 짧은 길이의 부호를 배정하고, 반대로 아주 가끔씩 발생하는 글자 Q와 글자 Z는 상대적으로 긴 부호를 할당하였다. 이와 같은 가변 길이 부호 (variable length code)를 사용하면 데이터에 존재하는 통계적인 중복성을 줄일 수 있다.

비디오에서도 영상내 화소 값의 발생하는 빈도가 확률적으로 고르게 분포되어 있지 않고, 보통 많이 발생하는 값과 적게 발생하는 값이 생기게 마련이다. 이런 경우에 압축해야 할 영상 화소값의 통계적인 특성을 조사하여 그에 따른 정보량을 얻고, 큰 정보량을 갖는 데이터는 많은 비트의 이진코드를 할당하고 반대의 경우에는 적은 비트의 이진코드를 할당하여 평균적으로 심볼 열의 전송에 필요한 비트수가 균등 길이의 이진코드에 비해 작아지도록 하는 것이다. 통계적 중복성 제거를 위한 엔트로피 부호화 (entropy coding)는 일반적으로 공간적, 시간적 중복성이 제거된 데이터에 적용되며 허프만 부호화와 산술 부호화가 대표적이다.

2.3 비디오 코덱

압축은 서로 상대되는 시스템인 부호기 (encoder)와 복호기 (decoder)를 필요로 한다. 부호화기는 저장 및 전송을 하기 전에 원본 데이터를 압축하고, 복호기는 압축된 데이터를 원래의 비디오 데이터로 변환한다. 한 쌍의 부호기와 복호기를 코덱 (CODEC: enCOder + DECoder)이라고 표현한다.

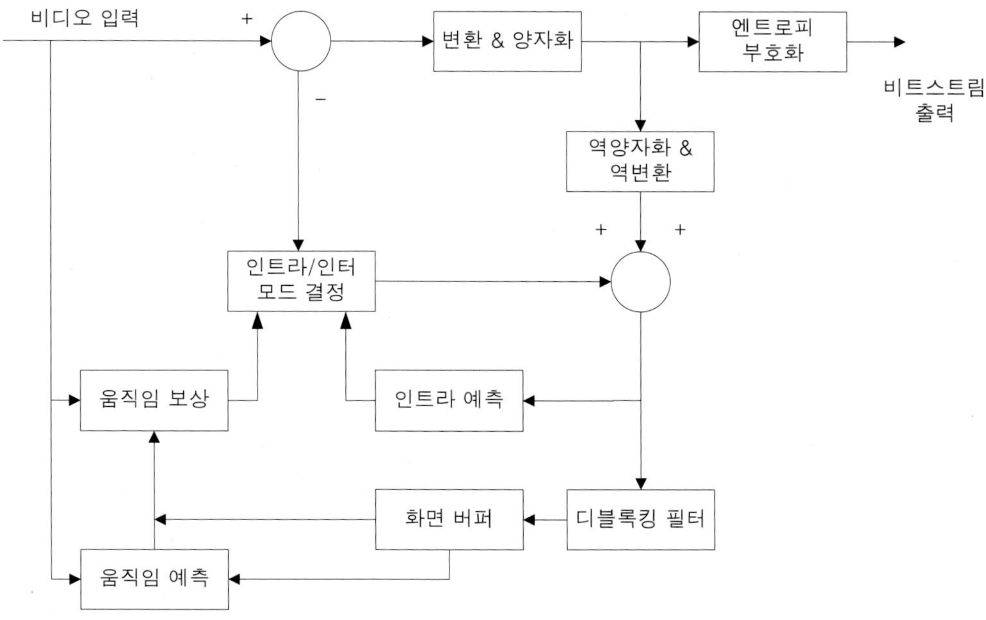

(a) 부호기 블록도

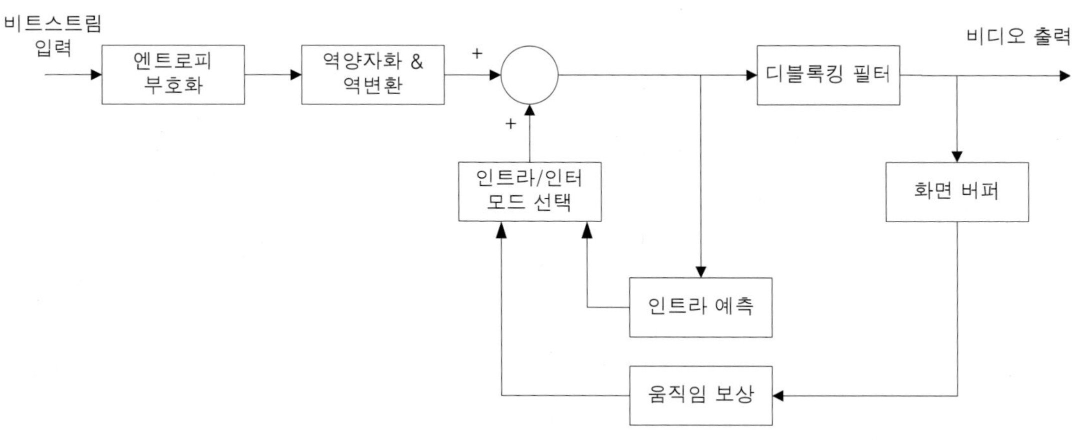

(b) 복호기 블록도

〈그림 2-3〉 비디오 코덱의 다이어그램

비디오 코덱의 이상적인 모델은 가능한 적은 비트로 가능한 원본에 충실하게 영상을 표현하는 것이다. 압축 효율과 높은 화질은 상충되므로 코덱을 설계할 때 비트율과 화질 사이의 득실 (trade-off)을 고려해야 한다. 비디오 코덱은 일반적으로 예측 부호화, 변환 부호화, 그리고 엔트로피 부호화를 모두 사용한다.

2.3.1 예측 부호화

미래를 예측할 수 있다면 우리는 이를 잘 활용할 수 있다. 주가의 변동을 예측하여 주식 투자에 이용하는 것이 그 좋은 예라고 할 수 있다. 부호화의 관점에서 볼 때 미래는 다음에 부호화할 단위 정보를 의미한다. 예측 부호화 (predictive coding)는 현 화소 값을 그대로 부호화기 보다는 현 화소 밝기값과 현 화소 밝기 예측값 사이의 차이를 부호화하여, 정보의 중복성을 제거하는 기법을 일컫는다.

(1) DPCM을 이용한 예측 부호화

DPCM은 압축 기술에 최초의 변혁을 가져온 기술로, PCM (Pulse Code Modulation) 신호를 그대로 보내지 않고 예측 오차만을 보내는 방법이다. 밝기값의 예측은 공간적 (spatially) 그리고/또는 시간적 (temporally)인 방향으로 화소값의 유사성을 이용하게 되며, 차이값 (또는 예측 오차값)을 양자화 및 부호화한다고 하여 DPCM (Differential Pulse Code Modulation)이라고 한다.

〈그림 2-4〉는 DPCM 코덱의 블록 다이어그램을 나타내고 있다. 부호기에서는 PCM을 거쳐 나온 심벌들이 DPCM의 입력이 된다. 이 심벌이 입력으로 들어오면 이 심벌과 이전 심볼과의 차이값, 즉 예측 오차가 양자화된 다음 엔트로피 부호화되어 채널로 전송된다. 복호기에서는 부호기와 정반대의 과정을 취하고 있다. 채널을 통해 수신된 이진 부호는 먼저 엔트로피 복호기에 의해 복호된 다음, 이전 복호기의 입력과 더해져서 최종적으로 복호된 값을 출력한다.

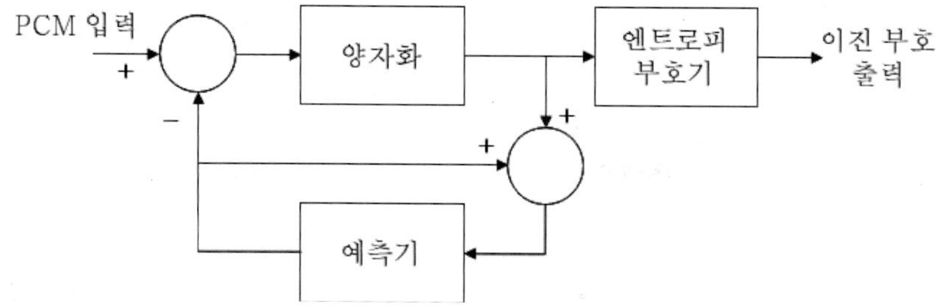

(a) DPCM 부호기

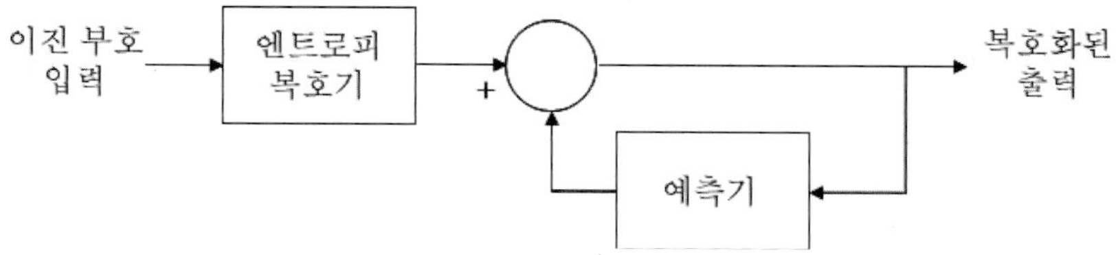

(b) DPCM 복호기

〈그림 2-4〉 DPCM 코덱 블록 다이어그램 [14]

DPCM은 그 자체만으로는 영상을 압축할 수 없다. 만약 화소값이 8비트로 표현될 경우, 원래의 화소값의 범위는 0~255이지만, 예측 오차의 범위는 -255~255이기 때문에 예측 오차를 표현하기 위해서는 1비트가 더 증가된 9비트로 표현해야만 한다. 이는 압축 관점에서는 오히려 불리한 것처럼 보일 수 있다. 하지만 일반적으로 실사 영상을 입력으로 하는 DPCM의 경우, 화소 간 차이가 매우 적기 때문에 예측 오차들이 대부분 0이 되거나 혹은 0 주변의 값들로 바뀐다. 이렇게 되면 표현해야 할 심볼의 개수가 현저히 줄어들기 때문에 사용되는 비트는 더욱 줄어든다는 것을 알 수 있다. 또한, 적어진 심볼의 개수는 엔트로피 부호화 과정에서 크게 이득을 볼 수 있다.

(2) 움직임 보상을 이용한 예측 부호화

대부분의 비디오 부호화기는 시간 방향의 중복성을 제거하기 위해 움직임 추정 및 보상 기법을 이용한다. 움직임 벡터를 이용한 영상 압축은 현재 영상을 전송하는 대신 움직임 벡터를 전송하여 높은 압축률을 실현할 수 있는 알고리즘이다. 〈그림 2-5〉와 같이 배경 영역과 움직임 영역으로 구성된 영상의 경우 움직임 영역의 움직임 정보를 추정하여 움직임 영역을 추정된 움직임 벡터만큼 이전 화면을 움직임 보상한 후 예측하면 단순히 차분 영상에 의한 방식보다 예측 오차 신호의 에너지를 감소시킬 수 있다. 이 보상 오차는 움직임 벡터만으로 현재 영상을 완벽히 재현할 수 없으므로 움직임 벡터와 별도로 전송한다. 〈그림 2-6〉은 움직임 벡터를 이용하여 움직임 보상된 영상과 오차 신호를 보여준다.

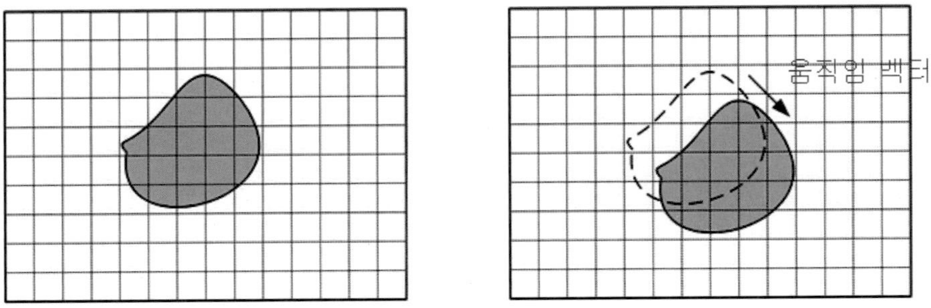

〈그림 2-5〉 배경 영역과 움직임이 있는 전경 영역으로 구성된 영상

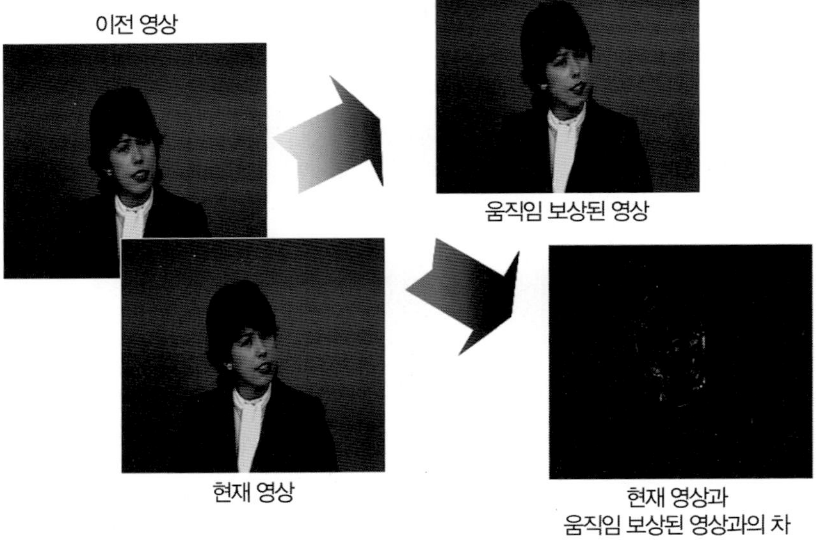

〈그림 2-6〉 움직임 보상 및 보상 오차

실제 영상의 경우 한 장의 영상은 다수의 물체를 포함하고, 다양한 움직임을 가지기 때문에 영상을 블록으로 분할하고 분할된 블록의 움직임 벡터를 찾아서 전송하게 되는데 이를 블록기반 움직임 추정 및 보상 기법이라 한다.

블록 기반 움직임 추정 및 보상 기법은 〈그림 2-7〉과 〈그림 2-8〉에서 보듯이 입력 영상을 블록 단위로 분할한 뒤, 각 블록의 움직임을 2차원 움직임 벡터로 표현하여 보상하는 기법이다. 이런 방식은 기본적으로 블록 내의 각 화소들이 동일한 움직임 벡터로 표현됨을 가정한다. 현재 화면의 각 블록을 이전 화면에서 가장 유사한 블록의 위치를 탐색하여 두 블록 간의 위치 차이를 움직임 벡터로 구하게 된다. 계산량 감소를 목적으로 움직임 추정 과정에서 현재 블록의 유사 블록이 현재 블록으로부터 일정 범위 내에 있는 탐색 영역 안에서만 움직임 벡터를 탐색하게 된다. 두 블록간의 유사도 척도로는 최소자승오차 또는 최소 절대값 오차를 사용한다. 오차 신호의 에너지를 최소화하는 위치를 탐색한다는 점에서 최소자승오차가 더 적합하지만 곱셈 연산이 필요하기 때문에 계산량을 고려하여 최소 절대값 오차가 많이 사용된다.

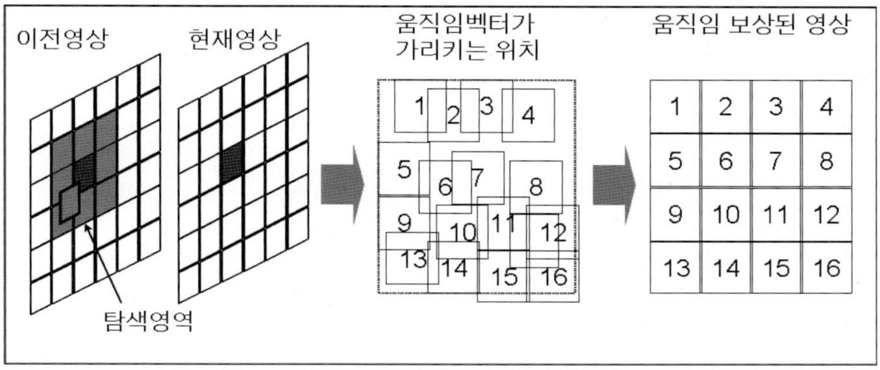

〈그림 2-7〉 블록 기반 움직임 추정 및 보상

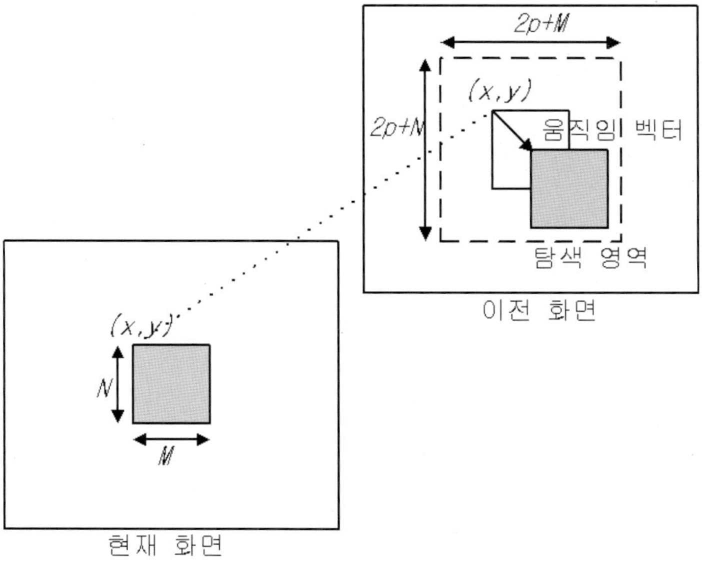

〈그림 2-8〉 블록 기반 움직임 추정

움직임 벡터를 추정하는 알고리즘은 크게 전역 탐색법과 고속 탐색법으로 분류된다. 전역 탐색법은 탐색 영역 내의 모든 후보 벡터를 유사도를 비교하여 최적의 위치를 추정하는 방법이다. 모든 위치를 비교하므로 최적의 움직임 벡터가 추정되지만 계산량이 매우 많다는 단점이 있다. 따라서 계산량을 감축하기 위한 다양한 고속 탐색법이 개발되어 있다.

2.3.2 변환 부호화

변환 부호화는 영상의 화소들을 주파수 영역으로 매핑하여 공간적 중복성을 줄이기 위해 사용되는 방법이다. 변환 부호화의 장점은 대부분의 영상 에너지를 저주파 영역으로 집중시킨다는 점이다. 이 과정에서는 화소들과 주파수 계수들의 전체 에너지는 변하지 않기 때문에 어떠한 압축도 일어나지 않지만, 양자화를 통해서 저주파를 제외한 대부분의 주파수 성분이 0으로 되기 때문에 지그재그 스캔과 엔트로피 부호화 과정을 통해서 이득을 볼 수 있다.

(1) DCT 변환

DCT (Discrete Cosine Transform)는 직교 변환의 하나로, JPEG에서부터 최신 코덱인 H.264/AVC까지 사용되는 변환 방법이다. DCT 수행 과정을 살펴보면, 영상 데이터를 블록으로 나누고, 이 블록 내의 화소에 DCT의 연산을 행한다. DCT의 변환식은

$$F(u,v) = \frac{2}{N} C(u) C(v) \sum_{i=0}^{N} \sum_{j=0}^{N} f(i,j) \cos\left(\frac{(2i+1)u\pi}{2N}\right) \cos\left(\frac{(2j+1)v\pi}{2N}\right) \quad (2\text{-}1)$$

이고, 역변환은,

$$f(i,j) = \frac{2}{N} \sum_{i=0}^{N} \sum_{j=0}^{N} C(u) C(v) F(u,v) \cos\left(\frac{(2i+1)u\pi}{2N}\right) \cos\left(\frac{(2j+1)v\pi}{2N}\right) \quad (2\text{-}2)$$

이다.

위의 수식에서 $f(i,j)$는 입력 영상, $F(u,v)$는 변환 영상이고, 계수 $C(v)$와 $C(v)$는 다

음과 같이 정의된다.

$$C(u) = \begin{cases} \dfrac{1}{\sqrt{2}} & u = 0 \\ 1 & u \neq 0 \end{cases} \tag{2-3}$$

$$C(v) = \begin{cases} \dfrac{1}{\sqrt{2}} & v = 0 \\ 1 & v \neq 0 \end{cases} \tag{2-4}$$

위의 변환식과 역변환식에서 알 수 있듯이, cosine을 곱하여 변환을 수행한다. 이 cosine과 같이 변환할 때 사용되는 함수를 기저 (basis) 함수라고 하는데, 영상을 취급하는 경우는 기저 영상이라고 부른다. 〈그림 2-9〉는 DCT에서 사용되는 기저 영상을 나타낸다.

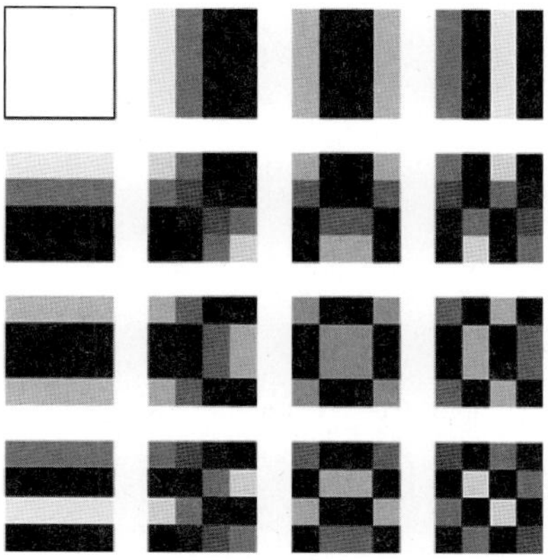

〈그림 2-9〉 DCT 기저 영상

〈그림 2-9〉에서 알 수 있는 것처럼, $u = 0$, $v = 0$은 DC 성분을 나타내고, u, v가 클수록 높은 주파수를 나타낸다. 따라서 기저 영상을 통해 주파수별 영상을 볼 수가 있다.

식 (2-2)의 역변환식에서 변환 영상 $F(u,v)$가 주파수별 기저 영상의 계수이다. 변환 후 주파수 대역에서 저주파 성분의 에너지는 크지만, 고주파 성분의 에너지는 작은 성질을 이용해 대역을 압축한다. 변환 후에는 나누기 연산을 통해 양자화를 수행하여 대부분의 고주파수 계수들을 0으로 만들고, 이로 인해 데이터를 압축이 수행된다.

DCT 변환의 예를 살펴보자. 8비트 영상 데이터에 대해, 식 (2-1)은 64회의 연산이 수행된다. 따라서 DCT 변환의 결과 영상은 원 영상 데이터의 64 = 2^6배가 되므로 결국 8비트에

6비트를 더한 14비트로 표현되어야 한다. 하지만, 전체를 4로 나누기 때문에 결국 DCT 변환의 결과 영상은 원 영상 데이터의 16 = 2^4배가 되어 결국 8비트에 4비트를 더한 12비트로 표현된다. 이것을 16으로 나누면 원 영상의 데이터와 같은 8비트가 된다.

결국 이 과정은 12비트의 변환 영상을 8비트로 양자화하는 것이 되고, 결과적으로 고주파 성분에 할당된 비트수를 감소시키는 결과가 된다. DCT 변환 후 고주파 성분을 더 큰 값으로 나누면 비트수를 감소시킬 수 있다. 나누는 값을 주파수별로 나타낸 표를 양자화 테이블 또는 Q 테이블이라고 부른다. 이와 같이 양자화를 행하면, 고역의 변환 계수는 0이 많게 되므로 run length 부호화와 허프만 부호화를 이용하여 압축할 수 있다.

(2) Hardamard 변환

1893년 프랑스 수학자 J. Hadamard에 의해 ±1로 된 직교 행렬 (orthogonal matrix)이 제안되었고, 1923년에는 미국의 수학자 J. Walsh가 Walsh 함수를 제안했다. 1970년에는 미국 해군 연구소에서 Walsh 함수의 응용에 대한 심포지엄을 열어 시스템에 이용할 수 있음을 보였다. 1969년에는 W. Pratt 등이 Hadamard 변환을 영상 전송에 이용하면 화소가 화면의 중앙과 구석 등에 집중된다는 사실을 발견했다. W. Pratt, J. Kane, H. Andrews 등이 1969년 IEEE에 "Hadamard Transform Image Coding"을 발표한 이후, K. Rao, J. Walsh 등에 의해 Walsh-Hadamard 이산 변환에 대한 연구가 활발히 진행되었다. Hadamard 행렬은 ±1로 구성되며, 첫 번째 행과 열이 ±1로만 되는 것이 정규화 Hadamard 행렬이라 한다. 기본 2×2 행렬을 H_2라 할 때, 행렬이 순환적이므로 일반식을 $H_{2N} = H_N \otimes H_2$와 같이 쓸 수 있다.

$$H_2 = \begin{bmatrix} 1 & 1 \\ 1 & -1 \end{bmatrix} \tag{2-5}$$

$$H_4 = \begin{bmatrix} H_2 & H_2 \\ H_2 & -H_2 \end{bmatrix} = \begin{bmatrix} 1 & 1 & 1 & 1 \\ 1 & -1 & 1 & -1 \\ 1 & 1 & -1 & -1 \\ 1 & -1 & -1 & 1 \end{bmatrix} \tag{2-6}$$

$$H_8 = \begin{bmatrix} H_4 & H_4 \\ H_4 & -H_4 \end{bmatrix} = \begin{bmatrix} 1 & 1 & 1 & 1 & 1 & 1 & 1 & 1 \\ 1 & -1 & 1 & -1 & 1 & -1 & 1 & -1 \\ 1 & 1 & -1 & -1 & 1 & 1 & -1 & -1 \\ 1 & -1 & -1 & 1 & 1 & -1 & -1 & 1 \\ 1 & 1 & 1 & 1 & -1 & -1 & -1 & -1 \\ 1 & -1 & 1 & -1 & -1 & 1 & -1 & 1 \\ 1 & 1 & -1 & -1 & -1 & -1 & 1 & 1 \\ 1 & -1 & -1 & 1 & -1 & 1 & 1 & -1 \end{bmatrix} \tag{2-7}$$

$$H_{2N} = H_N \otimes H_2 \quad (2\text{-}8)$$

Hadarmard 행렬은 대칭적이고, unitary 행렬이므로 $H=H^T=H^{-1}$이다. 또한, <그림 2-10>에서 보듯이, 신호 에너지가 Hadarmard 변환의 기본 평면에서 부분적으로 몰리면서 분포하고 있다. Hadarmard 행렬은 다음처럼 인접행과 열의 합이 N 또는 0이 될 때의 직교 변환이므로 신호는 Parseval의 정리가 그대로 보존된다.

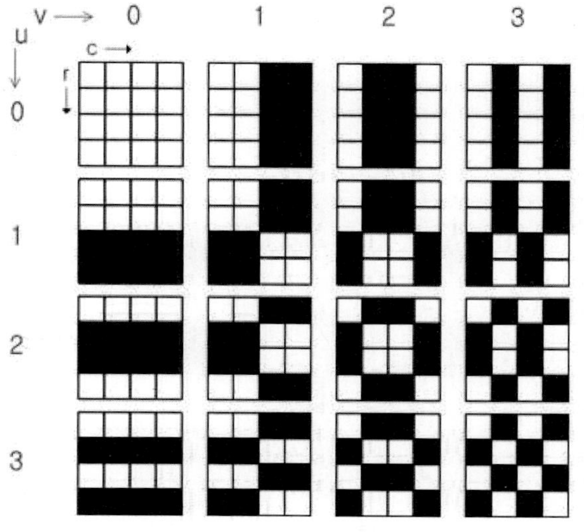

<그림 2-10> Hadarmard 변환의 기저 영상

2.3.3 엔트로피 부호화

통계적 중복성 제거를 위한 엔트로피 부호화는 일반적으로 공간적, 시간적 중복성이 제거된 데이터에 적용되며 허프만 부호화와 산술 부호화가 대표적이다 [15][16].

(1) 허프만 (Huffman) 부호화

앞에서 언급한 DPCM의 장점은 DPCM 후의 데이터의 값이 0에 가까울 가능성이 크다는 점이다. 이와 같이 데이터 중에서 자주 발생하는 값과 그렇지 않은 값이 있는 경우, 자주 발생하는 값에 짧은 부호를 할당하여 전체 데이터량을 감소시킬 수 있다. 이처럼 데이터량에 있어서 크기가 변화하는 부호를 가변 길이 부호라고 한다. 이러한 가변 길이 부호의 대표적인 것으로는 허프만 부호가 있다. 허프만 부호는 각 데이터가 발생하는 확률을 계산하고, 발생 확률이 높은 것부터 부호 길이가 짧은 부호를 할당하는 것으로, 발생 확률을 이용해 부호화를 하는 경우에 매우 유용한 방법이다.

허프만 부호화를 좀더 자세히 알아보자. 이것은 부호의 중복성을 제거하기 위해서 가장 많이 사용하는 부호화로 심볼 당 확률을 이용하여 최소한의 기호를 만들어낸다. 낮은 확률의 부호의 길이는 길게 하고, 높은 확률의 부호의 길이는 짧게 하는 것이 핵심 아이디어이다. 이 방법은 먼저 기호의 확률을 구하고, 낮은 확률 순서대로 단일 기호로 결합하여, 신호원을 만들어낸다. 이 허프만 부호화의 과정은 크게 두 가지로 나누어진다. 첫째로, 신호의 감축 과정이다. 이 과정을 예를 들어 설명한다.

[예 2.1] 알파벳 심볼 집합 S에 대한 Huffman 코드를 설계해 보자.

$S=\{a, b, c, d, e\}$, 이고 각각 심볼의 확률은 다음과 같다. $P(a)=0.25$, $P(b)=0.15$, $P(c)=0.45$, $P(d)=0.1$, $P(e)=0.05$이다. Huffman 코드를 설계하기 위해 먼저 〈표 2-1〉과 같이 심볼의 확률에 따라 내림차순으로 정렬한다. 여기서 C는 각 문자의 코드워드를 나타낸다.

〈표 2-1〉 심볼의 확률 값에 따른 내림차순 정렬

심볼	확률	코드워드
c	0.45	$C(c)$
a	0.25	$C(a)$
b	0.15	$C(b)$
d	0.1	$C(d)$
e	0.05	$C(e)$

정렬된 표에서 가장 낮은 확률을 갖는 두 심볼을 결합하여 하나의 새로운 심볼을 만든다. 가장 낮은 확률을 갖는 두 심볼은 d와 e이다. 앞에서 가장 발생 확률이 낮은 두 심볼에 대응하는 코드워드의 가장 마지막 비트는 서로 다른 비트를 할당한다고 언급하였다. 따라서 각 심볼에 다음과 같은 코드워드를 할당한다.

$$C(d) = \alpha_1 * 0 \tag{2-9}$$

$$C(e) = \alpha_1 * 1 \tag{2-10}$$

여기서 α_1은 이진 스트링 (binary string)이고, '$*$'은 스트링 연결을 의미한다.

가장 발생 확률이 낮은 두 심볼의 마지막 비트에 서로 다른 비트를 할당하고 난 후, 이 두 심볼을 결합하여 새로운 심볼 n_1을 만든다. 새로운 심볼을 포함하는 네 개의 알파벳 c, a, b, n_1으로 구성된 새로운 알파벳 심볼 집합 S'을 구성한다. 여기서 n_1은 d와 e로 구성된 심볼이며, 확률 $P(n_1) = P(d) + P(e) = 0.15$를 갖는다. 이 새로운 알파벳 심볼을 포함하여 다시 〈표 2-2〉와 같이 내림차순으로 정렬한다.

〈표 2-2〉 새로운 심볼 n_1을 포함한 네 심볼의 내림차순 정렬

심볼	확률	코드워드
c	0.45	$C(c)$
a	0.25	$C(a)$
b	0.15	$C(b)$
n_1	0.15	α_1

〈표 2-2〉에서, b와 n_1은 정렬된 표에서 가장 낮은 확률을 갖는 두 심볼에 다음과 같은 코드워드를 할당한다.

$$C(b) = \alpha_2 * 0 \tag{2-11}$$

$$C(n_1) = \alpha_2 * 1 \tag{2-12}$$

여기서 $C(n_1) = \alpha_1$이다. 따라서 α_1은 다음과 같이 나타낸다.

$$\alpha_1 = \alpha_2 * 1 \tag{2-13}$$

식 (2-13)을 식 (2-9)와 식 (2-10)에 대입하여 다음과 같은 식을 얻는다.

$$C(d) = \alpha_2 * 1 * 0 \tag{2-14}$$

$$C(e) = \alpha_2 * 1 * 1 \tag{2-15}$$

다시 새로운 세 심볼 c, a, n_2로 구성된 알파벳 심볼 집합 S''를 구성한다. 여기서 n_2는 b와 n_1로 구성된 심볼이며, 확률 $P(n_2) = P(b) + P(n_1) = 0.3$를 갖는다. 새로운 세 알파벳 심볼로 구성된 집합 S''를 다시 〈표 2-3〉과 같이 내림차순으로 정렬한다. 새로운 심볼 n_2의 확률은 0.3이고 심볼 a의 확률보다 크므로, 심볼 c와 심볼 a 사이에 존재한다.

〈표 2-3〉 새로운 심볼 n_2를 포함한 세 심볼의 내림차순 정렬

심볼	확률	코드워드
c	0.45	$C(c)$
n_2	0.3	α_2
a	0.25	$C(a)$

〈표 2-3〉에서 가장 낮은 확률의 두 심볼은 n_2와 a이다. 두 심볼에 코드워드를 할당한다.

$$C(n_2) = \alpha_3 * 0 \tag{2-16}$$

$$C(a) = \alpha_3 * 1 \tag{2-17}$$

그러나 $C(n_2) = \alpha_2$ 이다. 따라서 α_2는 다음과 같이 나타낸다.

$$\alpha_2 = \alpha_3 * 0 \tag{2-18}$$

식 (2-18)을 식 (2-11), 식 (2-14), 식 (2-15)에 대입하여 식 (2-19), 식 (2-20), 식 (2-21)을 얻는다.

$$C(b) = \alpha_3 * 0 * 0 \tag{2-19}$$

$$C(d) = \alpha_3 * 0 * 1 * 0 \tag{2-20}$$

$$C(e) = \alpha_3 * 0 * 1 * 1 \tag{2-21}$$

마지막으로, 두 심볼 n_3과 c를 갖는 새로운 집합을 정의한다. 여기서 n_3은 n_2와 a로 구성된 심볼이며, n_3의 확률은 $P(n_3) = P(n_2) + P(a) = 0.55$이다. 최종적으로 〈표 2-4〉를 얻는다.

〈표 2-4〉 두 심볼 알파벳의 내림차순 정렬

심볼	확률	코드워드
n_3	0.55	α_3
c	0.45	$C(c)$

〈표 2-4〉에서 보듯이 두 심볼만 존재하므로, 코드워드는 다음과 같다.

$$C(n_3) = 0 \tag{2-22}$$

$$C(c) = 1 \tag{2-23}$$

그리고 α_3에 비트 "0"을 할당하여, 이를 식 (2-17), 식 (2-19), 식 (2-20), 식 (2-21)에 각각 대입하여 다음과 같은 코드워드를 만든다.

$$C(a) = 0 * 1 \tag{2-24}$$

$$C(b) = 0 * 0 * 0 \tag{2-25}$$

$$C(d) = 0 * 0 * 1 * 0 \tag{2-26}$$

$$C(e) = 0 * 0 * 1 * 1 \tag{2-27}$$

이를 이용하여 최종적으로 〈표 2-5〉와 같은 코드를 만든다. Huffman 코드를 만드는 과정은 〈그림 2-11〉에 나타낸다.

〈표 2-5〉 다섯 심볼의 Huffman 코드

심볼	확률	코드워드
c	0.45	1
a	0.25	01

심볼	확률	코드워드
b	0.15	000
d	0.1	0010
e	0.05	0011

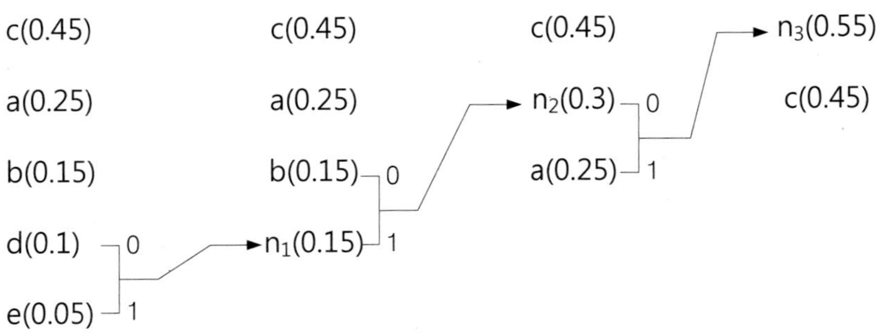

〈그림 2-11〉 Huffman 부호화 과정

Huffman 코드의 평균 길이 l은 식 (2-28)을 이용하여 계산된다.

$$l = \sum_{i=1}^{n} l(a_i)p(a_i) \tag{2-28}$$

Huffman 코드의 평균 길이는 각 심볼의 코드 길이와 그 확률의 곱으로 나타낸다. 따라서 [예 2.1]의 평균 길이는 다음과 같다.

$$l = 0.45 \times 1 + 0.25 \times 2 + 0.15 \times 3 + 0.1 \times 4 + 0.05 \times 4 = 2 \text{ 비트/심볼.}$$

Huffman 코드의 효율성은 코드의 잔여 성분 (엔트로피와 평균 길이의 차)값을 측정하여 검사한다. [예 2.1]의 경우, 엔트로피는 식 (2-29)를 사용하여 계산한다.

$$\begin{aligned} H &= -\sum P(A_i)\log_b P(A_i) \\ &= -(0.45\log_2 0.45 + 0.25\log_2 0.25 + 0.15\log_2 0.15 + 0.1\log_2 0.1 + 0.05\log_2 0.05) \\ &\cong 1.977 \end{aligned} \tag{2-29}$$

[예 2.1]의 잔여 성분 값은 0.023 (2-1.977=0.023) 비트/심볼이다. 잔여 성분 값이 작으면 작을수록 Huffman 코드의 평균 길이가 엔트로피에 근접하게 되어 Huffman 코드의 효율성은 증가한다.

Huffman 코드를 설계하는 또 다른 방법은 이진 트리 (binary tree)를 사용하여 Huffman 코드를 생성하는 것이다. 이진 트리 구조에서 외부 노드 (external node) 혹은 잎 (leaf)은 이에 대응하는 심볼을 나타낸다. 임의의 심볼의 Huffman 코드는 뿌리 노드 (root node)로부터 시작하여 심볼에 대응하는 잎까지 내려오면서, 각각의 가지에 할당된 코드워드를 모두 결합하여 생성된다. 〈그림 2-12〉는 이진 트리 구조를 나타낸다.

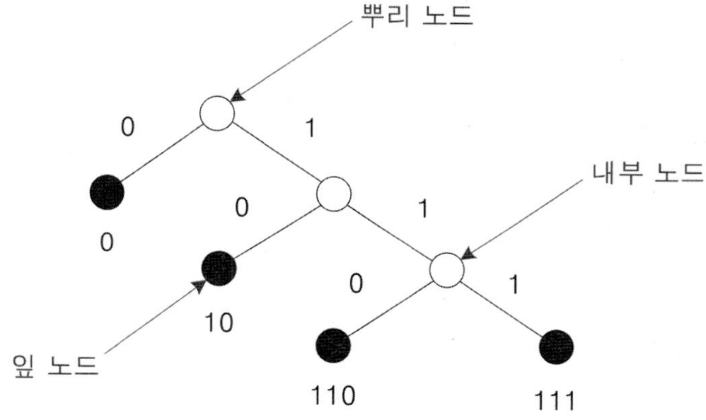

〈그림 2-12〉 이진 트리 구조

이진 트리를 사용하여 Huffman 코드를 설계하는 과정은 다음과 같다.

이진 트리의 잎과 연관된 입력 심볼을 확률에 따라 내림차순으로 정렬한다.

그 다음, 주어진 목록에서 가장 작은 확률을 가진 두 심볼을 결합한 후 결합된 두 심볼과 연관된 마디를 하나의 단일 노드로 만든다. 하나의 단일 노드를 내부 노드라 한다. 내부 노드의 확률은 자식 노드 확률의 합과 같다. 내부 노드로부터 각 자식 노드에 접근하는 가지에 각각 비트 '1'과 비트 '0'을 할당한다.

마지막으로 확률 순위 목록에서 두 자식 노드를 결합하여 만든 내부 노드의 확률을 고려하여 새로운 이진 트리를 구성한다. 이와 같은 방법을 하나의 노드 즉, 뿌리 노드 (root node)가 될 때까지 계속 수행한다. 각 심볼의 최종 코드를 얻기 위해서 뿌리 노드에서 각각의 잎 노드까지 내려가며, 각 가지에 할당된 비트를 모두 결합한다. [예 2.1]을 이진 트리 구조를 사용하여 Huffman 코드를 설계해 보자.

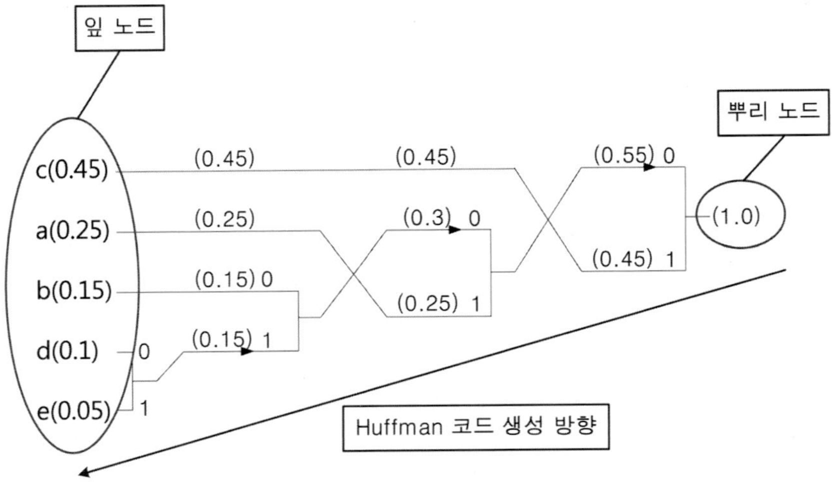

〈그림 2-13〉 이진 트리 구조를 사용한 Huffman 코드 설계 과정

다섯 심볼의 확률을 고려하여 내림차순으로 정렬을 한다. 발생 확률이 가장 낮은 두 심볼 d와 e를 결합하여 하나의 단일 노드를 생성한다. 내부 노드의 확률은 두 심볼 d와 e의 확률의 합인 0.15이다. 다시 내부 노드와 심볼 b를 결합하여 하나의 단일 노드를 생성한다. 이때, 새로운 내부 노드의 확률은 0.3이 되고, 이는 심볼 a의 확률 보다 크므로 두 노드의 위치를 서로 바꾼다. 다시 심볼 a와 내부 노드를 결합하여 하나의 단일 노드를 생성한다. 이 내부 노드의 확률은 0.55이고, 내부 노드 확률은 마지막 심볼 c의 확률보다 크므로 서로 위치를 바꾼다. 마지막으로 하나의 뿌리 노드부터 각각의 잎 노드까지 내려가면서 각 가지에 할당된 비트를 결합하여 최종적으로 Huffman 코드를 생성한다. 이진 트리 구조를 사용하여 생성된 Huffman 코드는 다음과 같다.

〈표 2-6〉 이진 트리 구조를 사용하여 생성된 Huffman 코드

심볼	확률	코드워드
c	0.45	1
a	0.25	01
b	0.15	000
d	0.1	0010
e	0.05	0011

(2) 산술 (Arithmetic) 부호화

산술 부호화는 무손실 압축에 사용되는 엔트로피 부호화 방법 가운데 하나이다. 다른 엔트로피 부호화 방법이 각각의 심볼을 대응하는 코드와 1:1로 대체하는 반면에, 산술 부호화는 전체 심볼을 하나의 실수 k로 대체한다. 여기서 k의 범위는 0.0 ≤ k 〈 1.0 이다. 산술 부호화는 입력 심볼의 전체 시퀀스에 하나의 코드워드를 할당하는 방법으로, 각 심볼에 해당 코드워드를 할당하는 Huffman 부호화 방법보다 성능이 우수하다. 즉, 산술 부호화는 주어진 심볼의 최적 (엔트로피)에 가까운 압축률을 보인다. 하지만, 산술 부호화 방법은 Huffman 부호화 방법보다 연산이 복잡하다는 단점이 있다.

산술 부호화에서는 입력 심볼 자체가 0에서 1 사이의 실수 구간을 정의한다. 입력 심볼들이 길어질수록 이것을 나타내는 간격이 좁아진다. 비트의 수는 간격의 크기를 표시한다. 그리고 심볼들의 수가 증가할수록 이를 나타내기 위해 사용되는 구간은 점점 적어지고, 구간을 나타내기 위한 정보 비트의 수는 증가한다. 심볼의 각 발생 확률에 따라 구간의 크기를 줄여나간다. 이러한 산술 부호화를 예를 들어 설명한다.

[예 2.2] 알파벳 심볼 집합 *S*의 산술 부호화 과정을 살펴보자.

S={a, b, c, d}이고 각각 심볼의 확률은 다음과 같다. P(a)=0.2, P(b)=0.4, P(c)=0.3, P(d)=0.1 이다. 각 심볼에 대한 초기 구간은 〈표 2-7〉과 같다.

〈표 2-7〉 심볼과 확률값

심볼	확률	초기 구간
a	0.2	[0.0, 0.2]
a	0.4	[0.2, 0.6]
b	0.3	[0.6, 0.9]
d	0.1	[0.9, 1.0]

산술 부호화 및 복호화 과정을 정리하면 다음과 같다.

[부호화 과정]

1. 현재의 심볼과 확률을 입력한다.
2. 범위를 결정한다. (Range = High - Low)
3. 들어온 심볼에 맞는 새로운 Range를 결정한다.
    - New High = Low + Range × 들어온 심볼의 확률,
    - New Low = Low + Range × 이전 과정의 심볼 확률 (없으면 0)
4. 전체 시퀀스를 복호화할 때까지 위 과정을 반복한다.

[복호화 과정]

1. 확률값을 받아들인다.
2. 부호화에서 결정한 Range 중 어느 Range에 속하는지 결정한다.
3. 그 Range에 속한 심볼을 선택한다.

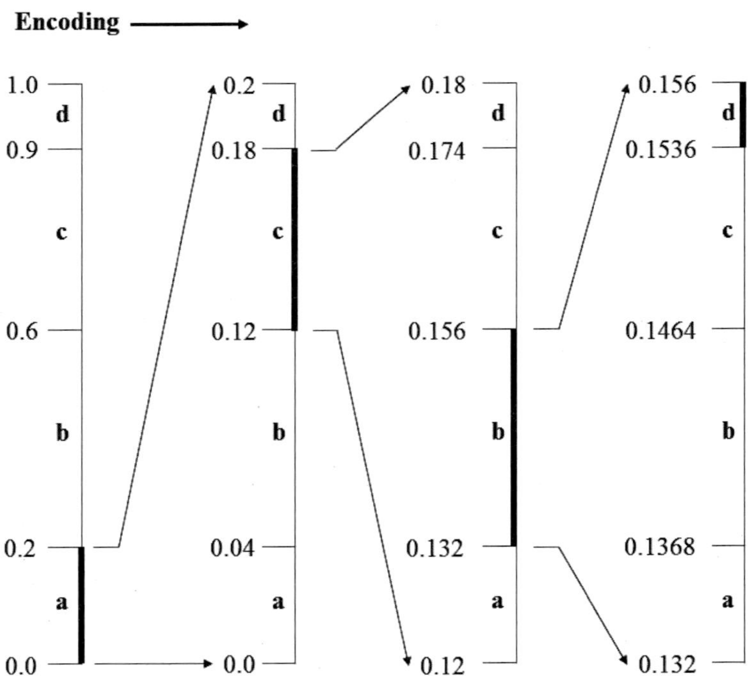

〈그림 2-14〉 산술 부호화 과정

〈표 2-8〉 입력 심볼의 부호화 구간

	심볼	구간
초기값		[0.0, 1.0]
	a	[0.0, 0.2]
	c	[0.12, 0.18]
	b	[0.132, 0.156]
	d	[0.1536, 0.156]

〈그림 2-14〉과 〈표 2-8〉은 〈표 2-7〉의 심볼과 확률값에 대해, 입력 심볼이 입력 심볼이 a → c → b → d인 경우의 부호화 과정을 보여준다. 부호화의 마지막 간격의 범위는 [0.1536, 0.156]으로 결정된다. 부호화를 수행할 때 이 간격 사이에 있는 값을 부호화하여 전송하고, 복호화를 수행할 때 이 범위 안에 있는 실수 값 하나만을 받아들이면 된다. 만약 이 사이의 값 0.154를 복호 과정에서 받아들였다면 복호가 어떻게 행해지는지 알아보자. 처음의 과정부터 먼저 0.154가 속해 있는 구간을 찾는다. S1이 선택된다. 그 다음 과정에서 0.154가 속해 있는 구간을 찾으면 S3가 선택된다. 이러한 방법으로 S2, S4를 차례대로 찾아낼 수 있다. 여기에서 중요한 사실을 알아낼 수가 있다. 0.1536과 0.156 사이의 실수 중 어느 값을 부호화해서 보낼 것인가의 문제가 발생한다. 여기에서는 최대한 유효 숫자가 적도록 만들어야 하고, 다른 구간하고 겹치지 않도록 설정해야 한다. 여기에서는 0.154 또는 0.155 등 그중 하나를 부호화할 수 있다. 그리고 각 메시지를 구분하기 위해 필요한 메시지의 끝을 표시하는 부호의 추가가 필요하다. 유효 숫자가 길어지면 반올림하여 부호화하는 방법도 생각해 볼 수 있다.

CHAPTER 3

HEVC 참조 소프트웨어

3.1 소프트웨어 다운로드 및 실행

우선 인터넷 주소 창에 '*http://hevc.kw.bbc.co.uk/trac/browser/tags/*'를 입력하면 〈그림 3-1〉과 같은 화면이 보인다. 이 화면의 숫자는 HEVC 참조 소프트웨어의 버전을 의미한다. 이 중 받고자 하는 버전을 선택해 클릭한다.

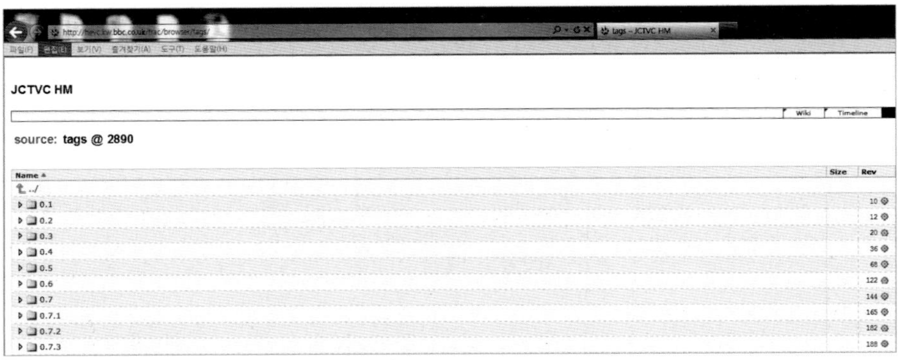

〈그림 3-1〉 HEVC 소프트웨어 다운로드 사이트

다음 열리는 창은 〈그림 3-2〉와 같이 HEVC 소프트웨어를 구성하고 있는 폴더와 파일들을 보여준다. 〈그림 3-3〉과 같이 이 창 제일 밑에 위치한 'Zip archive'를 클릭하면 해당 버전의 HEVC 참조 소프트웨어 version 13, HM 13.0 [17-19] 압축 파일을 내려 받을 수 있다.

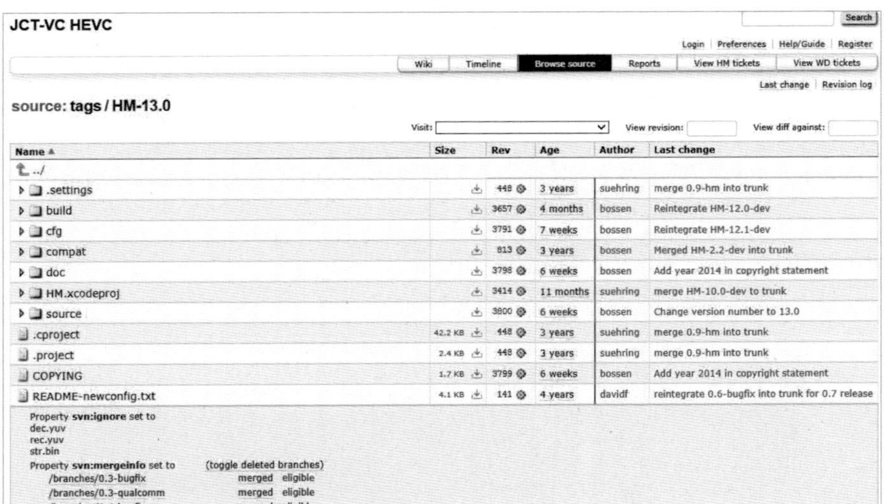

〈그림 3-2〉 HM 13.0

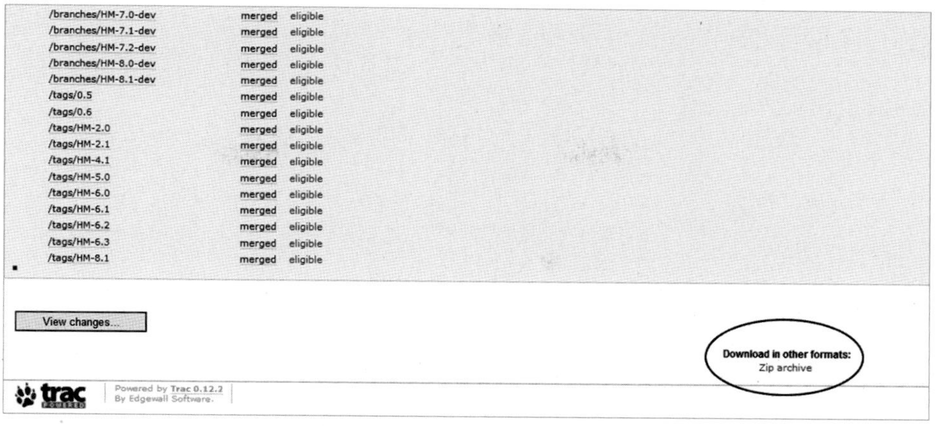

〈그림 3-3〉 HM 13.0 다운로드

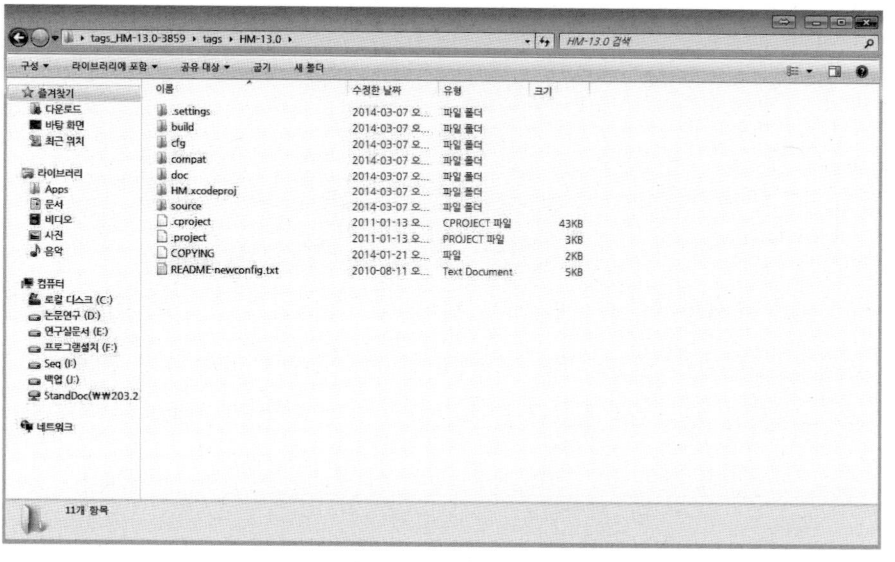

〈그림 3-4〉 HM 압축 파일의 구성 요소

내려 받은 압축 파일을 풀고 'tags/HM-13.0' 폴더 안을 보면 〈그림 3-4〉와 같은 압축 파일의 구성 요소를 확인할 수 있다. HM 부호기를 구동하기 위해서는 Visual Studio 솔루션을 열어야 한다. 〈그림 3-4〉의 폴더 중 build 폴더 안을 보면 〈그림 3-5〉와 같이, HM_vc8.sln, HM_vc9.sln, HM_vc10.sln이 존재한다. Visual Studio 2005를 사용하는 경우 HM_vc8.sln 솔루션을, Visual Studio 2008을 사용하는 경우 HM_vc9.sln 솔루션을, Visual Studio 2010을 사용하는 경우 HM vc10.sln 솔루션을 오픈한다.

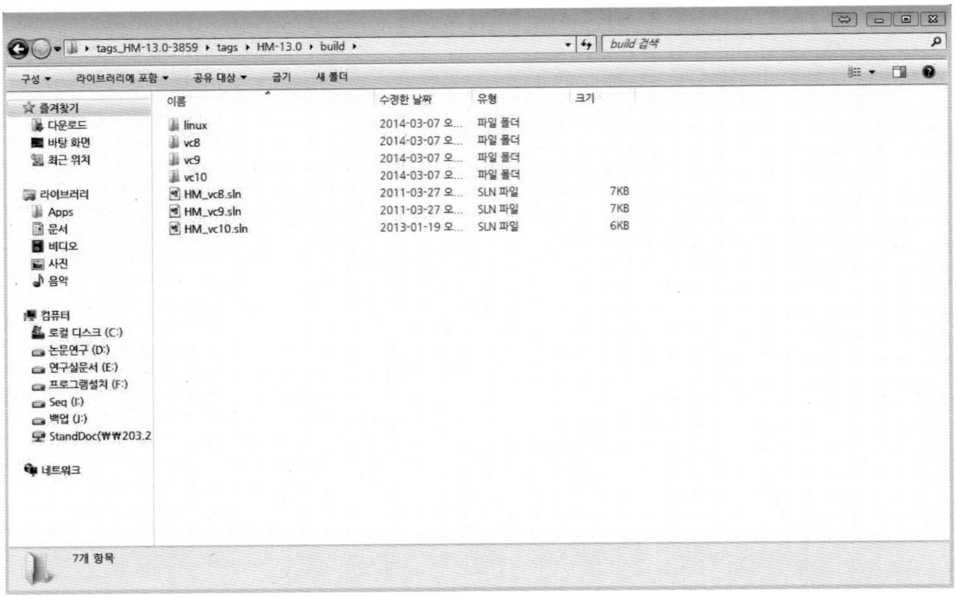

〈그림 3-5〉 솔루션 파일의 위치

〈그림 3-6〉은 HM_vc9.sln을 열었을 때의 화면을 보인 것이다. 좌측 메뉴 바에 솔루션 파일이 관리하는 다수의 프로젝트가 보인다. 처음 소프트웨어를 열면 'TAppDecoder'라는 프로젝트가 굵게 표시되어 있다. 프로젝트 명이 굵게 표시된 것은 시작 프로젝트임을 의미한다. 'TAppDecoder'는 복호기의 주 프로젝트이므로 〈그림 3-7〉과 같이 부호기의 주 프로젝트인 'TAppEncoder'를 한번 클릭해 활성화한 후, 마우스 우측 버튼을 눌러 '시작 프로젝트로 설정'을 클릭한다. 다음, '빌드 (build)'→'솔루션 빌드'를 클릭 또는 키보드의 F7 버튼을 눌러 실행 파일을 생성한다. 실행 파일은 빌드 후 'tags/HM-13.0' 폴더에 새로 생성되는 'bin' 폴더 내 'vc9→Win32→Debug' 폴더에 TAppEncoder.exe라는 이름으로 생성된다. 만약 디버깅 목적이 아니고, 프로그램의 수행 속도를 극대화하고 싶다면 〈그림 3-6〉의 Visual Studio 창의 상단에 위치한 'Debug'를 'Release'로 바꿔 릴리즈 모드로 빌드를 수행하면 된다. 릴리즈 모드로 빌드를 수행한 경우, 실행 파일이 'bin' 폴더 내 'vc9→Win32→Release' 폴더에 생성되는 것을 확인할 수 있다. 만약 Win32가 아닌 x64 구성 관리자를 사용하는 독자들은 실행 파일 생성 폴더가 'vc9→x64→Debug' 또는 'vc9→x64→Release' 임에 유의하도록 한다.

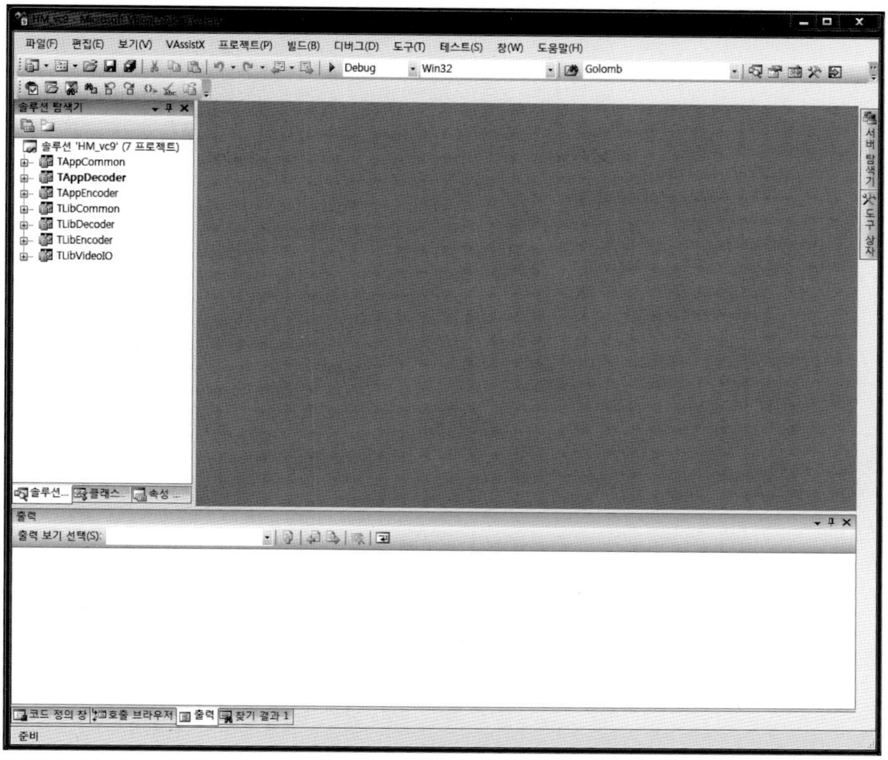

〈그림 3-6〉 'HM_vc9.sln' 을 실행한 화면

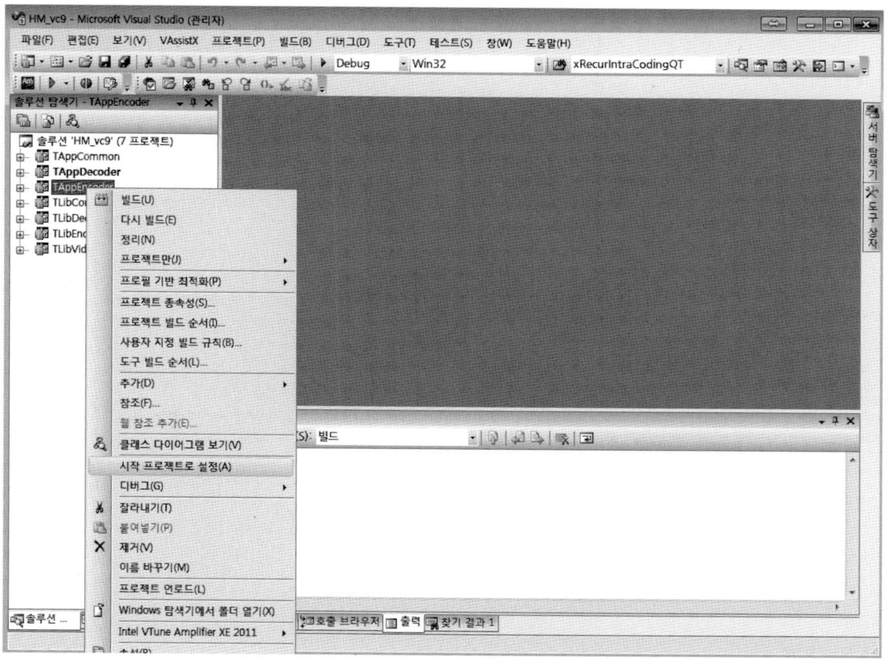

〈그림 3-7〉 시작 프로젝트 설정

'tags/HM-13.0/cfg' 폴더 안을 보면 〈그림 3-8〉과 같은 configure 파일을 볼 수 있다. 이 configure 파일은 어떤 부호화 구조로 부호화를 수행할 것인지를 나타낸다. 또한, 해당 폴더 내의 'per-sequence' 폴더를 보면 〈그림 3-9〉와 같이 입력 영상에 대한 configure 파일을 살펴볼 수 있다. 이 configure 파일을 통해 입력 영상의 경로, 해상도, 프레임율을 설정할 수 있다. configure 파일 설정에 대한 자세한 설명은 제3.2장에서 좀 더 자세히 하도록 한다.

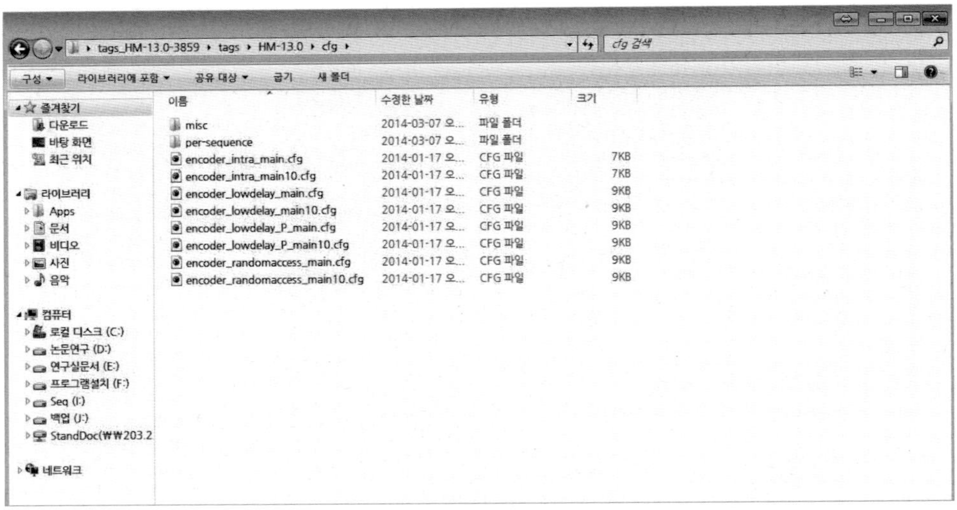

〈그림 3-8〉 부호화 구조 configure 파일

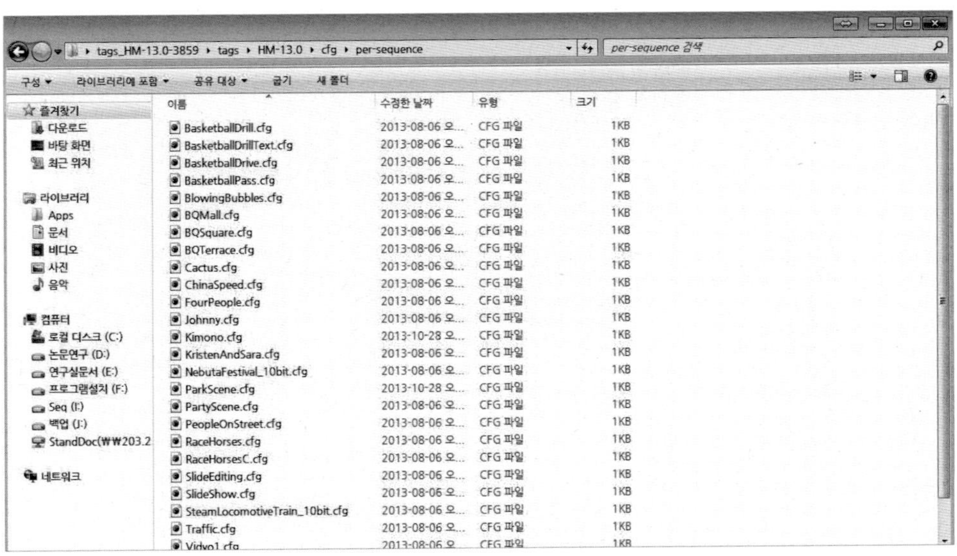

〈그림 3-9〉 입력 영상 configure 파일

작업 디렉터리를 설정하기 위해 〈그림 3-10〉과 같이 TAppEncoder 프로젝트에 마우스 우측 버튼을 눌러 '속성' 메뉴를 선택한 후, '구성 속성'→'디버깅' 탭으로 이동한다. 〈그림 3-11〉은 '디버깅' 탭에서의 환경 설정 과정을 보여준다. 실행 파일 TAppEncoder.exe가 있는 곳을 작업 디렉터리 (working directory)로 사용할 것이므로 작업 디렉터리 항목에 TAppEncoder.exe 파일이 위치한 경로를 입력한다.

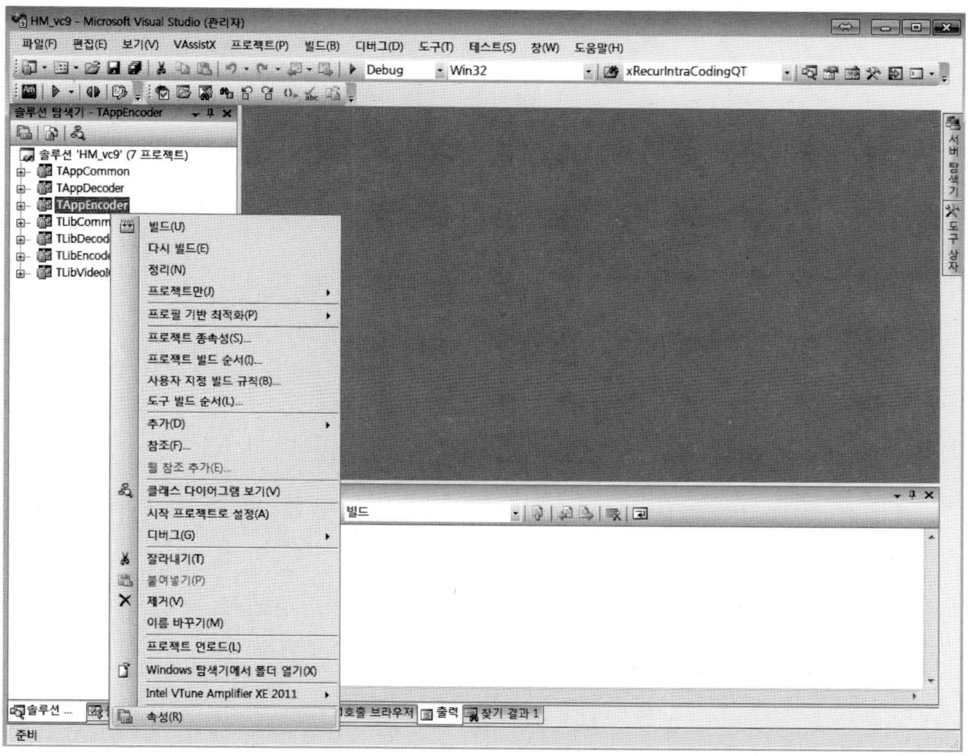

〈그림 3-10〉 프로젝트 속성 접근

그 다음 cfg 폴더 내의 부호화하려는 입력 영상 configure 파일과 부호화 구조 configure 파일을 작업 디렉터리로 복사하고 명령 인수에 '-c 〈부호화 구조 configure 파일명〉 -c 〈입력영상 configure 파일명〉'을 입력해 HM 소프트웨어 구동을 위한 모든 준비를 완료한다. 예를 들어, 입력 영상 configure 파일이 BasketballDrill.cfg, 부호화 구조 configure 파일이 encoder_intra_main.cfg라면 BasketballDrill.cfg 파일과 encoder_intra_main.cfg을 모두 위에서 설정한 작업 디렉터리로 복사한 후, 명령 인수에 '–c encoder_intra_main.cfg -c BasketballDrill.cfg'이라고 입력한다.

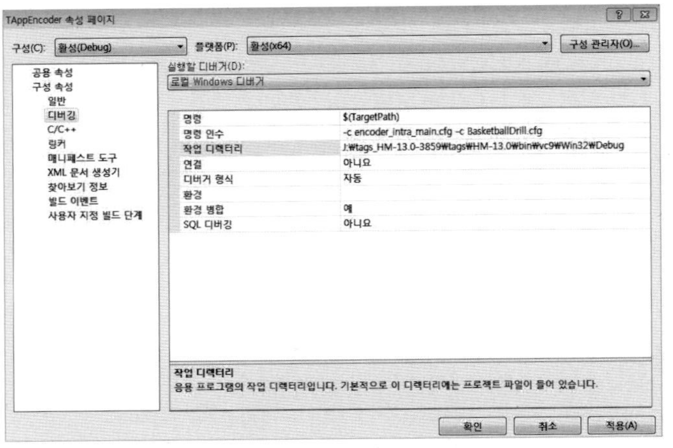

〈그림 3-11〉 TAppEncoder 프로젝트의 '구성 속성'→ '디버깅' 메뉴에서의 환경 설정

3.2 입력 파일 및 변수 설정

HEVC 참조 소프트웨어를 이용하여 입력 시퀀스들을 압축하기 위해서는 압축 과정에서 필요한 여러 가지 입력 변수를 설정해야 한다. 앞에서 설명한 것과 같이 HM 소프트웨어에서는 입력 영상 configure 파일과 부호화 구조 configure 파일, 총 두 개의 configure 파일을 사용한다. 부호기 소프트웨어 구동을 위해 사용되는 중요한 변수와 그 의미를 간략히 정리해보자. 먼저, 입력 영상에 대한 정보를 입력하는 입력 영상 configure 파일에 대해 알아보자. bin 폴더 내에 위치한 per-sequence 폴더에는 다양한 입력 영상 configure 파일들이 위치하고 있는데, 이는 HEVC 표준화 활동에서 사용했던 실험 영상에 대한 정보들이 미리 입력되어, 각 실험 영상의 이름으로 저장되어 있다. 아래 그림은 입력 영상 configure 파일의 구성을 보여준다.

```
#======= File I/O ==============
InputFile                  : ../../origCfP/BasketballDrill_832x480_50.yuv
InputBitDepth              : 8      # Input bitdepth
FrameRate                  : 50     # Frame Rate per second
FrameSkip                  : 0      # Number of frames to be skipped in input
SourceWidth                : 832    # Input  frame width
SourceHeight               : 480    # Input  frame height
FramesToBeEncoded          : 500    # Number of frames to be coded
Level                      : 3.1
```

InputFile은 입력 파일의 경로를 의미하므로 실제 부호화 할 실험 영상이 위치한 경로로 바꿔 입력하면 된다. 만약 실행 파일을 기본 설정에 정해진 위치에 맞게 옮겨 사용할 경우에는 내용을 수정하지 않아도 된다. InputBitDepth는 입력 영상의 화소당 비트깊이를 나타낸다. 일반적으로 8비트깊이의 영상이 사용된다. FrameRate는 입력 시퀀스의 초당 재생되는 화면 수 (frame/sec)를 의미한다. FrameSkip은 입력 파일을 부호화할 때, 부호화하지 않고 건너뛰는 화면의 수를 나타낸다. FrameSkip = 2인 경우에는 입력 파일에서 두 화면씩 건너뛰면서 부호화한다.

SourceWidth와 SourceHeight는 입력 화면의 가로 해상도와 세로 해상도를 의미한다. 예를 들어, 입력 파일이 720p HD (1280×720) 크기의 영상이라면, SourceWidth와 SourceHeight를 각각 1280와 720으로 설정해야 한다. FramesToBeEncoded는 입력 영상의 첫 프레임을 기준으로 부호화할 화면의 수를 나타낸다. Level은 사용할 수 있는 변수의 범위를 규정한 것으로, 비트스트림에서 구문 요소들의 값들에 부과된 제약 조건들을 명시해 놓은 것이다. 서로 다른 응용들에서 모두 동작하는 복호기는 실용적이지도, 경제적이지도 않다. 이 문제를 해결하기 위해 표준에서는 각 응용에 맞도록 다양한 레벨을 명시하고 있다. 레벨은 대응하는 영상의 크기에 따라 파라미터의 제한을 규정한다.

HEVC에서는 〈표 3-1〉과 같이 총 13개의 레벨을 명시하고 있다 [20]. 〈표 3-1〉에서 볼 수 있는 Main tier과 High tier는 사용 가능한 최대 비트율이 다른 응용분야를 위한 것으로, Main tier는 대부분의 응용 분야를 위한 것이고 High tier는 그보다 더 높은 비트율을 요구하는 응용 분야를 위한 것이다.

〈표 3-1〉 HEVC의 레벨

레벨	최고 휘도 화면 크기 (샘플)	최고 휘도 샘플링 비율 (초 당 샘플)	최대 CPB (Coded Picture Buffer) 수 (1000 bits)		화면 당 최대 슬라이스 분할 수
			Main tier	High tier	
1	36,864	552,960	350	–	16
2	122,880	3,686,400	1,500	–	16
2.1	245,760	7,372,800	3,000	–	20
3	552,960	16,588,800	6,000	–	30
3.1	983,040	33,177,600	10,000	–	40

레벨	최고 휘도 화면 크기 (샘플)	최고 휘도 샘플링 비율 (초 당 샘플)	최대 CPB (Coded Picture Buffer) 수 (1000 bits)		화면 당 최대 슬라이스 분할 수
			Main tier	High tier	
4	2,228,224	66,846,720	12,000	30,000	75
4.1	2,228,224	133,693,440	20,000	50,000	75
5	8,912,896	267,386,880	25,000	100,000	200
5.1	8,912,896	534,773,760	40,000	160,000	200
5.2	8,912,896	1,069,547,520	60,000	240,000	200
6	35,651,584	1,069,547,520	60,000	240,000	600
6.1	35,651,584	2,139,095,040	120,000	480,000	600
6.2	35,651,584	4,278,190,080	240,000	800,000	600

다음으로 살펴볼 것은 부호화 구조 configure 파일이다. 부호화 구조 파일은 앞에서 언급한 것과 같이, cfg 폴더 내에 존재한다. 총 8개의 부호화 구조 configure 파일이 존재하는데, 이름 뒤가 'main'인 것은 Main 프로파일, 'main10'인 것은 Main 10 프로파일의 configure 파일을 의미한다. Main 10 프로파일은 Main 프로파일의 기술을 그대로 유지하면서 코덱 내부 비트 심도 (internal bit depth)를 8비트에서 10비트로 증가시킨 것이다. 이 프로파일을 이용하면 10 비트 입력 영상을 부호화할 수 있다. Main 프로파일과 Main 10 프로파일은 각각 세 종류의 부호화 구조 configure 파일을 갖고 있다. 이 configure 파일들은 다양한 응용 분야에서의 활용을 위해 제공되는 화면내 (intra only), 저지연 (low delay), 임의접근 (random access), 총 세 가지 부호화 구조를 의미한다. cfg 폴더 내의 'encoder_intra_X.cfg' 파일은 화면내 구조, 'encoder_lowdelay_X.cfg' 파일은 저지연 구조, 'encoder_randomaccess_X.cfg' 파일은 임의접근 구조를 위한 configure 파일이다. 이 세 가지 부호화 구조에 대해 좀 더 자세히 알아보자.

화면내 부호화 구조에서는 모든 프레임을 IDR (instantaneous decoding refresh) 프레임으로 부호화한다. 시간적 참조 화면은 사용하지 않는다. 화면 안에서 주변의 인접한 화소 값을 이용해 현재 블록의 값을 예측해 영상을 부호화한다. 비디오 전체 또는 프레임 내부에서 QP (quantization parameter)의 변화는 없다. 〈그림 3-12〉는 화면내 부호화 구조이며, 각 프레임 위의 숫자는 부호화 순서를 의미한다.

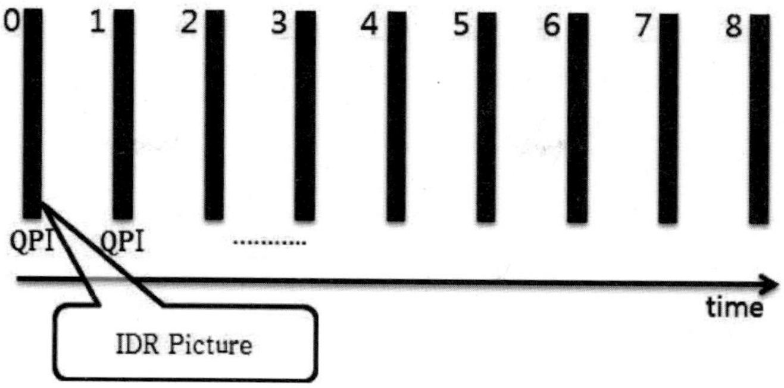

〈그림 3-12〉 화면내 부호화 구조

저지연 부호화 구조는 실시간 응용을 위한 것으로, 그 구조는 〈그림 3-13〉과 같다. 첫 번째 프레임만 IDR 프레임으로 부호화하고, 연속된 나머지 화면은 GPB (generalized P and B) 프레임으로 부호화한다. 각 프레임 위의 숫자는 부호화 순서를 의미한다.

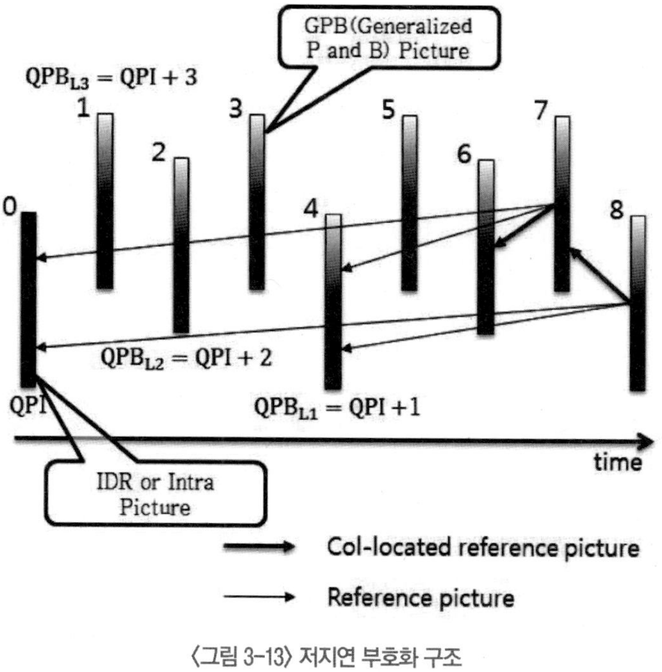

〈그림 3-13〉 저지연 부호화 구조

〈그림 3-14〉는 GPB 기술의 개념을 보여준다. 기존 비디오 압축 표준에서는 디스플레이 순서상 과거의 프레임을 참조 프레임으로 이용하는 P 프레임과 과거 프레임과 미래의 프레임의 평균값을 참조 영상으로 사용하는 B 프레임이 존재한다. GPB 프레임은 이와는 조금

다른 개념으로, 사실상 P 프레임처럼 과거의 참조 영상만을 사용하지만, B 프레임처럼 최대 두 장의 과거 영상을 이용해 양방향 예측을 수행할 수 있으므로 P 프레임과 B 프레임의 특성이 혼합된 방식이라고 할 수 있다.

GPB 프레임은 현재 부호화 할 프레임의 POC (picture order count)보다 작은 POC를 갖는 참조 프레임만 사용한다. 즉, 부호화에 사용되는 참조 프레임 리스트 RefPicList0와 RefPicList1에 포함된 모든 참조 프레임들은 현재 프레임보다 출력 순서 상 시간적으로 이전에 있어야 한다. 이것을 가능하게 하기 위해 과거의 참조 프레임 리스트에 있는 t0과 t1 참조 영상을 미래의 참조 프레임 리스트인 t3과 t4 로 복사해 양방향 예측을 수행하는 방식이다. 즉, GPB 부호화에서는 과거의 참조 프레임 리스트 RefPicList0와 미래의 참조 프레임 리스트 RefPicList1의 내용이 동일하다.

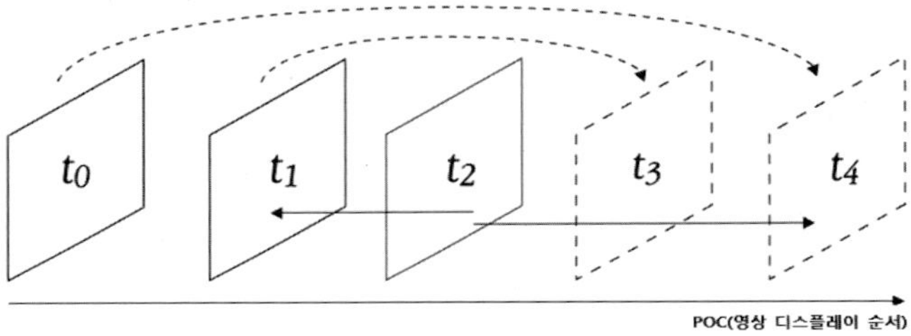

〈그림 3-14〉 GPB의 개념

부호화 레이어의 설명을 위해 다시 〈그림 3-13〉를 살펴보자. 〈그림 3-13〉의 프레임들은 같은 GPB 프레임일지라도 서로 다른 높이로 그려져 있다. 가장 낮은 위치에 있는 0번, 4번, 8번 프레임을 첫 번째 레이어, 2번, 6번 프레임을 두 번째 레이어, 1번, 3번, 5번, 7번 프레임을 세 번째 레이어라 지칭한다. 저지연 부호화 구조에서는 현재 프레임의 참조 프레임을 결정할 때, 자신보다 밑의 레이어에 위치한 참조 프레임들만 선택하도록 설정되어있다. 예를 들어, 7번 프레임의 경우, 세 번째 레이어에 포함된 프레임으로, 자신보다 POC가 작고, 자신의 레이어보다 낮은 레이어인 0번, 4번, 6번을 참조 프레임으로 선택할 수 있다. 〈그림 3-13〉에서 굵은 화살표로 표시된 것은 현재 부호화하려는 프레임의 co-located 프레임을 의미한다. QP값은 레이어의 단계의 증가에 따라 IDR 부호화된 프레임의 QP에 오프셋 값을 더한 QP를 사용한다.

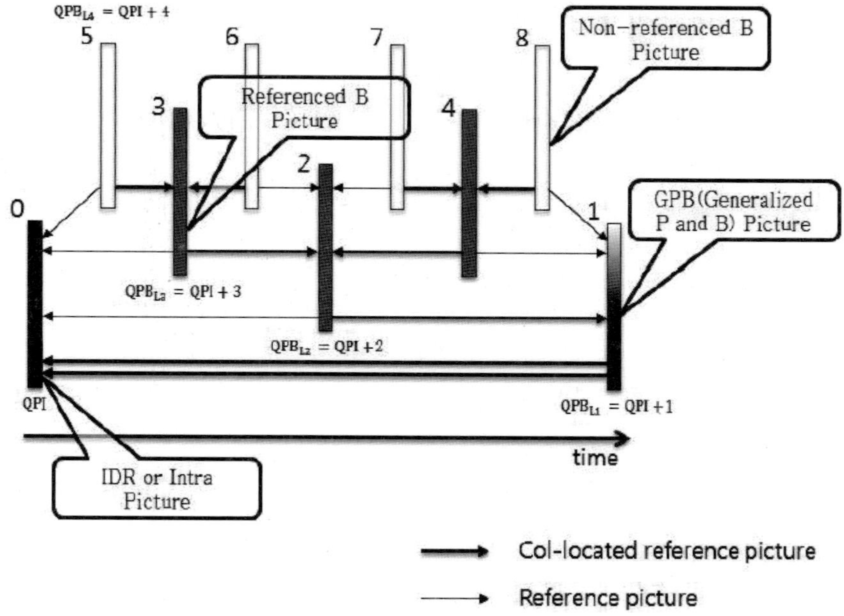

〈그림 3-15〉 임의 접근 부호화 구조

〈그림 3-15〉는 임의 접근 부호화 구조를 보여 준다. 임의 접근 부호화 구조는 저장된 비디오 스트림의 특정 부분에 자유롭게 접근하기 위한 것으로, 화면내 프레임을 1초에 한번 주기적으로 삽입한다. 전체적인 형태는 계층적 부호화 (hierarchical B) 구조와 유사하다. 〈그림 3-15〉에서 굵은 화살표로 표시된 참조 프레임은 현재 부호화할 프레임의 co-located 프레임을 의미한다. 전체 부호화 프레임 중 첫번째 프레임은 IDR 프레임으로 부호화되고, 나머지 프레임들은 B 프레임으로 부호화된다. 임의 접근 부호화 구조에서는 0번, 1번 프레임이 첫 번째 레이어, 2번 프레임이 두 번째 레이어, 3번과 4번 프레임이 세 번째 레이어, 5번, 6번, 7번, 8번 프레임이 네 번째 레이어이다. 0번 프레임은 IDR 프레임으로 부호화되고, 1번 프레임은 GPB 프레임으로 부호화된다. 또한, 두 번째 및 세 번째 레이어에 포함된 2번, 3번, 4번 프레임은 참조가 가능한 B 프레임으로 부호화된다. 네 번째 레이어의 5번, 6번, 7번, 8번 프레임은 참조되지 않는 B 프레임으로 부호화된다. QP값은 레이어의 증가에 따라 IDR 프레임의 QP에 오프셋을 더한 QP로 결정된다.

부호화 구조 configure 파일의 구성을 살펴보자. 〈Unit Definition〉은 HEVC에서 처음 사용하는 개념인 쿼드 트리 기반 블록 분할의 범위를 입력하는 부분이다. 이 개념에 대해서는 제3.4장에서 좀 더 자세히 살펴보기로 하고, 여기서는 각 변수의 의미만 설명한다. 첫 번째 줄에 있는 MaxCUWidth와 MaxCUHeight는 부호화 단위 (coding unit, CU)의 크기를 나타내며, 부호화 단위의 크기는 2의 급수 값이 되어야 한다. CU는 정사각형이어야 하므로 MaxCUWidth와 MaxCUHeight 값은 동일해야 한다. MaxPartitionDepth는 CU의 깊이 계층을 설정하는 변수이다.

```
#======= Unit Definition ===============
MaxCUWidth                : 64       # 최대부호화단위(CTU)의 가로 화소 수
MaxCUHeight               : 64       # 최대부호화단위(CTU)의 세로 화소 수
MaxPartitionDepth         : 4        # 부호화단위(CU) 쿼드트리의 최대 분할 깊이
QuadtreeTULog2MaxSize     : 5        # 쿼드트리 기반 변환단위(TU) 부호화를 위한
                                     # 최대 변환 크기의 이진 로그값
QuadtreeTULog2MinSize     : 2        # 쿼드트리 기반 변환단위(TU) 부호화를 위한
                                     # 최소 변환 크기의 이진 로그값
QuadtreeTUMaxDepthInter : 3          # 화면간 부호화에서 최대 TU 깊이
QuadtreeTUMaxDepthIntra : 3          # 화면내 부호화에서 최대 TU 깊이
```

QuadtreeTULog2MaxSize와 QuadtreeTULog2MinSize는 변환 단위(transform unit, TU)의 범위, 즉 최대값과 최소값을 의미한다. QuadtreeTULog2MaxSize가 5라는 것은 현재 부호화에서 사용하는 가장 큰 TU가 32×32 TU라는 의미이다 ($\log_2 x = 5$, 즉 $2^5 = 32$). 마찬가지로 QuadtreeTULog2MinSize가 2라는 것은 현재 부호화에서 사용하는 가장 작은 TU가 4×4 TU라는 의미이다 ($\log_2 x = 2$, 즉 $2^2 = 4$). 현재 HM에서는 QuadtreeTULog2MaxSize와 QuadtreeTULog2MinSize 모두 2에서 6 사이의 값을 사용할 수 있으며, QuadtreeTULog2MinSize는 CU의 최소값보다 커야 한다. QuadtreeTUMaxDepthInter와 QuadtreeTUMaxDepthIntra는 각각 화면간 부호화와 화면내 부호화에서 사용 가능한 최대 TU 분할 깊이를 의미한다.

다음은 부호화 구조를 설정하는 〈Coding Structure〉 부분이다.

```
#======= Coding Structure ===========
IntraPeriod            : 32   # 인트라 화면의 주기 ( -1 = 첫 화면만 화면내 프레임)
DecodingRefreshType : 1    # 임의 접근 구조 (0: 사용안함, 1: CDR, 2: IDR)
GOPSize                : 8    # GOP 크기 (GOPSize = B 프레임의 수 + 1)
```

IntraPeriod는 화면내 프레임의 주기를 나타내며, 첫 화면만 인트라 화면으로 사용할 경우는 '-1'로, 인트라 화면만을 사용할 경우는 '1'로 설정한다. DecodingRefreshType은 임의 접근 구조의 사용 여부를 나타내고, 사용할 경우 버퍼 리프레쉬 (refresh) 방법을 결정한다. GOPSize는 임의 접근 구조에서 사용하는 GOP (group of pictures) 크기를 나타낸다. 한 GOP의 B 프레임의 수보다 1만큼 더 큰 수를 설정해야 한다.

```
#========== Motion Search ============
FastSearch               : 1     # 0: 전역 탐색  1: TZ 탐색
SearchRange              : 64    # 0: 전체 프레임이 탐색 범위가 됨
BipredSearchRange        : 4     # 양방향 예측을 위한 탐색 범위
HadamardME               : 1     # Hadamard를 사용해 부화소 움직임 예측
FEN                      : 1     # 고속 부호화 방법 사용
FDM                      : 1     # Merge 모드 율-왜곡 비용값 계산에 고속 결정 방법 사용

#======= Quantization ============
QP                       : 32    # 양자화 계수 (0-51)
MaxDeltaQP               : 0     # CU 기반 최대 deltaQP
MaxCuDQPDepth            : 0     # CU기반 deltaQP를 위한 최대 깊이
DeltaQpRD                : 0     # 슬라이스 기반 deltaQP
RDOQ                     : 1     # RDOQ 사용 유무
RDOQTS                   : 1     # 변환 생략(transform skip)을 위한 RDOQ 사용 유무

#========== Deblock Filter ===========
DeblockingFilterControlPresent : 0  # 디블록킹 필터 제어를 위한 파라미터 부호화
                                    # (0: 부호화 하지 않음, 1: 부호화)
LoopFilterOffsetInPPS          : 0  # 0 = varying params in SliceHeader
                                    # param = base_param + GOP_offset_param
                                    # 1 = constant params in PPS
                                    # param = base_param
LoopFilterDisable              : 0  # 디블록킹 필터 사용 여부
                                    # (0 = 필터 사용, 1 = 필터 사용하지 않음)
LoopFilterBetaOffset_div2      : 0  # base_param: -6 ~ 6
LoopFilterTcOffset_div2        : 0  # base_param: -6 ~ 6
DeblockingFilterMetric         : 0  # 블록왜곡도 (blockiness) 측량
                                    #(비트스트림에 디블록킹 필터 파라미터를
                                     자동으로 설정)

#========== Misc. ==========
InternalBitDepth           : 8     # 부호화에 사용할 비트 깊이
```

```
#========== Coding Tools ================
SAO                        : 1    # 적응적 샘플 오프셋 (0: 사용안함, 1: 사용)
AMP                        : 1    # 비대칭 움직임 분할 (0: 사용안함, 1: 사용)
TransformSkip              : 1    # 변환 생략 (0: 사용안함, 1: 사용)
TransformSkipFast          : 1    # 고속 변환 생략 (0: 사용안함, 1: 사용)
SAOLcuBoundary             : 0    # LCU 하단 및 우측 경계 영역에서 디블록킹 필터링
                                    되지 않은 화소를 이용한 SAO 매개변수 예측 방법
                                    사용 유무 (0: 사용안함, 1: 사용)

#=========== Slices ===============
SliceMode                  : 0    # 0: 모든 슬라이스 옵션 사용 안함
                                  # 1: 한 슬라이스 내의 CTU 수 제한
                                  # 2: 한 슬라이스 내 최대 바이트 수 제한
                                  # 3: 한 슬라이스 내 최대 타일 수 제한
SliceArgument              : 1500 # 'SliceMode'를 위한 인자
                                  # SliceMode = 1이면 슬라이스 당 최대 CTU 수 의미
                                  # SliceMode = 2이면 슬라이스 당 최대 바이트 수 의미
                                  # SliceMode = 3이면 슬라이스 당 최대 타일 수 의미

LFCrossSliceBoundaryFlag : 1      # 슬라이스 경계에서 인루프 필터링 수행 여부
                                  # 0: 수행하지 않음, 1: 수행

#=========== PCM ===============
PCMEnabledFlag              : 0   # 0이면 PCM 모드 사용 안함
PCMLog2MaxSize              : 5   # 최대 PCM 블록 크기의 이진 로그값
PCMLog2MinSize              : 3   # 최소 PCM 블록 크기의 이진 로그값
PCMInputBitDepthFlag        : 1   # 0: PCM 비트 깊이가 내부 비트 깊이와 동일
                                  # 1: PCM 비트 깊이가 입력 비트 깊이와 동일
PCMFilterDisableFlag        : 0   # 0: I_PCM 화소에 루프 필터링 수행
                                  # 1: I_PCM 화소에 루프 필터링 수행 안함

#=========== Tiles ===============
UniformSpacingIdc           : 0   # 0: ColumnWidthArray를 통해 열 경계 나타냄
                                  # RowHeightArray를 통해 행 경계 나타냄
                                  # 1: 행과 열 경계가 균일하게 분할
NumTileColumnsMinus1        : 0   # 수평 방향 타일 수 - 1
ColumnWidthArray            : 2 3 # 수평 방향의 각각의 타일 크기
                                  # (화면의 좌에서 우 방향으로)
NumTileRowsMinus1           : 0   # 수직 방향 타일 수 - 1
RowHeightArray              : 2   # 수직 방향의 각각의 타일 크기
                                  # (화면의 위에서 아래 방향으로)
LFCrossTileBoundaryFlag      : 1  # 타일 경계에서 인루프 필터링 수행 여부
                                  # 0: 수행 안함, 1: 수행
```

```
#=========== WaveFront ===============
WaveFrontSynchro            : 0   # 0: Wavefront 동기화 사용 안함
                                  # 이 경우 WaveFrontSubstreams은 1이어야 함

#========== Quantization Matrix ================
ScalingList                 : 0   # 스케일링 리스트 사용 여부
                                  # 0 : 사용 안함, 1 : 기본, 2 : 파일에서 읽음
ScalingListFile : scaling_list.txt      # 스케일링 리스트 파일명
                                  # 이 파일이 존재하지 않으면, 기본 행렬을 사용
#=========== Lossless ===============
TransquantBypassEnableFlag: 0    # PPS로 부호화 되는 무손실 부호화 사용 여부
                                  # 0: 손실 부호화, 1: 무손실 부호화
CUTransquantBypassFlagForce: 0   # CU 단위 무손실 부호화

#=========== Rate Control ====================
RateControl                 : 0   # 비트율 제어 사용 여부
TargetBitrate               : 1000000    # 비트율 제어에서 목표 비트율 (bps)
KeepHierarchicalBit         : 2   # 계층적 비트 할당
LCULevelRateControl         : 1   # CTU 단위 비트율 제어
                                  # 1: CTU 단위, 0: 화면 단위
RCLCUSeparateModel          : 1   # CTU 단위 비트율-λ 모델 사용
InitialQP                   : 0    # 비트율 제어에서 초기 QP
RCForceIntraQP              : 0   # 초기 QP를 화면내 슬라이스의 QP로 사용
```

FastSearch는 고속 움직임 예측 사용 여부를 나타낸다. 기본 설정 값은 '1'로, 이 경우 고속 탐색 방법인 TZ (test zone) 탐색을 이용해 움직임 예측이 수행되며, '0'으로 설정한 경우, 전역 탐색 (full search) 방법을 사용한다. SearchRange는 움직임 예측에 사용되는 탐색 영역의 크기를 나타내는데, 0으로 설정하는 경우는 전체 프레임이 탐색 영역이 된다. 이하 기타 변수에 대한 설명은 변수 옆의 주석으로 대신한다.

3.3 HEVC 주요 기술 소개

〈그림 3-16〉은 HEVC 부호기를 보여 준다. 적응적 샘플 오프셋 (sample adaptive offset, SAO)를 제외하면, 대부분의 기본적인 기능 요소들은 이전의 비디오 압축 표준인 H.264/AVC에도 존재하지만, 각 기능 요소들의 세부적인 부분에서 동작에 차이가 있다.

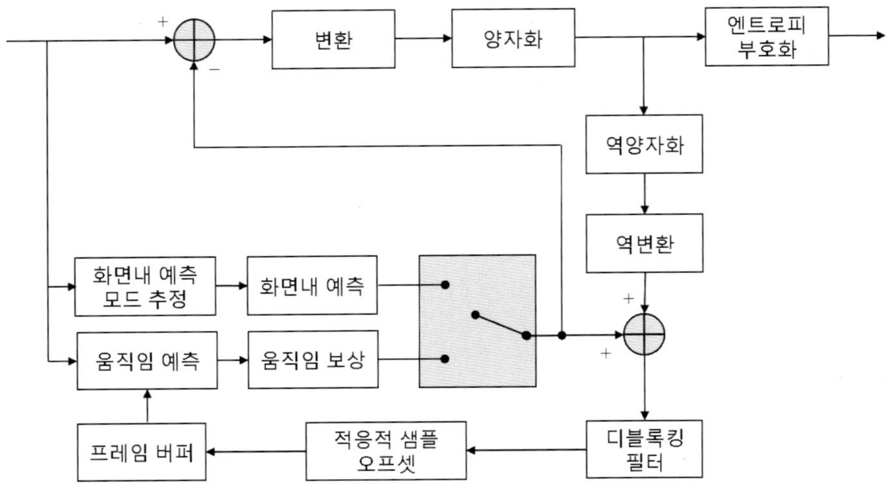

〈그림 3-16〉 HEVC 부호기 구조

〈표 3-2〉는 HEVC 부호기를 구성하고 있는 주요 기술을 기술 분야별로 요약한 것이다 [21]. 해당 기술은 HEVC에서 명시한 기본 프로파일에 속한 기술로, CE를 거쳐 최종적으로 선택된 기술이다. 이전의 비디오 압축 표준인 H.264/AVC에 있던 기술에서 확장된 기술도 있지만, 계층적 부호화 구조, DST (Discrete Sine Transform), 적응적 움직임 벡터 예측 방법, 움직임 병합 기술, 적응적 샘플 오프셋 등과 같이 새롭게 추가된 기술도 존재한다.

〈표 3-2〉 HM 13.0 부호기 주요 기술

기술 분야	부호화 기술
계층적 부호화 구조	• CU (Coding Unit): 8×8부터 64×64 크기의 쿼드 트리 분할 • PU (Prediction Unit): 정방형, 비정방형 예측 블록 • TU (Transform Unit): 4×4부터 32×32 크기의 정방형 (최대 3레벨)
변환	• 4×4 to 32×32 크기의 정수 DCT 변환 • 화면내 4×4 블록을 위한 정수 DST 변환 • 화면간 슬라이스에서 PU보다 큰 TU 사용 • PCM (Pulse Code Modulation) 예측
양자화	• RDOQ (Rate Distortion Optimized Quantization)
화면내 예측	• 35개의 방향성을 갖는 각도 기반 화면내 예측 (angular intra prediction) • Planar 예측
화면간 예측	• 휘도 블록을 위한 1/4 화소 정확도 샘플 보간 • 색차 블록을 위한 1/8 화소 정확도 샘플 보간 • 적응적 움직임 벡터 예측 (Advanced Motion Vector Prediction, AMVP) • 병합 (merge) 모드

기술 분야	부호화 기술
엔트로피 부호화	• 문맥 기반 적응적 이진 산술 부호화 (Context-based Adaptive Binary Arithmetic Coding, CABAC)
인루프 필터	• 디블록킹 필터 • 적응적 샘플 오프셋 (Sample Adaptive Offset, SAO)
기타	• 샘플당 8비트로 데이터 저장 및 출력

MPEG-2를 비롯해 MPEG-4, H.263, H.264/AVC 등의 기존 비디오 압축 표준에서는 하나의 화면을 16×16 크기 블록 단위인 MB (macroblock)로 분할하여 부호화했으나, HEVC에서는 부호화 기본 단위로 CU (Coding Unit)를 사용한다. SPS (Sequence Parameter Set)를 통해 최대 CU와 최소 CU의 크기를 지정할 수 있으며, HEVC 표준 기본 프로파일에서는 8×8에서 64×64 크기의 CU 범위를 사용한다. 예측 부호화의 기본 단위로는 PU (Prediction Unit)를 사용하며, 하나의 CU는 다수개의 PU로 분할 예측할 수 있다. 예측 방법은 크게 화면내 (Intra) 예측과 화면간 (Inter) 예측으로 분류할 수 있다.

화면내 예측에서는 평탄한 영역을 효율적으로 부호화하기 위한 DC 모드와 Planar 모드를 포함한 최대 35가지 모드를 사용하는 화면내 예측을 사용하고 있다. 화면간 예측에서는 움직임 병합 (Merge) 모드 및 적응적 움직임 벡터 예측 (Advanced Motion Vector Prediction) 등의 기술을 사용한다. 또한, 변환 부호화의 효율을 극대화하기 위해 블록의 크기에 따라 정수화된 DCT (Discrete Cosine Transform) 및 DST (Discrete Sine Transform)를 사용한다. 그 밖에 복원 영상의 화질 향상을 위해 적응적 샘플 오프셋 (Sample Adaptive Offset, SAO) 등의 기술도 사용한다. 이와 같이 JCT-VC에서는 HEVC 코덱의 부호화 효율을 향상시키기 위해 다양한 기술을 채택했으며, 채택 과정에서 다양한 실험 및 분석을 통해 부호화 효율뿐만 아니라 코덱의 복잡도도 동시에 고려했다. HEVC 표준의 주요 기술은 HEVC FDIS (Final Draft International Standard)에 자세히 설명되어 있으며, JCT-VC (Joint Collaborative Team on Video Coding) 문서 관리 시스템[9]에서 그 간의 기술 개발 상황과 새롭게 진행되는 이슈들을 살펴볼 수 있다. 먼저 제3.4장에서 HEVC의 가장 큰 특징인 계층적 부호화 구조에 대해서 알아보고, 각 기술의 자세한 동작은 제4장에서 살펴보기로 한다.

3.4 계층적 부호화 구조

HEVC의 가장 큰 특징은 유연하고 효과적인 블록 분할 방식이다. HEVC는 〈그림 3-17〉과 같이 세 종류의 부호화 단위를 적용하고, 계층적 구조의 부호화를 수행한다. HEVC의 CTU (Coding Tree Unit), CU (Coding Unit), CTB (Coding Tree Block), CB (Coding Block), PB (Prediction Block), TB (Transform Block)는 이전의 표준들에서 매크로블록 (macroblock)과 블록에 해당하는 개념이다 [22]. 큰 해상도의 영상을 효율적으로 부호화하기 위해서는 좀 더 큰 부호화 단위가 필요하다. 문제는 영상의 작은 디테일 또한 무시할 수 없으므로 4×4 크기와 같은 작은 크기의 블록 역시 필요하다는 점이다.

이러한 문제점을 해결하기 위해 HEVC는 유연하고 효과적인 계층적 부호화 구조를 사용한다. 부호화의 첫 단계로 한 장의 영상, 즉 프레임은 〈그림 3-18〉과 같이 다수의 CTU로 분할된다. CTU의 가로와 세로 정보는 SPS (Sequence Parameter Set)를 통해 복호기로 전달되며 전체 영상에 대해 모든 CTU는 동일한 크기를 갖는다. HEVC에서 사용 가능한 CTU의 크기는 64×64, 32×32, 또는 16×16이다.

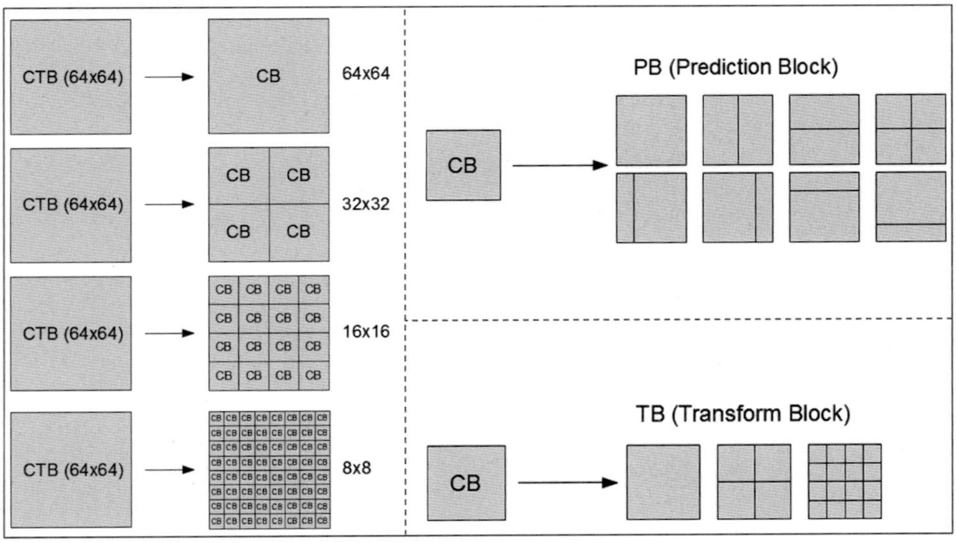

〈그림 3-17〉 계층적 부호화 구조

CTB를 설명하기에 앞서 표준 문서 내의 명칭에 대한 규정을 알아보자. 표준 문서의 계층적 부호화 구조 설명에서 사용하는 여러 용어들 중 Unit이라 지칭하는 것들과 Block이라 지칭하는 것들이 있다. CTU 또는 CU와 같이 Unit이라 지칭하는 것들은 부호화 논리 단위 (logical unit)로, 실제 비트스트림으로 부호화되는 정보이다. 반면에, CTB, CB, PB, 또는 TB와 같이 Block이라 지칭하는 것들은 비디오 프레임 버퍼를 의미한다.

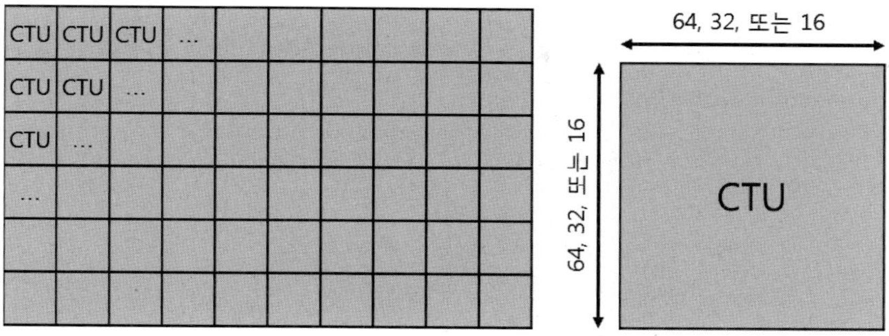

〈그림 3-18〉 CTU (coding tree unit)의 개념

3.4.1 부호화 단위

HEVC에서 부호화 단위는 H.264/AVC에서의 기본 부호화 단위와 마찬가지로 사각형의 모양을 가진다. 비록 HEVC에서 부호화 단위의 모양은 기존의 매크로블록과 유사하더라도, 미리 정해진 크기의 제약 없이 가변적으로 부호화 단위의 크기를 조절하면서 부호화를 수행할 수 있다. 루프 필터링을 제외한 모든 부호화 과정 (화면내/화면간 예측, 변환, 양자화, 엔트로피 부호화)은 부호화 단위를 기본으로 부호화를 수행한다.

논리 단위 중 하나인 CTU는 〈그림 3-19〉와 같이 총 세 개의 CTB와 관련 구문 요소 (syntax elements) 나눠진다. 휘도 (luma) CTB는 16×16에서 64×64의 CTU와 동일한 크기를 갖으며, 색차 (Cb와 Cr) CTB는 색차 포맷에 따라 다른 크기를 갖는다. CTB는 화면내 예측을 수행할지 화면간 예측을 수행할지를 결정하기에는 너무나 크다. 따라서 각 CTB는 다수의 CB들로 분할될 수 있으며, 사용 가능한 CB의 크기는 CTB의 크기에서부터 8×8까지 다양하다.

〈그림 3-19〉는 64×64 CTB가 다수의 CB로 분할되는 방법을 보여준다. CB는 예측 트리와 변환 트리의 루트가 되는데, 화면내 예측을 수행할지 화면간 예측을 수행할지를 알려주는 예측 유형 (prediction type) 정보는 CU 레벨에서 부호화된다. CU는 〈그림 3-19〉와 같이 세 개의 CB와 관련 구문 요소로 구성된다.

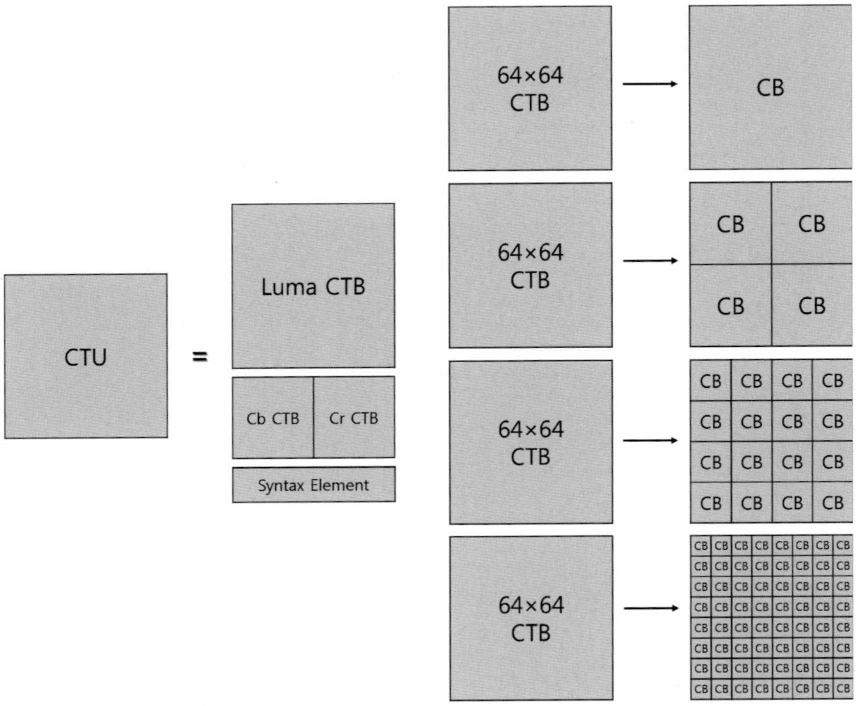

〈그림 3-19〉 CTU, CTB, CB의 관계

크기의 제약 없이 가변적으로 부호화 단위 크기를 조절하기 위해 가장 큰 부호화 단위 (coding tree unit, CTU)와 깊이 계층 (depth)을 사용한다. 가장 큰 부호화 단위는 부호화를 수행하는 기본 단위의 가장 큰 크기이고, 깊이 계층은 가변적으로 부호화 단위의 크기를 조절할 수 있는 변수이다. 이론적으로 가장 큰 부호화 단위와 깊이 계층의 값은 정해져 있지 않고, 부호화하고자하는 비디오 콘텐츠의 크기를 고려하여 결정한다. 구현상의 편의를 위해, 부호화 단위의 크기는 2의 급수 형태로 변화한다. 또한, H.264/AVC 부호화와 마찬가지로 가장 큰 부호화 단위는 서로 겹쳐서 부호화를 수행할 수 없고, 하나의 가장 큰 부호화 단위 내에서 부호화 단위는 트리 구조로 분할하여 부호화를 수행할 수 있다.

순환 구조 (recursive structure)는 연속하는 분할 플래그 (split flag)를 사용하여 나타낸다. CU_d는 깊이 계층 d와 2N×2N의 크기를 갖는 부호화 단위라 하자. 각 깊이 계층에서 분할 플래그 값이 0이면 부호화는 2N×2N의 크기로 수행되고, 만약 분할 플래그 값이 1이면 CU_d는 깊이 계층 (d+1)과 N×N의 크기를 갖는 네 개의 독립적인 CU_{d+1}으로 분할된다. 이때, CU_{d+1}은 CU_d의 하위 부호화 단위 (sub-CU)라고 한다. 이는 H.264/AVC에서 하위 매크로블록 (sub-macroblock)과 유사한 개념이다. 만약, 하위 부호화 단위의 깊이 계층 값 (d+1)이 허용 가능한 최대 깊이 부호화 계층의 값과 같지 않으면, 각 CU_{d+1}은 더 작은 하위 부호화 단위로 분할될 수 있다. 반대로, 만약 하위 부호화 단위의 깊이 계층 값 (d+1)이 허용 가능한 최대 깊이 부호화 계층의 값과 같으면, 더 이상 분할 과정은 수행되지 않는다.

가장 큰 부호화 단위인 CTU와 최대 분할 깊이는 시퀀스 변수 집합 (sequence parameter set, SPS)에 명시한다. 예를 들어, 만약 가장 큰 부호화 단위 값이 64이고 깊이 계층 값이 4이면, 다섯 개의 서로 다른 부호화 단위 (64×64, 32×32, 16×16, 8×8)를 사용해 부호화를 수행한다. 가장 큰 부호화 단위 값과 깊이 계층 값이 정해지면, 가변적인 부호화 크기를 사용하여 부호화를 수행할 수 있다.

이와 같은 가변적인 부호화 크기의 사용에는 몇 가지 장점이 있다. 우선, H.264/AVC에서 사용하는 일반적인 매크로블록의 크기보다 큰 크기의 부호화 블록을 사용할 수 있으므로, 비슷한 특성을 갖는 큰 영역을 적은 비트를 사용하여 효율적으로 부호화할 수 있다.

두 번째, 가장 큰 부호화 단위의 크기를 가변적으로 하여 다양한 콘텐츠와 응용에 쉽게 적용할 수 있다. 작은 해상도를 갖는 비디오 서비스에는 가장 큰 부호화 단위의 크기와 깊이 계층의 값을 작게 설정하여 작은 부호화 블록을 사용하고, 반대로 큰 해상도를 갖는 비디오 서비스에는 가장 큰 부호화 단위의 크기와 깊이 계층의 값을 크게 설정하여 다양한 큰 블록을 사용하여 보다 효율적으로 부호화를 수행한다. 〈그림 3-20〉은 다양한 해상도에서 효율적인 가장 큰 부호화 단위 크기와 깊이 계층의 값 설정 방법을 나타낸다.

〈그림 3-20〉에서 가장 위에 있는 1920×1080의 고해상도 비디오 콘텐츠의 경우, 큰 해상도의 영상에 단순히 구름만이 있으므로, 가장 큰 부호화 단위의 크기를 64로 크게 설정하고 깊이 계층을 두 단계로 나누어 효율적으로 부호화한다. 중간에 있는 1920×1080의 고해상도 비디오 콘텐츠의 경우, 단순한 구름과 함께 복잡한 꽃 모양이 함께 존재하므로, 가장 큰 부호화 단위의 크기를 64로 설정하고 깊이 계층을 네 단계로 세밀하게 나누어 복잡한 영역과 단순한 영역을 모두 효과적으로 부호화한다. 마지막으로 가장 아래에 있는 352×288의 저해상도 비디오 콘텐츠의 경우, 영상의 크기가 작고 작은 크기의 물체가 존재하므로, 가장 큰 부호화 단위의 크기를 고해상도 비디오 콘텐츠에 비해 작게 16으로 설정하고 깊이 계층을 두 단계로 나누어 효율적으로 부호화한다.

마지막으로, 매크로블록과 하위 매크로블록 간의 구별을 없애고 단지 한 종류의 부호화 단위를 사용하여, 다 계층 (multi-level) 부호화 구조를 간단하게 설정할 수 있다. 따라서

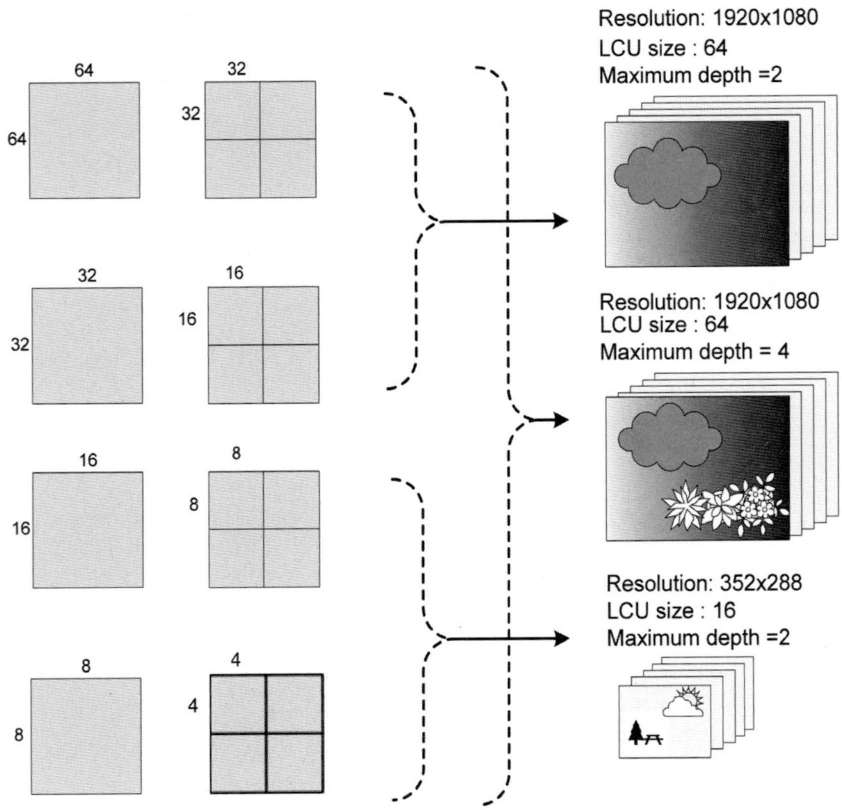

〈그림 3-20〉 다양한 해상도에 따른 다양한 가장 큰 부호화 단위와 깊이 계층 값 설정

구현상의 복잡도를 줄이고, 동시에 문맥 요소를 편하게 사용할 수 있다.

3.4.2 예측 단위

CB는 예측 유형을 결정하기에는 충분하지만, 화면간 예측에서의 움직임 벡터 또는 화면내 예측 모드를 결정하기에는 너무 크다. 예를 들어 8×8 CB의 중간 부분에 눈과 같은 매우 작은 물체가 움직이고 있다면 8×8 CB에 대해 하나의 움직임 벡터 (Motion Vector, MV)를 사용하는 것보다 CB를 좀 더 작게 나누어 각 부분에 대해 서로 다른 움직임 벡터를 사용하는 것이 더 나을 것이다. 그 결과로 사용되는 것이 바로 PB이다. 임의의 CB는 시/공간적 예측 가능성에 따라 PB로 분할될 수 있다.

블록 분할 과정을 수행하고 난 후 부호화 단위가 결정되면, 더 이상 분할되지 않는 모든 부호화 단위에서 예측 단위 (prediction unit, PU)를 결정한다. 즉, 가장 최하위의 깊이 계층을 갖는 부호화 단위에서 예측 단위를 결정하고 예측 단위의 크기는 부호화 단위보다 절대 클 수 없다.

예측 단위는 예측 종류 (prediction type)와 예측 단위 분할 (PU splitting) 과정을 통해 결정한다. 예측 종류는 기존 H.264/AVC 비디오 부호화 표준과 동일하게 스킵, 화면내 혹은 화면간 중에서 선택한다. 그리고 선택된 예측 종류에 따라 예측 단위를 분할한다.

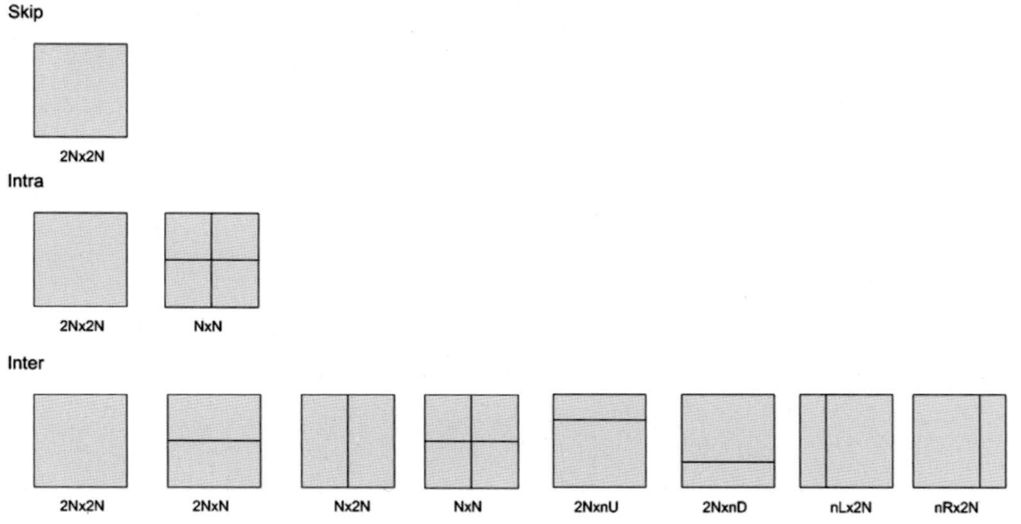

〈그림 3-21〉 스킵, 화면내, 화면간 예측의 다양한 예측 단위 분할의 예

〈그림 3-21〉은 2N×2N 크기의 부호화 단위에서 가능한 모든 예측 단위 분할을 나타낸다. 화면내 예측 단위는 두 개의 서로 다른 분할 (2N×2N과 N×N)을 수행한다. 그리고 화면간 예측 단위는 여덟 개의 서로 다른 분할 (네 개의 대칭 분할: 2N×2N, 2N×N, N×2N, N×N과 네 개의 비대칭 분할: 2N×nU, 2N×nD, nL×2N, nR×2N)을 수행한다. 비대칭 분할에서 nU, nD, nL, nR은 각각 N/2 위치를 나타낸다. 비대칭 분할은 기존의 H.264/AVC에는 존재하지 않은 새로운 분할 방법이다. 이러한 비대칭 분할 방법은 추가적인 분할 없이 다양한 물체의 경계 혹은 움직임을 효율적으로 나타낼 수 있다. 〈그림 3-22〉는 비대칭 분할의 효과적인 사용 예를 나타낸다.

마지막으로 스킵 예측 단위는 2N×2N만을 수행한다. 예측 단위 분할 과정에서 N은 부호화 단위의 크기에 따라 결정된다. 예를 들어, 만약 부호화 단위의 크기가 128×128이면, 화면내 예측 단위 크기는 128×128과 64×64가 되고, 화면간 예측 단위 크기는 128×128, 128×64,

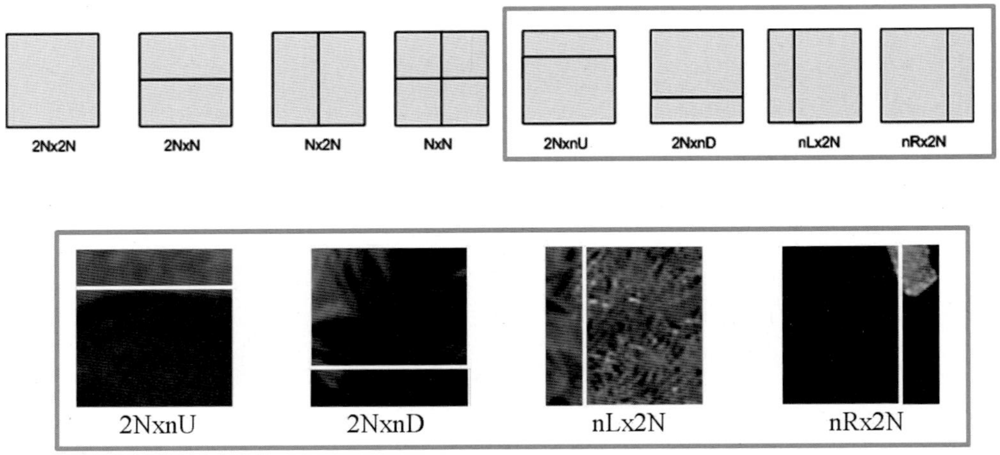

〈그림 3-22〉 비대칭 분할의 사용 예

64×128, 64×64, 128×32(2N×nU), 128×96(2N×nD), 32×128(nL×2N), 96×128(nR×2N)이 된다.

화면간 예측에서 움직임 예측 및 보상을 수행한 후, 각 움직임 변수를 복호기로 전송해야 한다. H.264/AVC는 스킵 모드를 제외한 모든 분할 블록의 움직임 정보를 전송하지만, 새로운 부호화 방법에서는 부호화 효율을 높이기 위해 블록 병합 방법 (block merging process)을 사용하여 움직임 정보를 전송한다. 블록 병합 방법은 이웃하는 블록들과 현재 블록을 결합하여 각 블록의 움직임 정보를 매번 전송하지 않고, 모든 병합된 블록의 움직임 정보를 한 번에 전송하여 부호화 효율을 증가시킨다.

블록 병합은 현재 블록 이전에 부호화가 수행된 모든 블록 중 블록 병합에 이용 가능한 블록들과 현재 부호화가 수행된 블록을 결합한다. 만약 현재 부호화가 수행된 블록 주위에 블록 병합을 위해 이용 가능한 블록이 존재하지 않으면, 블록 병합 과정을 수행하지 않는다. 블록 병합에 이용 가능한 블록은 현재 블록의 좌 · 상단에 위치한 화소를 기준으로 왼쪽에 이웃한 화소와 위쪽에 이웃한 화소를 포함하는 두 블록이 된다. 여기서 이용 가능한 블록은 이웃하는 블록 중 화면간으로 예측된 블록만 가능하다.

블록 병합을 처리하기 위해 현재 블록과 이웃하는 블록간의 병합 유 · 무를 나타내는 병합 플래그 (merge_flag)를 사용한다. 만약 병합 플래그가 0이면, 현재 블록은 이웃하는 블록과 병합되지 않고 기존의 방법과 동일하게 모든 움직임 정보를 복호기로 전송한다. 반대로 만약 병합 플래그가 1이면, 현재 블록은 이웃하는 블록과 병합된다.

병합 과정은 다음과 같다. 만약 현재 블록의 이웃하는 두 후보 블록 중 하나의 블록만

이 이용 가능한 블록이 되면, 이 블록만 병합 과정에서 사용한다. 그렇지 않으면 이용 가능한 블록은 두 블록 (왼쪽과 위쪽 블록)이 된다. 만약 이 두 블록의 움직임 정보가 동일하면, 이 움직임 정보를 현재 블록에 사용한다. 만약 두 블록의 움직임 정보가 다르면, merge_left_flag라는 플래그를 사용한다. 만약 merge_left_flag가 1이면, 현재 블록의 좌·상단에 위치한 화소를 기준으로 왼쪽에 이웃한 화소를 포함하는 블록을 이용 가능한 블록으로 선택한다. 만약 merge_left_flag가 0이면, 위쪽에 이웃한 화소를 포함하는 블록을 이용 가능한 블록으로 선택한다. 최종 선택된 블록의 움직임 정보는 현재 블록의 움직임 정보를 부호화하기 위해 사용한다.

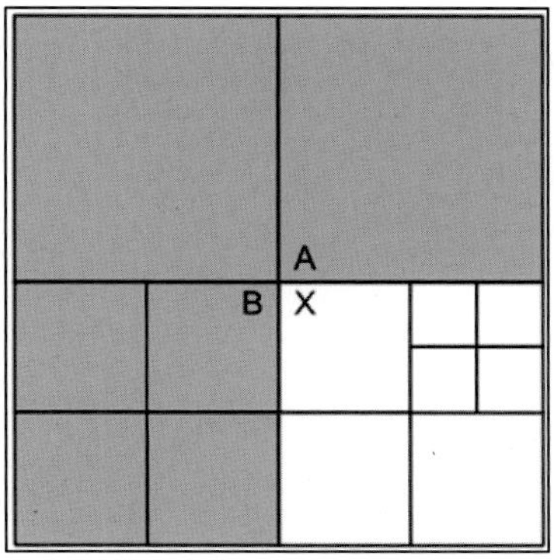

〈그림 3-23〉 블록 병합 방법의 예

〈그림 3-23〉은 블록 병합의 예를 나타낸다. 〈그림 3-23〉의 예에서 위쪽 두 블록은 가장 큰 부호화 단위로 부호화되고, 아래쪽 블록들은 분할되어 작은 부호화 단위로 부호화된다. 현재 블록은 "X"로 표시하고 모든 회색 블록은 현재 블록을 부호화하기 전에 이미 부호화가 수행된 블록들을 나타낸다. 블록 병합을 수행하기 위해서는 블록 병합에 이용 가능한 블록들을 결정해야 한다. 이 예에서 이용 가능한 블록은 "A"와 "B" 블록이다. 즉, 현재 블록은 이 두 블록 중 한 블록과 병합된다. 만약 병합 플래그가 0이면, 현재 블록은 이 두 블록 중 어느 블록과도 병합되지 않는다. 만약 블록 "A"와 "B"가 동일한 움직임 정보를 가지면, 현재 블록은 어느 블록과 병합해도 동일한 결과를 가지므로 merge_left_flag 정보를 전송하지 않는다. 그렇지 않고 만약 블록 "A"와 "B"가 다른 움직임 정보를 가지면, merge_left_flag에 따라 서로 다른 블록과 병합한다. 즉, 만약 merge_left_flag가 1이면 현재 블록 "X"는 이웃하는 블록 "B"와 병합하고 merge_left_flag가 0이면 현재 블록 "X"는 이웃하는 블록 "A"와 병합한다.

지금까지 살펴본 예측 단위와 부호화 단위 사이에는 매우 유사하면서도 큰 차이가 있다. 예측 단위와 부호화 단위 모두 분할 과정을 거친다는 유사한 특성이 있지만, 두 분할 과정에 차이가 있다.

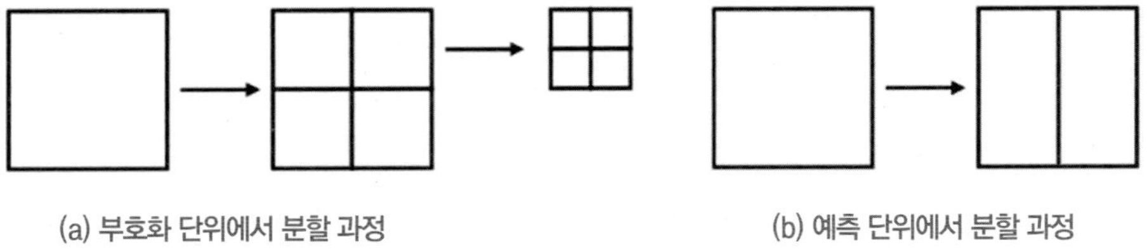

〈그림 3-24〉 부호화 단위와 예측 단위의 분할 과정

〈그림 3-24〉는 부호화 단위와 예측 단위의 분할 과정을 나타낸다. 〈그림 3-24 (a)〉에서 보듯이, 부호화 단위에서 분할 과정은 정사각형 모양으로 분할이 이루어지고 반복적으로 분할이 이루어지는 쿼드트리 분할 형태를 띤다. 하지만 〈그림 3-24 (b)〉의 예측 단위에서 분할 과정은 정사각형뿐 아니라 직사각형 모양으로 분할이 이루어지고 반복적인 분할이 이루어지지 않는다.

지금까지 살펴본 예측 단위 결정 과정은 기존 H.264/AVC 비디오 부호화 표준의 예측 단위 결정 과정과 매우 유사하다. 유일한 차이점은 화면간 예측 과정에서 네 개의 비대칭 분할을 추가로 수행하여 부호화 효율을 더욱 증가시키는 것이다.

3.4.3 변환 단위

부호화 단위와 예측 단위뿐만 아니라, 변환과 양자화를 위한 변환 단위 (transform unit, TU)도 새롭게 정의한다. 예측 후의 변환 부호화에서 사용하는 기본 단위는 TB이다. 앞에서 설명한 바와 같이, CB는 복잡한 고주파 부분과 편평한 저주파 부분을 모두 포함할 수 있기 때문에 CB 단위로 변환을 수행하는 것은 적합하지 않다. 따라서 임의의 CB는 더 작은 변환 블록인 TB들로 분할된다.

HEVC에서는 임의의 부호화 단위에 대해, 예측 단위와 변환 단위가 독립적으로 결정되므로 변환 단위의 크기는 예측 단위의 크기보다 클 수 있지만, 부호화 단위보다는 클 수 없다. 변환 단위의 크기는 예측 단위 분할에 따라 두 개의 서로 다른 변환을 사용할 수 있다.

따라서 부호화 단위 내의 변환 단위 크기는 변환 단위 크기 플래그 (transform unit size flag)에 의해 결정한다. 만약 변환 단위 크기 플래그 값이 0이면, 변환 단위의 크기는 부호화 단위의 크기와 같다. 반대로, 변환 단위 크기 플래그 값이 1이면, 변환 단위의 크기는 예측 단위의 분할 방법에 따라 N×N와 N/2×N/2로 구별된다. 이렇게 예측 단위의 분할 방법에 따라 서로 다른 크기의 변환 단위를 사용하는 이유는 기존의 H.264/AVC 비디오 부호화 표준과 달리 예측 과정에서 대칭 예측 분할뿐만 아니라, 비대칭 예측 분할을 수행하기 때문이다.

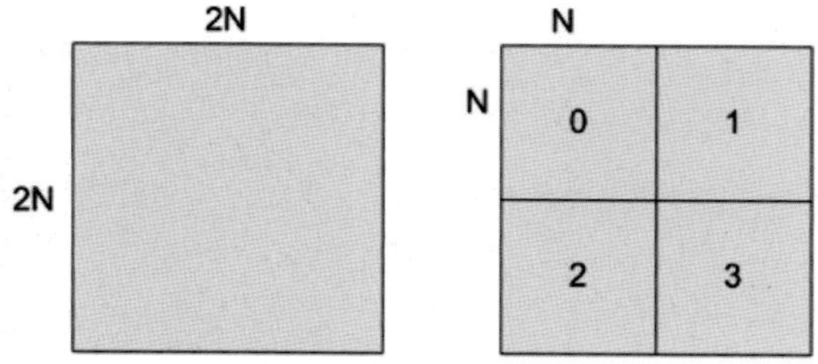

〈그림 3-25〉 변환 단위 크기 플래그 값에 따른 변환 단위의 예

〈그림 3-25〉는 부호화 단위의 크기가 2N×2N 일 때, 변환 단위의 예이다. 변환 단위는 4×4에서 32×32 크기를 가질 수 있다.

3.4.4 CU, PU, TU의 관계

이번 절에서는 지금까지 살펴본 부호화 단위 (CU), 예측 단위 (PU), 변환 단위 (TU)의 관계를 종합적으로 살펴보자.

〈그림 3-24〉는 부호화 단위, 예측 단위, 변환 단위의 관계를 나타낸다. 각각의 부호화 단위는 분할 플래그를 사용하여 작은 크기의 부호화 단위로 분할된다. 그리고 모든 부호화 단위에서 더 이상 분할이 수행되지 않으면, 예측 단위를 사용하여 어떻게 예측을 수행할지 결정한다. 마지막으로 변환 단위 크기 플래그와 예측 단위 분할 과정을 통하여 변환 단위의 크기를 결정한다. 〈그림 3-24〉의 경우 부호화 단위의 크기는 8N×8N이고, 부호화 단위는 세 개의 4N×4N 하위 블록과 네 개의 2N×2N 하위 블록으로 분할된다. 2N×2N 크기의 하위 블록의 경우 총 여덟 개의 예측 단위 후보 (네 개의 대칭 분할: 2N×2N, 2N×N, N×2N, N×N과 네 개의 비대칭 분할: 2N×nU, 2N×nD, nL×2N, nR×2N)를 갖는다. 여기서, nU, nD, nL, nR

의 크기는 각각 N/2이다. 이 중 최적의 예측 단위를 선택한 후, 변환 단위를 결정한다.

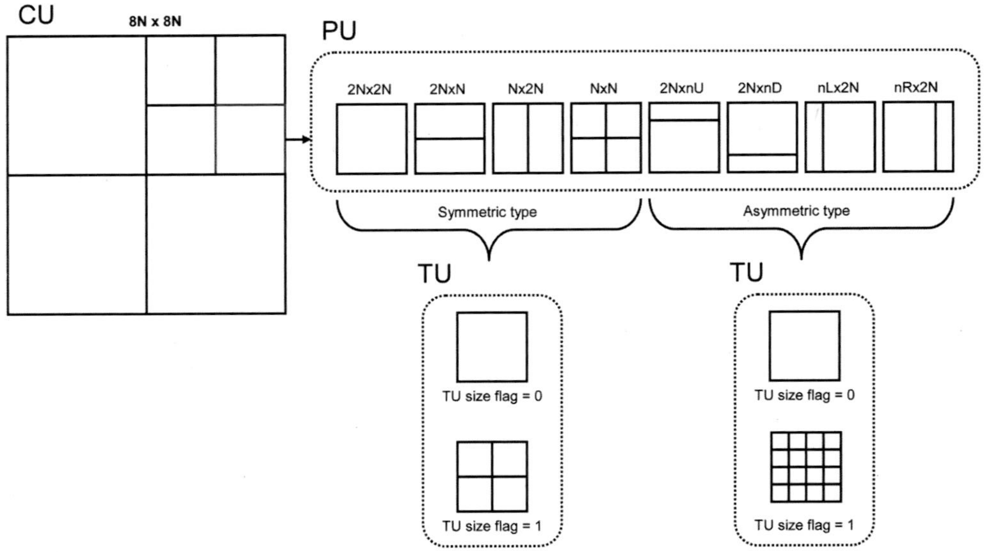

〈그림 3-26〉 부호화 단위, 예측 단위, 변환 단위의 관계

〈표 3-3〉은 분할 플래그, 예측 종류, 예측 단위 분할, 변환 단위 크기에 따른 부호화 단위, 예측 단위, 변환 단위의 가능한 조합을 나타낸다.

〈표 3-3〉 부호화 단위, 예측 단위, 변환 단위의 가능한 조합

<table>
<tr><th colspan="5">분할 플래그 = 0 (CU_d, 현재 깊이 계층 = d)</th><th>분할 플래그 = 1
(N×N 분할)</th></tr>
<tr><td>예측 종류</td><td colspan="2">예측 단위 분할</td><td colspan="2">변환 단위 크기</td><td rowspan="3">CU_{d+1}의 분할
과정을 수행</td></tr>
<tr><td rowspan="2">화면내:
(2N×2N, N×N)
화면간:
(예측 단위 분할)
스킵:
(2N×2N)</td><td>대칭</td><td>비대칭</td><td>변환 단위 크기
플래그 = 0</td><td>변환 단위 크기
플래그 = 1</td></tr>
<tr><td>2N×2N
2N×N
N×2N
N×N</td><td>2N×nU
2N×nD
nL×2N
nR×2N</td><td>2N×2N</td><td>N×N</td></tr>
</table>

CHAPTER 4

HEVC 부호기 주요 알고리즘

4.1 화면내 예측

화면내 예측 기술은 동영상 압축 기술의 핵심 기술 중 하나로, 블록간의 화소 상관도를 사용해 압축률을 향상시키는 기술이다. HEVC의 화면내 예측 부호화의 가장 큰 특징은 예측 모드의 수이다.

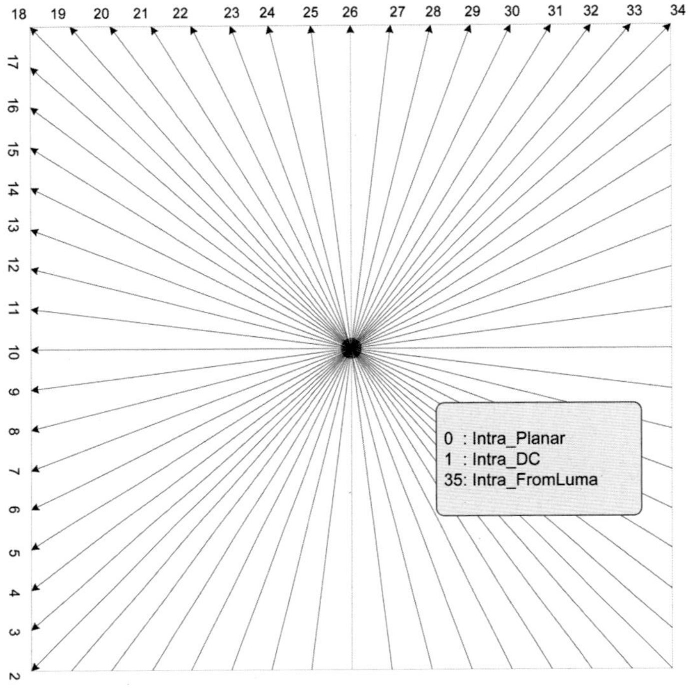

〈그림 4-1〉 35가지의 화면내 예측 모드

HEVC에서는 〈그림 4-1〉과 같이, 다양한 방향성을 갖는 총 35개의 예측 모드를 제공한다. 예측 모드의 가지 수가 늘어나면 모드 정보를 전송하기 위한 헤더 데이터가 늘어나지만, 다양한 예측 모드로 더 정확한 예측을 수행할 수 있어 예측 오류가 줄어든다. JCT-VC는 다양한 실험을 통해 35개의 모드를 사용했을 때 증가하는 헤더 데이터의 양에 비해 예측 오류 데이터의 감소량이 더 크다는 결론을 얻고, 예측 모드의 가지 수를 결정했다. 〈표 4-1〉은 할당된 모드 번호 별 화면내 예측 모드의 종류를 보여 준다. 0번 모드는 Planar 예측, 1번 모드는 DC 예측, 2번부터 34번은 방향성을 갖는 Angular 예측이다. 〈그림 4-1〉에도 이 모드 번호가 나타나 있다.

〈표 4-1〉 모드 번호별 화면내 예측 모드

모드 번호	예측 모드
0	Planar 예측
1	DC 예측
2…34	Angular 예측

HEVC의 화면내 예측 모드는 PU 단위로 결정된다. 다음, 다양한 TU 크기에 대해 예측을 수행해 최적의 TU를 결정하게 되는데, 이 때 하나의 PU내의 TU는 PU 단위에서 결정된 동일한 모드를 사용한다. 예를 들어, 현재 CU가 16×16일 때 화면내 예측 PU의 크기는 16×16이다. 다음은 TU 크기 결정 단계인데, 현재 CU가 16×16이므로 16×16, 8×8, 4×4 TU가 사용 가능하다. 예측 모드 결정 단계에서 10번 Horizontal 모드가 최적 모드로 결정되었다면, 16×16 TU의 경우 Horizontal 예측, 잔여신호 부호화 및 복호화가 수행된다. 만약 8×8 TU인 경우 PU 단위가 아닌 4개의 8×8 TU에 대해 Horizontal 예측, 잔여신호 부호화 및 복호화가 수행된다. PU내의 4개의 8×8 TU의 부호화 순서는 〈그림 4-2〉와 같이 Z 순서(TU_0-TU_1-TU_2-TU_3 순)이다. 먼저, TU_0이 Horizontal 예측, 부호화, 복호화된 후 복호된 TU_0 화소를 참조 화소로 이용해 TU_1에서의 Horizontal 예측이 이루어진다. TU_2, TU_3에서도 마찬가지 작업이 수행된다. 이와 같이 화면내 예측에서는 PU 단위에서 결정된 화면내 예측 모드를 TU 크기 결정에 그대로 이용한다.

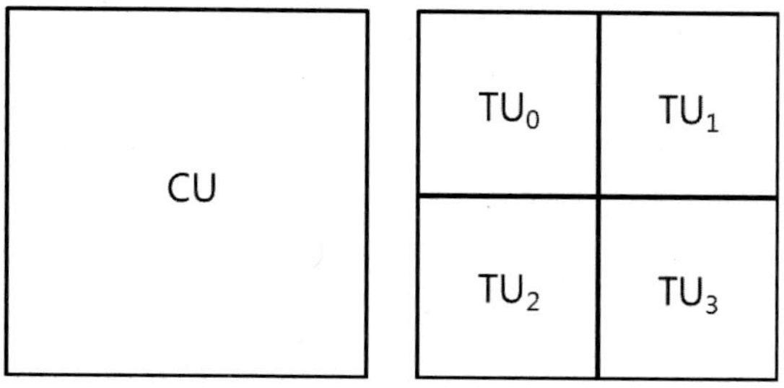

〈그림 4-2〉 16×16 CU에 대해 8×8 TU

화면내 부호화에 대해 좀 더 자세히 알아보기 위해 먼저 35가지 화면내 예측 모드의 동작을 소스 코드와 함께 알아보고, 화면내 예측 부호화의 전체 구성에 대해 알아보자.

4.1.1 화면내 예측 모드

HEVC 화면내 예측에서는 영상의 패턴에 따라 35가지의 다양한 예측 모드를 사용한다. 〈표 4-1〉에서 살펴본 것처럼, 화면내 예측 모드는 크게 Planar, DC, Angular 예측으로 구분할 수 있다. 각 모드의 예측값 생성 방법을 차례대로 살펴보자.

```
Void TComPrediction::predIntraLumaAng(TComPattern* pcTComPattern, UInt uiDirMode,
Pel* piPred, UInt uiStride, Int iWidth, Int iHeight, Bool bAbove, Bool bLeft )
{
  Pel *pDst = piPred
  Int *ptrSrc

  ptrSrc = pcTComPattern->getPredictorPtr( uiDirMode, g_aucConvertToBit[ iWidth ]
      + 2, m_piYuvExt );

// 블록내 첫 화소 위치
  Int sw = 2 * iWidth + 1;

// 예측값 생성
  if ( uiDirMode == PLANAR_IDX )
  { // Planar 예측
     xPredIntraPlanar( ptrSrc+sw+1, sw, pDst, uiStride, iWidth, iHeight );
  }
  else
  {
     if ( (iWidth > 16) || (iHeight > 16) )
     { // 16x16보다 큰 블록에 대한 Angular 예측
          xPredIntraAng(g_bitDepthY, ptrSrc+sw+1, sw, pDst, uiStride, iWidth,
              iHeight, uiDirMode, bAbove, bLeft, false );
     }
     else
     { // 16x16 또는 그 이하 블록에 대한 Angular 예측
          xPredIntraAng(g_bitDepthY, ptrSrc+sw+1, sw, pDst, uiStride, iWidth,
              iHeight, uiDirMode, bAbove, bLeft, true );
          if( (uiDirMode == DC_IDX ) && bAbove && bLeft )
          { // DC 예측
              xDCPredFiltering( ptrSrc+sw+1, sw, pDst, uiStride, iWidth, iHeight);
          }
     }
  }
}
```

0번 모드는 Planar 예측이다. Planar 예측은 시각적으로 부드러운 영상을 효율적으로 부호화하기 위해 설계된 방법으로, 화소 값이 점진적으로 변화하는 영역을 예측하는데 매우 효율적이다. Planar 모드의 예측값은 식 (4-1)과 같이 구할 수 있다. 여기서 $nTbS$는 TU의 크기를 의미한다. 즉, 4×4 TU의 경우, $nTbS$의 값은 4이다. 또한, x와 y의 값은 각각 0부터 $nTbS$-1의 값을 갖는다.

$$\begin{aligned} predSamples[x][y] = ((nTbS-1-x)\times p[-1][y] + (x+1)\times p[nTbS][-1] \\ + (nTbS-1-y)\times p[x][-1] + (y+1)\times p[-1][nTbS] \\ + nTbS) \gg (\log_2(nTbS)+1) \end{aligned} \quad (4\text{-}1)$$

〈그림 4-3〉은 Planar 예측 방법을 나타낸다. 여기서 점선은 보간을 직선은 복사를 의미한다. 〈그림 4-3〉의 검은색으로 표시된 위치의 화소 X를 예측하기 위해 X의 좌측에 위치한 참조 화소와 TR의 화소값을 선형 보간한다. 여기서 선형 보간이란 거리에 따른 가중치를 이용해 보간하는 방법을 의미한다. 마찬가지로 X의 상단 참조 화소와 LB의 화소값을 선형 보간한다. 이렇게 수평, 수직 방향으로 각각 선형 보간해 얻어진 값을 $2^{\log2(nTbS)+1}$로 나눠 예측값을 생성한다.

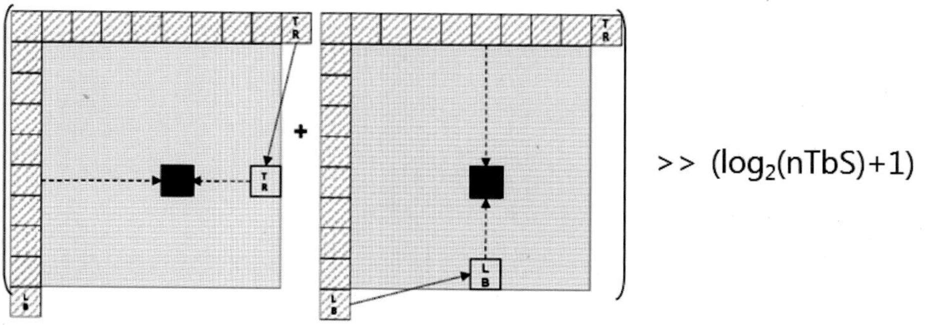

〈그림 4-3〉 8×8 블록의 Planar 예측

〈그림 4-4〉는 4×4 블록에 대한 Planar 예측의 예를 보여준다. 회색 음영 처리된 화소는 부호화 후 복호된 주변 화소, 즉 참조 화소를 의미한다. 식 (4-1)의 Planar 예측 식을 이용해 4×4 블록내 상단 최좌측 화소에 대한 예측을 수행해보자. x = 0, y = 0, $nTbS$ = 4이므로 예측 결과는 식 (4-2)와 같다.

$$predSamples[x][y] = ((4-1-0)\times 77 + (0+1)\times 75 + (4-1-0)\times 77 + (0+1)\times 70 + 4) \gg 3$$
$$= (3\times 77 + 75 + 3\times 77 + 70 + 4) \gg 3$$
$$= (231 + 76 + 231 + 71 + 4)/8 = 76.375 \simeq 76 \quad (4\text{-}2)$$

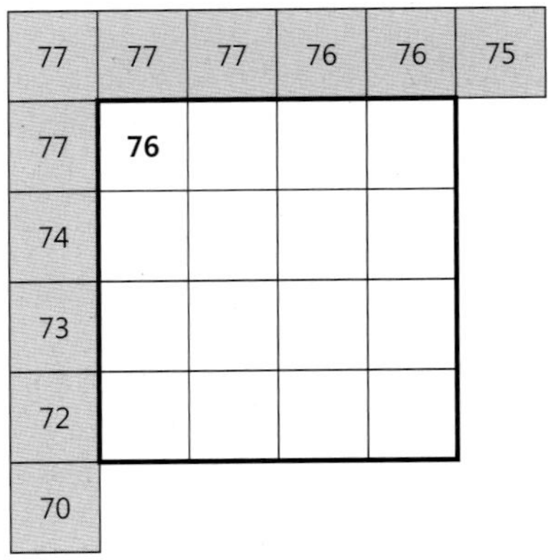

〈그림 4-4〉 4×4 블록 Planar 예측의 예

다음은 Planar 예측을 수행하는 소스 코드를 보여 준다. HM에서 Planar 예측은 TComPrediction::xPredIntraPlanar() 함수에서 수행되며, 자세한 설명은 소스 코드 내 주석으로 표시한다.

```
Void TComPrediction::xPredIntraPlanar( Int* pSrc, Int srcStride, Pel* rpDst, Int
dstStride, UInt width, UInt height )
{
  UInt shift1D = g_aucConvertToBit[ width ] + 2;
  // 4x4: shift1D = 2, ..., 64x64: shift1D = 6
  UInt shift2D = shift1D + 1; // 4x4: shift2D = 3, ..., 64x64: shift2D = 7

  // TR (= topRow)과 LB (= leftColumn) 정보
  for(k=0;k<blkSize+1;k++)
  {
    topRow[k] = pSrc[k-srcStride];
    leftColumn[k] = pSrc[k*srcStride-1];
  }

  // 보간을 이용해 중간값 준비
  bottomLeft = leftColumn[blkSize];
```

```
    topRight    = topRow[blkSize];
    for (k=0;k<blkSizek++)
    {
      bottomRow[k]    = bottomLeft - topRow[k];
      rightColumn[k] = topRight    - leftColumn[k];
      topRow[k] <<= shift1D
      leftColumn[k]  <<= shift1D
    }

    // 예측신호생성
    for (k=0;k<blkSizek++)
    {
      horPred = leftColumn[k] + offset2D
      for (l=0;l<blkSizel++)
      {
         horPred += rightColumn[k];
         topRow[l] += bottomRow[l];
         rpDst[k*dstStride+l] = ( (horPred + topRow[l]) >> shift2D );
      }
    }
}
```

DC 예측에서는 현재 예측 블록의 주변 화소들의 평균값을 예측값으로 사용한다. DC 예측은 H.264/AVC 표준의 동작과 흡사하다. DC 예측에서는 현재 예측 블록의 주변 화소들의 평균값을 예측값으로 사용한다. 〈그림 4-5〉는 현재 블록의 크기가 nTbS×nTbS인 경우 DC 예측의 동작을 보여 준다. 만약 상단 블록과 좌측 블록 모두 접근 가능한 경우, 상단의 nTbS개의 화소와 좌측의 nTbS개의 화소를 참조 화소로 사용해 식 (4-3)과 같이 DC 예측값 $dcVal$을 계산한다. 예측 블록의 크기에 따라 최대 4 · nTbS + 1개의 화소가 참조 가능하지만 2 · nTbS개의 주변 화소만 참조하는 것에 주의하자.

$$dcVal = \left(\sum_{x'=0}^{nTbS-1} p[x'][-1] + \sum_{y'=0}^{nTbS-1} p[-1][y'] + nTbS \right) \gg (k+1) \quad \text{(4-3)}$$
$$where\ k = \log_2(nTbS)$$

색차 성분에 대해서는 이 DC 예측값을 그대로 사용한다. 즉, TU내 모든 화소값에 대해 예측값은 다음과 같다.

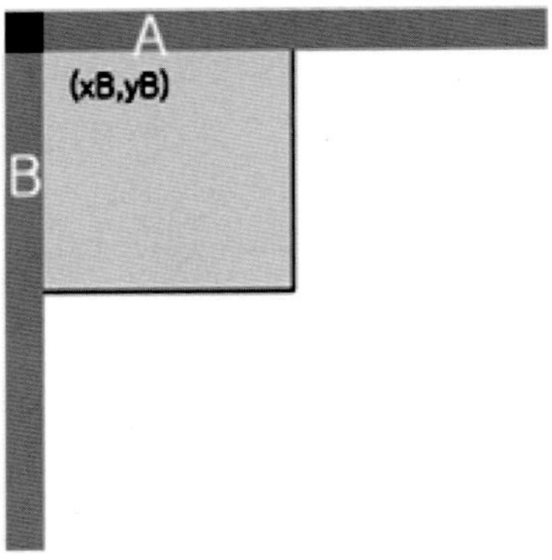

〈그림 4-5〉 4×4 블록의 DC 예측

$$predSamples[0][0] = dcVal, with\ x, y = 0...nTbS-1 \quad (4\text{-}4)$$

휘도 성분의 경우 예측값과 참조 화소와의 불연속성을 완화시키기 위해 TU의 경계에 위치하는 화소에 대해서는 다음과 같이 평활화 필터링 된 예측값을 사용한다.

$$predSamples[0][0] = (p[-1][0] + 2 \times dcVal + p[0][-1] + 2) \gg 2 \quad (4\text{-}5)$$

$$predSamples[x][0] = (p[x][-1] + 3 \times dcVal + 2) \gg 2, \quad (4\text{-}6)$$

$$with\ x = 1...nTbS-1$$

$$predSamples[0][y] = (p[-1][y] + 3 \times dcVal + 2) \gg 2, \quad (4\text{-}7)$$

$$with\ y = 1...nTbS-1$$

휘도 성분 부호화에서 TU의 경계에 위치하지 않는 화소에 대해서는 식 (4-3)에서 계산한 예측값을 그대로 사용한다.

$$predSamples[x][y] = dcVal, with\ x, y = 1...nTbS-1 \quad (4\text{-}8)$$

다음은 DC 예측을 수행하는 소스 코드를 보여 준다. HM에서 DC 예측값 $dcVal$의 생성은 TComPrediction::predIntraGetPredValDC() 함수에서 수행되며, 자세한 설명은 소스 코드 내 주석으로 표시한다.

```
Pel TComPrediction::predIntraGetPredValDC( Int* pSrc, Int iSrcStride,
    UInt iWidth, UInt iHeight, Bool bAbove, Bool bLeft )
{
  assert(iWidth > 0 && iHeight > 0);
  Int iInd, iSum = 0;
  Pel pDcVal;

  if (bAbove) // 상단 블록 참조 화소의 합
  {
    for (iInd = 0;iInd < iWidth;iInd++)
    {
      iSum += pSrc[iInd-iSrcStride];
    }
  }
  if (bLeft) // 좌측 블록 참조 화소의 합
  {
    for (iInd = 0;iInd < iHeight;iInd++)
    {
      iSum += pSrc[iInd*iSrcStride-1];
    }
  }

  if (bAbove && bLeft) // 상단 및 좌측 블록이 모두 사용 가능할 때 DC 예측값
  {
    pDcVal = (iSum + iWidth) / (iWidth + iHeight); // 식 (4-3)
  }
  else if (bAbove) // 상단 블록만 사용 가능할 때 DC 예측값
  {
    pDcVal = (iSum + iWidth/2) / iWidth;
  }
  else if (bLeft) // 좌측 블록만 사용 가능할 때 DC 예측값
  {
    pDcVal = (iSum + iHeight/2) / iHeight;
  }
  else // 상단 및 좌측 블록이 모두 사용 가능하지 않을 때
  {
    pDcVal = pSrc[-1]; // Default DC value already calculated and placed in the prediction
                          array if no neighbors are available
  }

  return pDcVal;
}
```

위에서 얻은 DC 예측값으로 예측 블록내 모든 화소를 채우는데, 그 소스 코드는 xPredIntraAng() 함수 내 다음 부분에서 확인할 수 있다.

```
if (modeDC) // DC 모드이면
{
  Pel dcval = predIntraGetPredValDC(pSrc, srcStride, width, height, blkAboveAvailable,
      blkLeftAvailable); // DC 예측값 dcVal 생성

  for (k=0;k<blkSize;k++)
  {
    for (l=0;l<blkSize;l++)
    {
    pDst[k*dstStride+l] = dcval; // 예측 블록내 화소들을 DC 예측값으로 채움
    }
  }
}
```

DC 예측에서 사용하는 평활화 필터링 소스코드는 xDCPredFiltering() 함수에서 확인할 수 있다.

```
Void TComPrediction::xDCPredFiltering( Int* pSrc, Int iSrcStride, Pel*& rpDst,
Int iDstStride, Int iWidth, Int iHeight )
{
  Pel* pDst = rpDst;
  Int x, y, iDstStride2, iSrcStride2;

  // 식 (4-5), 여기서 pDst는 dcVal
  pDst[0] = (Pel)((pSrc[-iSrcStride] + pSrc[-1] + 2 * pDst[0] + 2) >> 2);

  for ( x = 1; x < iWidth; x++ ) // 식 (4-6)
  {
    pDst[x] = (Pel)((pSrc[x - iSrcStride] +  3 * pDst[x] + 2) >> 2);
  }

  for ( y = 1, iDstStride2 = iDstStride, iSrcStride2 = iSrcStride-1; y < iHeight;
      y++, iDstStride2+=iDstStride, iSrcStride2+=iSrcStride ) // 식 (4-7)
  {
    pDst[iDstStride2] = (Pel)((pSrc[iSrcStride2] + 3 * pDst[iDstStride2] + 2) >> 2);
  }
  return;
}
```

Angular 예측 방법은 수직, 수평 방향을 포함해 총 33개의 방향성을 갖는다. 〈그림 4-6〉은 HEVC에서 사용하는 33개 방향성 모드의 예측 각도를 자세히 보이기 위해 45°를 32개의 칸으로 나누고 사상시킨 결과이다.

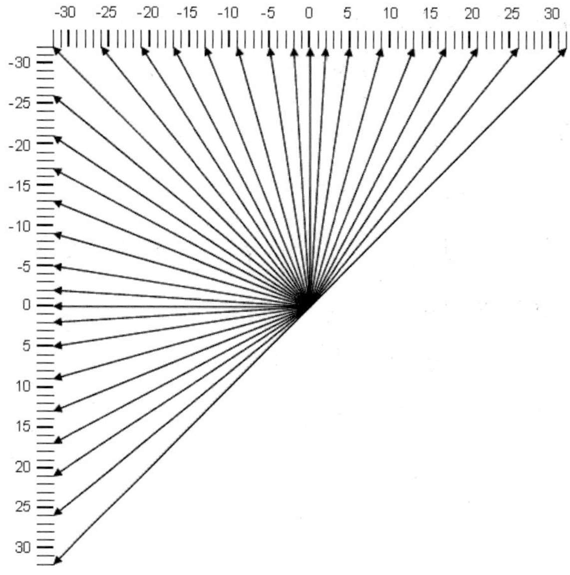

〈그림 4-6〉 다양한 Angular 예측의 예측 각도

Angular 예측을 효율적으로 수행하기 위해 HEVC 소프트웨어에서는 *intraPredAngle*과와 *invAngle* 값을 이용해 예측을 수행한다. 〈표 4-2〉와 〈표 4-3〉은 실제 부호기와 복호기에서 사용하는 *intraPredAngle* 표와 *invAngle* 표를 보여준다.

〈표 4-2〉 *intraPredAngle* 표

modeNum	1	2	3	4	5	6	7	8	9	10	11	12	13	14	15	16	17
intraPredAngle	–	32	26	21	17	13	9	5	2	0	−2	−5	−9	−13	−17	−21	−26
modeNum	18	19	20	21	22	23	24	25	26	27	28	29	30	31	32	33	34
intraPredAngle	−32	−26	−21	−17	−13	−9	−5	−2	0	2	5	9	13	17	21	26	32

〈표 4-3〉 *invAngle* 표

modeNum	11	12	13	14	15	16	17	18
invAngle	−4096	−1638	−910	−630	−482	−390	−315	−256
modeNum	19	20	21	22	23	24	25	26
invAngle	−315	−390	−482	−630	−910	−1638	−4096	–

Vertical 모드와 Horizontal 모드의 경우 한쪽 방향의 참조 화소들만 필요하지만 특정 모드의 경우 상단의 참조 화소들과 좌측의 참조 화소들을 모두 필요로 한다. 필요할 때마다 이 두 위치의 참조 화소들의 정보가 담긴 배열에 접근해 예측을 수행한다면 메모리 접근으로 인한 복잡도를 피할 수 없다. 따라서 HEVC에서는 필요한 참조 화소들을 한쪽 배열에 복사해 예측을 수행한다. 배열을 합치는 과정을 살펴보자.

참조 화소들의 정보가 담긴 두 배열 중 한쪽을 메인 배열, 한쪽을 사이드 배열이라 정의하자. Angular 예측 중 수평 방향의 예측 (모드번호 2번~17번)의 경우 좌측 참조 화소들의 정보가 담긴 배열이 메인 배열이 되고, 수직 방향의 예측 (모드번호 18번~34번)의 경우 상단 참조 화소들의 정보가 담긴 배열이 사이드 배열이 된다. 메인 배열에 담긴 정보가 주로 많이 사용되므로 사이드 배열의 정보를 메인 배열에 복사한다. 단, 모든 사이드 배열의 정보를 복사하지 않고, 현재 예측에 필요한 참조 화소 정보만 복사한다. 따라서 사이드 배열에서 몇 개의 참조 화소를 복사할 지를 결정하는 작업이 우선되어야 한다. 예측 모드 (정확히 말하면 예측 각도, ϕ)와 현재 TU의 크기 ($nTbS$)를 알면 삼각함수를 이용해 이를 쉽게 알 수 있다.

$$a = nTbS \cdot \tan(\phi) \tag{4-9}$$

이 계산을 편리하게 하기 위해 $\tan(\phi)$을 미리 계산하고, 32를 곱해 정수로 만들어 놓은 것이 *intraPredAngle*값이다.

다음으로 해야 할 일은 사이드 배열에서 어떤 참조 화소를 메인 배열로 복사할 것인가 이다. 이 경우, a와 ϕ를 알 때 TU의 크기($nTbS$)를 구해야 하는 문제가 되므로 위 식 (4-9)를 변형하면 다음과 같다.

$$b = \frac{a}{\tan(\phi)} \tag{4-10}$$

이 역시 계산을 편리하게 하기 위해 $1/\tan(\phi)$을 미리 계산하고, 256을 곱해 정수로 만들어 놓은 것이 *invAngle*값이다.

〈표 4-2〉에는 Angular 예측의 모든 방향성 모드에 관한 *intraPredAngle*값이 정의되어 있지만, 〈표 4-3〉은 모드 11번에서 모드 25번까지만 *invAngle*값이 정의되어 있는 것을 확인

할 수 있다. 이는 *invAngle*값이 정의되지 않은 모드에 대해서는 사이드 배열의 참조 화소가 사용되지 않으므로 복사 작업이 필요 없다는 것을 알려준다. 〈그림 4-7〉은 23번 모드 (굵은 화살표)일 때 사이드 배열의 복사 과정을 보여준다. 〈그림 4-7〉에서 볼 수 있듯이 사이드 배열의 정보는 메인 배열의 끝 부분에 차례대로 복사된다 [24].

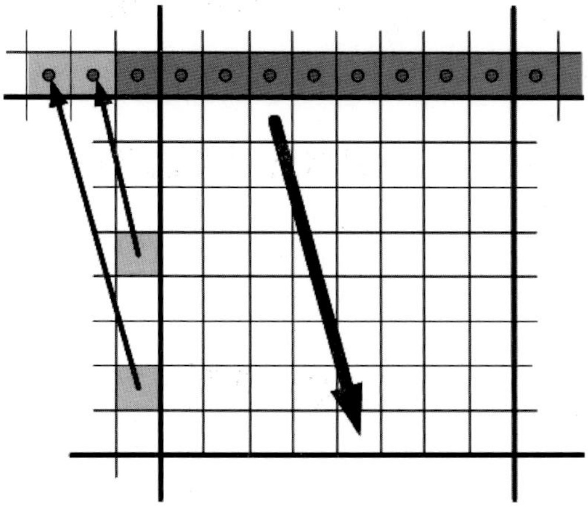

〈그림 4-7〉 메인 배열로의 사이드 배열 복사 [24]

이제 남은 작업은 실제 예측값을 생성하는 작업이다. 표준에서는 예측을 위해 인덱스 *iIdx*와 곱셈인자인 *iFact*라는 매개변수를 정의하고 있는데, 수직 방향 예측 (2번~17번 모드)의 경우 식 (4-11), 식 (4-12)를 사용하고, 수평 방향 예측(18번~34번 모드)의 경우 식 (4-13), 식 (4-14)를 사용한다.

$$iIdx = ((y+1) \times intraPredAngle) \gg 5 \tag{4-11}$$

$$iFact = ((y+1) \times intraPredAngle) \& 31 \tag{4-12}$$

$$iIdx = ((x+1) \times intraPredAngle) \gg 5 \tag{4-13}$$

$$iFact = ((x+1) \times intraPredAngle) \& 31 \tag{4-14}$$

*iIdx*는 배열의 인덱스를 의미하며, 메인 배열의 몇 번째 값을 예측에 사용할 것인지를 알려주는 값이다. *iFact*는 0에서 31 사이의 값을 갖는 정수로 선형 보간을 통해 예측값을 생성하기 위한 변수이다.

〈그림 4-6〉을 살펴보면 원심을 기준으로 예측 각도를 등간격으로 나뉘어져 있기 때문

에 각 예측의 방향성이 주변 화소에 도달했을 때에는 등간격이 아니다. 이로 인한 문제점이 〈그림 4-8〉에 나타나 있다. 30번 모드인 경우, 예측 각도가 주변 화소에 정확히 사상되는 (A)의 경우에는 문제가 없다. 하지만 (B)의 경우, 예측 각도가 주변 화소 어느 것에도 정확히 사상되지 않는다. 예측 각도가 (C) 화소와 (D) 화소의 중간으로 사상되므로 이 경우에는 주변 화소의 값을 화소의 위치에 따라 선형 보간을 해서 예측값을 계산해야 한다.

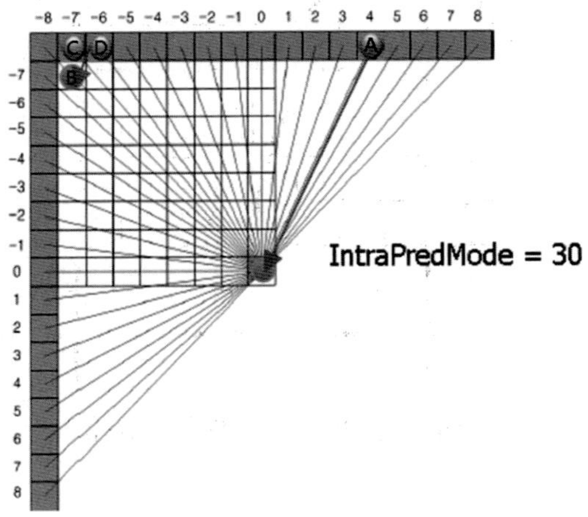

〈그림 4-8〉 Angular 예측에서 예측 각도의 고찰

〈그림 4-9〉는 위에서 언급한 예측 모드가 30인 경우, 선형 보간을 통해 예측값을 생성하는 방법의 예를 보여준다. 〈그림 4-9〉에서 x 표시는 모드 30의 예측 각도가 맺히는 부분을 의미한다. 이 예에서 P_{00} 화소에 대한 예측 값은 식 (4-15)와 같이 결정된다.

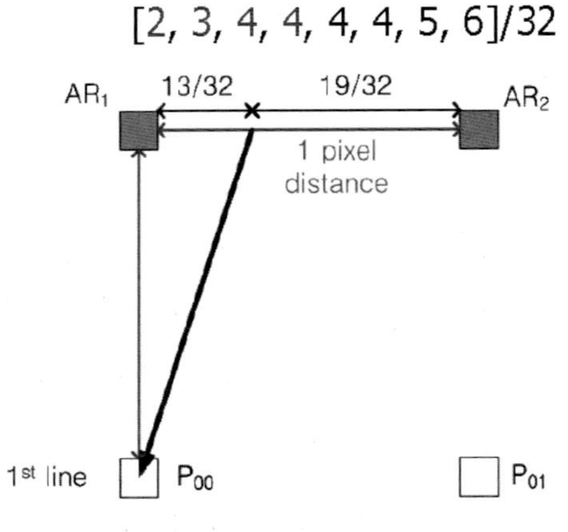

〈그림 4-9〉 선형 보간을 통한 예측값의 생성

$$P_{00} = (19 \times AR_1 + 13 \times AR_2) \gg 5 \tag{4-15}$$

이 식에서 사용하는 가중값 13과 19는 Angular 예측을 주변 화소에 사상했을 때 해당 각도가 차지하는 면적을 통해 결정된다. HEVC에서 위 예의 가중값을 계산하는 변수가 *iFact*이다. *iIdx*와 *iFact*를 이용해 선형 보간을 수행하는 식은 수직 보간의 경우 식 (4-16)과 같고, 수평 보간의 경우 식 (4-17)과 같다.

$$predSample[x][y] = ((32 - iFact) \times ref[x + iIdx + 1] + iFact \times ref[x + iIdx + 2] + 16) \gg 5 \tag{4-16}$$

$$predSample[x][y] = ((32 - iFact) \times ref[y + iIdx + 1] + iFact \times ref[y + iIdx + 2] + 16) \gg 5 \tag{4-17}$$

만약 예측 모드가 Vertical 모드 또는 Horizontal 모드인 경우, *intraPredAngle*값이 0이므로 *iFact*의 값이 0이 된다. Vertical 모드 또는 Horizontal 모드는 참조 화소가 그대로 사상될 수 있으므로 선형 보간이 필요 없기 때문이다. 이 경우는 위의 식 대신 Vertical 모드일 경우 식 (4-18), Horizontal 모드일 경우 식 (4-19)를 이용해 예측값을 생성한다.

$$predSample[x][y] = ref[x + iIdx + 1] \tag{4-18}$$

$$predSample[x][y] = ref[y + iIdx + 1] \tag{4-19}$$

Vertical 모드와 Horizontal 모드인 휘도 블록에 대해 현재 TU가 32×32보다 작다면 (즉, 4×4, 8×8, 16×16 TU인 경우), DC 모드와 마찬가지로 참조 화소와의 불연속성을 제거하기 위한 평활화 필터를 추가로 수행한다. Vertical 모드일 때의 필터링 수식은 식 (4-20), Horizontal 모드일 때의 필터링 수식은 식 (4-21)과 같다. 식을 통해 알 수 있듯이, 좌상단에 위치한 $p[-1][-1]$ 화소와 예측될 현재 화소와 인접한 수평, 수직 참조 화소에 대해 평활화 필터를 적용해 예측값을 생성한다.

$$predSample[x][y] = Clip_Y[p[x][-1] + ((p[-1][y] - p[-1][-1]) \gg 1)] \tag{4-20}$$

$$predSample[x][y] = Clip_Y[p[-1][y] + ((p[x][-1] - p[-1][-1]) \gg 1)] \tag{4-21}$$

다음은 Angular 예측을 수행하는 xPredIntraAng() 함수를 보여 준다. 앞에서 설명한 바와 같이, 가중값을 계산하는 것이 복잡하기 때문에 각 예측각에서 사용되는 가중값을 사전에 테이블화해서 산출해내는 것이 특징이다.

```
Void TComPrediction::xPredIntraAng(Int bitDepth, Int* pSrc, Int srcStride, Pel*&
rpDst, Int dstStride, UInt width, UInt height, UInt dirMode, Bool
blkAboveAvailable, Bool blkLeftAvailable, Bool bFilter )
{
  Bool modeDC = dirMode < 2; // DC, Planar 모드는 고려하지 않음
  Bool modeHor = !modeDC && (dirMode < 18); // 2~17번 모드는 수평 모드
  Bool modeVer = !modeDC && !modeHor;       // 18~34번 모드는 수직 모드
  // 모드를 배열 인덱스로 매핑, VER_IDX = 26, HOR_IDX = 10
  Int intraPredAngle = modeVer ? (Int)dirMode - VER_IDX : modeHor ? -((Int)
      dirMode - HOR_IDX) : 0;
  Int absAng          = abs(intraPredAngle);
  Int signAng         = intraPredAngle < 0 ? -1 : 1;

  // <표 4-2>를 구성하기 위한 값
  Int angTable[9]     = {0,    2,    5,   9,  13,  17,  21,  26,  32};
  // <표 4-3>를 구성하기 위한 값
  Int invAngTable[9] = {0, 4096, 1638, 910, 630, 482, 390, 315, 256};

  Int invAngle        = invAngTable[absAng]; // <표 4-3>의 invAngle 값
  absAng              = angTable[absAng];
  intraPredAngle      = signAng * absAng;    // <표 4-2>의 intraPredAngle 값

  if (modeDC)
  {
    ...(DC 예측 중략)...
  }
  else // Angular 예측
  {
    Pel* refMain;
    Pel* refSide;
    Pel  refAbove[2*MAX_CU_SIZE+1];
    Pel  refLeft[2*MAX_CU_SIZE+1];

    // 메인 배열 및 좌측 참조 화소 배열 (사이드 배열) 초기화
    if (intraPredAngle < 0) // intraPredAngle이 음수일 때 (11번~25번 모드)
    {
      for (k=0;k<blkSize+1;k++)
```

```
  {
    refAbove[k+blkSize-1] = pSrc[k-srcStride-1];
  }
  for (k=0;k<blkSize+1;k++)
  {
    refLeft[k+blkSize-1] = pSrc[(k-1)*srcStride-1];
  }
  // 수직 모드인 18번~25번 모드의 경우 refAbove가 메인 배열이 되고, 수평 모드인 11번~17번
     모드의 경우 refLeft가 메인 배열이 됨
  refMain = (modeVer ? refAbove : refLeft) + (blkSize-1);
  // 수직 모드인 18번~25번 모드의 경우 refLeft가 사이드 배열이 되고, 수평 모드인 11번~17번
     모드의 경우 refAbove가 사이드 배열이 됨
  refSide = (modeVer ? refLeft : refAbove) + (blkSize-1);

  // 사이드 배열을 복사해 메인 배열 확장
  Int invAngleSum    = 128;       // rounding for (shift by 8)
  for (k=-1; k>blkSize*intraPredAngle>>5; k--)
  {
    invAngleSum += invAngle;
    refMain[k] = refSide[invAngleSum>>8];
  }
}
else // intraPredAngle이 양수일 때 (2번~10번 모드, 26번~34번 모드), 메인 배열 확장 과정이
        필요 없음
{
  for (k=0;k<2*blkSize+1;k++)
  {
    refAbove[k] = pSrc[k-srcStride-1];
  }
  for (k=0;k<2*blkSize+1;k++)
  {
    refLeft[k] = pSrc[(k-1)*srcStride-1];
  }
  // 수직 모드인 26번~34번 모드의 경우 refAbove가 메인 배열이 되고, 수평 모드인 2번~10번
     모드의 경우 refLeft가 메인 배열이 됨
  refMain = modeVer ? refAbove : refLeft;
  // 수직 모드인 26번~34번 모드의 경우 refLeft가 사이드 배열이 되고, 수평 모드인 2번~10번
     모드의 경우 refAbove가 사이드 배열이 됨
  refSide = modeVer ? refLeft  : refAbove;
}

if (intraPredAngle == 0) // Vertical 모드(26번 모드)와 Horizontal 모드(10번 모드)
{
```

```
    for (k=0;k<blkSize;k++)
    {
      for (l=0;l<blkSize;l++)
      {
        // 식 (4-18) 또는 식 (4-19)
        pDst[k*dstStride+l] = refMain[l+1]; // 메인 배열만 사용
      }
    }

    if ( bFilter ) // 평활화 필터 수행 부분
    {
      for (k=0;k<blkSize;k++)
      {
        pDst[k*dstStride] = Clip3(0, (1<<bitDepth)-1, pDst[k*dstStride] +
            (( refSide[k+1] - refSide[0] ) >> 1) ); // 식 (4-20) 또는 식 (4-21)
      }
    }
  }
  else // Vertical 모드, Horizontal 모드 외의 Angular 예측 모드
  {
    Int deltaPos=0;
    Int deltaInt;
    Int deltaFract;
    Int refMainIndex;

    for (k=0;k<blkSize;k++)
    {
      deltaPos += intraPredAngle;
      deltaInt   = deltaPos >> 5; // iIdx 계산
      deltaFract = deltaPos & (32 - 1); // iFact 계산

      if (deltaFract) // iFact가 0이 아닌 경우
      {
        // 선형 보간 수행
        for (l=0;l<blkSize;l++)
        {
          refMainIndex = l+deltaInt+1;
          // 식 (4-16) 또는 식 (4-17)
          pDst[k*dstStride+l] = (Pel) ( ((32-deltaFract)*refMain[refMainIndex]+
              deltaFract*refMain[refMainIndex+1]+16) >> 5 );
        }
      }
      else // iFact가 0인 경우
```

```
        {
          // 보간 필요 없이 원래 화소 값 그대로 복사
          for (l=0;l<blkSize;l++)
          {
            pDst[k*dstStride+l] = refMain[l+deltaInt+1];
          }
        }
      }
    }

    // 수평 모드(2~17번 모드)인 경우 블록 뒤집기
    if (modeHor)
    {
      Pel  tmp;
      for (k=0;k<blkSize-1;k++)
      {
        for (l=k+1;l<blkSize;l++)
        {
          tmp = pDst[k*dstStride+l];
          pDst[k*dstStride+l] = pDst[l*dstStride+k];
          pDst[l*dstStride+k] = tmp;
        }
      }
    }
  }
}
```

4.1.2 화면내 부호화의 구성

제3장에서 설명한 것과 같이, HEVC는 연산의 기본 단위인 CU가 64×46에서 8×8의 크기를 가질 수 있다. 이 CU는 다양한 형태의 트리 구조를 가질 수 있으며, 각각의 CU에 대해 예측 단위인 PU 및 트리 구조를 갖는 TU를 결정해야 하기 때문에 분할 결정 과정이 매우 복잡하다. HEVC 표준에서는 <그림 4-10>과 같이 최적의 분할을 선택하기 위해 DFS (depth first search) 순서로 CU의 크기를 검색해 최적의 CU를 결정한다.

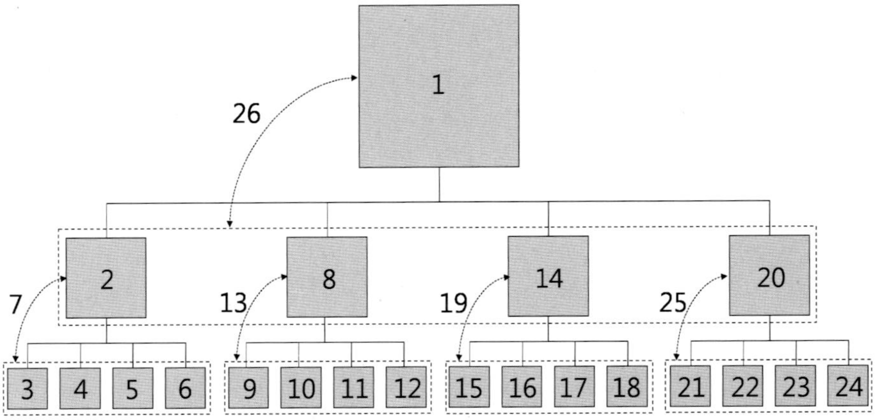

〈그림 4-10〉 DFS 기반 CU 결정 순서

HM 13.0에서는 다음 소스 코드에서 보여지는 것과 같이, CU의 율-왜곡 비용값을 구하는 함수를 재귀적으로 호출하는 구조를 통해 DFS 기반 CU 결정 과정을 구현했다. xCompressCU() 함수는 현재 CU에 대한 율-왜곡 비용값을 구하는 xCheckRDCostIntra() 함수와 xCompressCU() 함수를 재귀적으로 호출해 DFS 기반 CU 분할을 수행하는 과정, 분할한 CU와 분할하지 않은 CU의 율-왜곡 비용값을 비교해 CU 분할 여부를 결정하는 부분으로 구성된다.

```
Void TEncCu::xCompressCU( TComDataCU*& rpcBestCU, TComDataCU*& rpcTempCU, UInt
uiDepth, PartSize eParentPartSize )
{
  ... (뒤에서 설명할 화면간 예측 부분 중략) ...
  // CU의 율-왜곡 비용값 계산 (2N×2N PU)
  xCheckRDCostIntra( rpcBestCU, rpcTempCU, SIZE_2Nx2N);
  if( uiDepth == g_uiMaxCUDepth - g_uiAddCUDepth) // 최소 CU에 대해
  { // CU의 율-왜곡 비용값 계산 (N×N PU)
      xCheckRDCostIntra( rpcBestCU, rpcTempCU, SIZE_NxN);
  }

  if( bSubBranch && uiDepth < g_uiMaxCUDepth - g_uiAddCUDepth)
  { // 조기 CU 결정 조건을 만족하지 않아 더 분할 가능하고, 최소 CU가 아닌 경우
    for (UInt uiPartUnitIdx = 0; uiPartUnitIdx < 4; uiPartUnitIdx++)
    { // CU 함수를 재귀적으로 호출
      UChar uhNextDepth = uiDepth + 1; // CU 깊이 1 만큼 증가
      xCompressCU(pcSubBestPartCU, pcSubTempPartCU, uhNextDepth, SIZE_NONE);
```

```
        }
    }
    ....(중략)... // 분할하지 않은 CU와 분할한 CU의 율-왜곡 비용값 비교하는 부분
}
```

CU의 율-왜곡 비용값 계산을 위해서는 각 CU에 대해 PU 및 TU의 분할 및 화면내 예측 모드를 결정해야 하며, 화면내 예측 모드의 경우 8×8보다 큰 CU에 대해서는 2N×2N PU만 사용 가능하고 현재 CU의 크기가 8×8 CU, 즉 가장 작은 CU일 때만 N×N PU를 추가로 사용할 수 있다. 따라서 위 소스 코드를 보면 xCompressCU() 함수 내부에서 xCheckRDCostIntra() 함수로 최대 2개의 PU에 대해 율-왜곡 최적화 연산을 수행해 더 나은 PU 분할을 선택하도록 구현되어 있다.

xCheckRDCostIntra() 함수 내의 estIntraPredQT() 함수는 예측 모드를 결정하는 함수이다. 앞에서 설명한 것과 같이, HEVC의 화면내 예측 모드는 총 35가지로, 다양한 예측 방향을 갖고 있다. 하지만 이러한 다양한 예측 모드는 부호기가 최적의 예측 모드를 결정하는 데 더 많은 연산을 필요로 한다는 의미를 내포한다. 따라서 HM은 이러한 35개의 예측 모드 중 적은 연산량으로 최적의 예측 모드를 선택하기 위해 〈그림 4-11〉과 같은 고속 예측 모드 결정 방법을 수행한다.

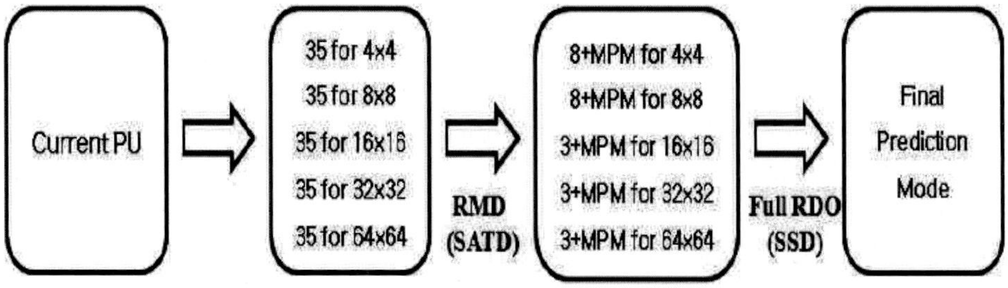

〈그림 4-11〉 고속 화면내 예측 모드 결정 방법

고속 예측 모드 결정 방법에서는 35개의 예측 모드에 대해서 일반적으로 왜곡값을 얻기 위해 사용하는 SSE (Sum of Squared Error) 대신 그보다 좀 더 간단한 SATD (Hadamard transformed Sum of Absolute Difference)를 이용해 개략적인 후보 모드 군을 생성하고, 후보 모드 군에 대해서만 SSE를 이용한 율-왜곡 기반 모드 결정을 수행하는 방법이다. SSE는

제곱 연산으로 인한 곱셈 연산이 많지만, SATD는 주로 덧셈 연산으로 구성되어 있어 연산이 간단하기 때문이다. 개략적인 후보 모드 군을 생성할 때에는 상대적으로 복잡한 영역에서 많이 선택되는 4×4 블록과 8×8 블록의 경우 작은 비용값 순으로 8개의 예측 모드와 최고 확률 모드 (most probable mode, MPM), 총 9개의 모드를 후보 모드 군으로 사용하고 그보다 큰 나머지 블록에 대해서는 작은 비용값을 갖는 3개의 예측 모드와 최고 확률 모드, 총 4개의 모드를 후보 모드 군으로 사용한다.

$$J = \frac{1}{2}\sum |T\{Block_{current}(i,j) - Block_{pred}(k,l)\}| + \lambda \cdot R_{mode} \quad (4\text{-}22)$$

또한, 비트율을 계산할 때도 잔여 데이터에 대한 비트를 고려하지 않고, 예측 모드에 대한 비트율만을 계산해 비트율과 관련된 연산을 최소화했다. 만약, 잔여 데이터에 대한 비트를 고려하려면 실제 잔여 데이터를 계산하고, 이를 변환, 양자화해보는 작업이 필요하지만, 고속 예측 모드 결정 방법에서는 모드 정보의 비트율만을 고려하므로 이러한 복잡한 작업이 필요하지 않다. 이 때, 비트율과 왜곡의 관계를 나타내는 의 경우, 실제 율-왜곡 최적화 연산에서 사용하는 λ의 제곱근을 사용한다. 다음은 estIntraPredQT() 함수의 고속 화면내 예측 모드 결정 부분에서 35개의 예측 모드 중 개략적인 후보 모드 군을 생성하는 부분을 보여준다.

```
Void
TEncSearch::estIntraPredQT( TComDataCU* pcCU,
TComYuv*     pcOrgYuv,
TComYuv*     pcPredYuv,
TComYuv*     pcResiYuv,
TComYuv*     pcRecoYuv,
UInt&        ruiDistC,
Bool         bLumaOnly )
{
  ... (중략) ...
  for( Int modeIdx = 0; modeIdx < numModesAvailable modeIdx++ )
  { // numModesAvailable = 35
    UInt uiMode = modeIdx;
    predIntraLumaAng( pcCU->getPattern(), uiMode, piPred, uiStride, uiWidth,
        uiHeight, bAboveAvail, bLeftAvail );
```

```
    // SATD
    UInt uiSad = m_pcRdCost->calcHAD(g_bitDepthY, piOrg, uiStride, piPred,
        uiStride, uiWidth, uiHeight );
    // 모드 정보에 대한 비트율 계산
    UInt   iModeBits = xModeBitsIntra( pcCU, uiMode, uiPU, uiPartOffset, uiDepth,
        uiInitTrDepth );
    // 위에서 얻은 SATD와 모드 정보에 대한 비트율로 비용값 계산
    Double cost = (Double)uiSad + (Double)iModeBits * m_pcRdCost->getSqrtLambda();
    // 후보 모드 군 수 확인, uiRdModeList는 후보 모드 군 리스트
    CandNum += xUpdateCandList( uiMode, cost, numModesForFullRD,
            uiRdModeList, CandCostList ); // numModesForFullRD는 후보 모드 군의 수
  }
 ... (중략) ...
}
```

고속 예측 모드 결정 방법으로 후보 모드 군을 결정하면 후보 모드 군이 최적의 예측 모드를 갖는 확률을 높이기 위해 최고 확률 모드를 추가한다. 여기서 최고 확률 모드에 대해 알아보자. HEVC는 화면의 예측 방향성을 표시하는 데 소모되는 비트량을 감소시키기 위해 주변 블록을 이용해 방향성을 예측하는 방법을 사용한다.

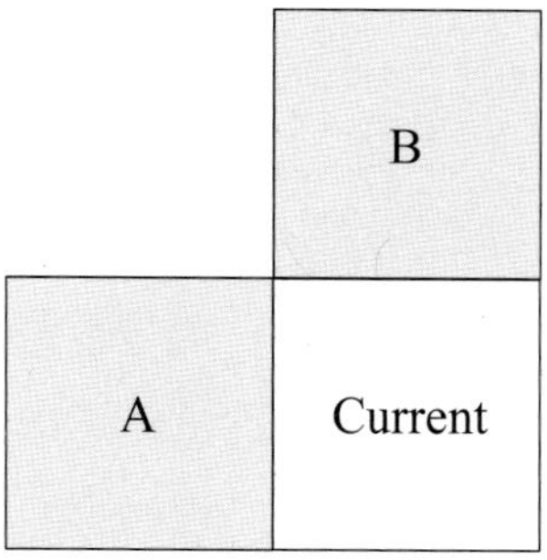

〈그림 4-12〉 현재 블록과 그 주변 블록

〈그림 4-12〉에서 현재 부호화하려는 블록은 주변 블록인 A와 B라 할 때, 현재 블록의 모드는 A와 B의 모드를 이용해 예측하는데, 이렇게 예측한 모드 정보를 최고 확률 모드(Most Probable Mode, MPM)이라고 한다. H.264/AVC에서 한 개의 최고 확률 모드를 계산한 것과 달리, HEVC에서는 총 세 개의 최고 확률 모드를 사용한다.

〈그림 4-13〉은 세 개의 최고 확률 모드가 어떻게 정해지는 지를 보여 준다. 〈그림 4-13〉의 각 부분에 대한 설명은 다음과 같다.

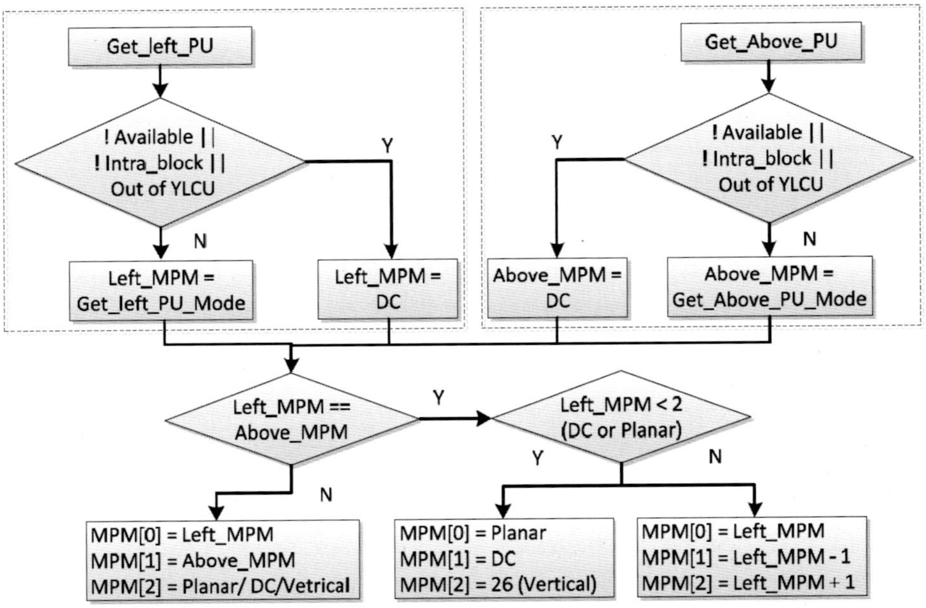

〈그림 4-13〉 최고 확률 모드 (MPM) 계산

① 좌측 블록이 존재하고 이 블록이 화면내 블록이면 좌측 블록의 모드를 Left_MPM으로 지정하고, 그렇지 않으면 Left_MPM을 DC 모드로 설정한다.

② 상단 블록이 존재하고 이 블록이 화면내 블록이면 상단 블록의 모드를 Above_MPM으로 지정하고, 그렇지 않으면 Above_MPM을 DC 모드로 설정한다.

③ 위에서 구한 Left_MPM과 Above_MPM이 동일하면, 이 모드가 DC 또는 Planar 모드인지 확인한다. 동일하지 않으면, Left_MPM을 MPM[0]으로, Above_MPM을 MPM[1]로, Planar, DC, Vertical 모드 중 사용되지 않은 모드를 MPM[2]로 결정한다. 즉, 만약 MPM[0]과 MPM[1]이 Planar 모드가 아니면 MPM[2]는 Planar 모드이고, MPM[0]과 MPM[1] 중 하나가 Planar 모드이면, MPM[2]는 DC 모드, MPM[0]과 MPM[1]이 Planar와 DC 모드이면, MPM[2]는 Vertical 모드가 된다.

④ Left_MPM과 Above_MPM이 동일하고, 이 모드가 DC 또는 Planar 모드이면, MPM[0]은 Planar, MPM[1]은 DC, MPM[2]는 Vertical로 결정한다.

⑤ Left_MPM과 Above_MPM이 동일하고, 이 모드가 DC 또는 Planar 모드가 아니면, MPM[1]은 Left_MPM - 1의 모드 번호를 가지는 모드를, MPM[2]는 Left_MPM + 1의 모드 번호를 가지는 모드로 결정한다.

다음은 estIntraPredQT() 함수에서 getIntraDirLumaPredictor() 함수로 최고 확률 모드를 구하고, 이를 후보 모드군에 추가하는 부분을 보여준다.

```
Void
TEncSearch::estIntraPredQT( TComDataCU* pcCU,
TComYuv*     pcOrgYuv,
TComYuv*     pcPredYuv,
TComYuv*     pcResiYuv,
TComYuv*     pcRecoYuv,
UInt&        ruiDistC,
Bool         bLumaOnly )
{
  ... (중략) ...
  Int uiPreds[3] = {-1, -1, -1};
  Int iMode = -1;
  // MPM 정보 받아옴, uiPreds[]는 MPM 정보
  Int numCand = pcCU->getIntraDirLumaPredictor( uiPartOffset, uiPreds, &iMode );
  if( iMode >= 0 )
  {
     numCand = iMode;
  }

  for( Int j=0; j < numCand j++) // MPM 수만큼 루프
  {
     Bool mostProbableModeIncluded = false;
     Int mostProbableMode = uiPreds[j];

     // 기존 후보 모드 군과 MPM 중복 여부 검사
     for( Int i=0; i < numModesForFullRD i++)
     {
        mostProbableModeIncluded |= (mostProbableMode == uiRdModeList[i]);
     }
     // FullRDO를 수행할 후보 모드 군에 MPM 추가
     if (!mostProbableModeIncluded)
     {
        uiRdModeList[numModesForFullRD++] = mostProbableMode
     }
  }
  ... (중략) ...
}
```

다음은 getIntraDirLumaPredictor() 함수에서 실제로 최고 확률 모드를 구하는 소스 코드를 보여준다. 〈그림 4-13〉과 함께 살펴보면, 쉽게 분석할 수 있다. 여기서 iAboveIntraDir과 iLeftIntraDir은 각각 상단 및 좌측 PU의 예측 모드, uiIntraDirPred[]는 최고 확률 모드가 저장되는 배열, uiPredNum은 최고 확률 모드의 수를 의미한다.

```
Int TComDataCU::getIntraDirLumaPredictor( UInt uiAbsPartIdx, Int* uiIntraDirPred,
Int* piMode  )
{
  TComDataCU* pcTempCU;
  UInt        uiTempPartIdx;
  Int         iLeftIntraDir, iAboveIntraDir;
  Int         uiPredNum = 0;

  // 좌측 PU의 화면내 예측 모드 얻음
  iLeftIntraDir  = pcTempCU ? ( pcTempCU->isIntra( uiTempPartIdx ) ?
      pcTempCU->getLumaIntraDir( uiTempPartIdx ) : DC_IDX ) : DC_IDX;

  // 상단 PU의 화면내 예측 모드 얻음
#if DEPENDENT_SLICES
  pcTempCU = getPUAbove( uiTempPartIdx, m_uiAbsIdxInLCU + uiAbsPartIdx, true,
      bDepSliceRestriction, false, true );
#else
  pcTempCU = getPUAbove( uiTempPartIdx, m_uiAbsIdxInLCU + uiAbsPartIdx, true,
      true, false, true );
#endif

  iAboveIntraDir = pcTempCU ? ( pcTempCU->isIntra( uiTempPartIdx ) ?
      pcTempCU->getLumaIntraDir( uiTempPartIdx ) : DC_IDX ) : DC_IDX;

  uiPredNum = 3;
  if(iLeftIntraDir == iAboveIntraDir)
  { // 〈그림 4-14〉의 "Left_MPM = Above_MPM"에서 "Y" 선택
    if( piMode )
    {
      *piMode = 1;
    }

    if (iLeftIntraDir > 1) // 〈그림 4-14〉의 "Left_MPM < 2"에서 "N" 선택
    {
      uiIntraDirPred[0] = iLeftIntraDir;
      uiIntraDirPred[1] = ((iLeftIntraDir + 29) % 32) + 2;
```

```
      uiIntraDirPred[2] = ((iLeftIntraDir - 1 ) % 32) + 2;
    }
    else // <그림 4-14>의 "Left_MPM < 2"에서 "Y" 선택
    {
      uiIntraDirPred[0] = PLANAR_IDX;
      uiIntraDirPred[1] = DC_IDX;
      uiIntraDirPred[2] = VER_IDX;
    }
  }
  else // <그림 4-14>의 "Left_MPM = Above_MPM"에서 "N" 선택
  {
    if( piMode )
    {
      *piMode = 2;
    }
    uiIntraDirPred[0] = iLeftIntraDir;
    uiIntraDirPred[1] = iAboveIntraDir;

    if (iLeftIntraDir && iAboveIntraDir )
  // 상단 및 좌측 PU의 모드가 모두 Planar 모드가 아닌 경우
    {
      uiIntraDirPred[2] = PLANAR_IDX; // Planar 선택 (우선 순위 1)
    }
    else // 상단 및 좌측 PU의 모드 중 하나가 Planar 모드인 경우
    {
      uiIntraDirPred[2] =  (iLeftIntraDir+iAboveIntraDir)<2? VER_IDX : DC_IDX;
    } // DC, Vertical 순으로 선택
  }

  return uiPredNum; // MPM 개수 반환
}
```

다음 과정은 TU를 결정하는 과정이다. TU는 CU의 크기보다 같거나 작은 크기인 TU가 선택될 수 있다 (그 결과, 화면내 예측에서는 항상 TU의 크기가 PU의 크기보다 작다). 즉, 8×8 CU가 아닌 경우, PU는 항상 CU와 크기가 동일하므로 PU의 크기가 바로 결정될지라도 최적의 TU 크기 결정을 위한 RQT (residual quad-tree) 과정을 수행해야 한다. 최적의 TU 결정은 xRecurIntraCodingQT() 함수에서 이뤄진다. xRecurIntraCodingQT() 함수의 위치는 <그림 4-14>에서 확인할 수 있다. 최적의 CU 크기 결정 과정과 마찬가지로, xRecurIntra CodingQT() 함수는 현재 연산하는 TU의 율-왜곡 비용값을 구하는 부분, xRecurIntra

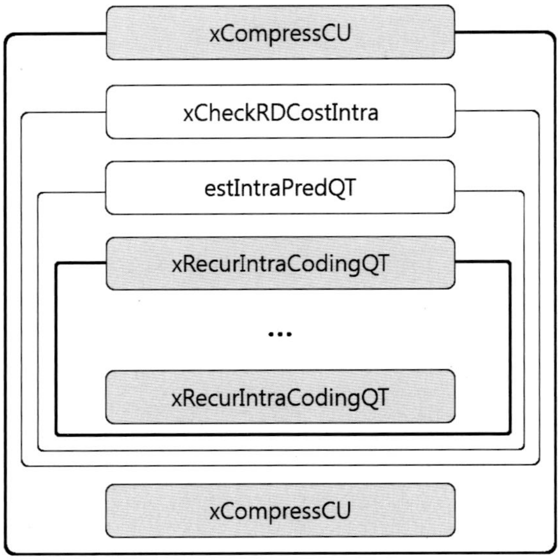

〈그림 4-14〉 화면내 부호화 함수 구조

CodingQT() 함수를 재귀적으로 호출해 DFS 기반 TU 분할을 구현한 부분, TU의 분할 여부를 결정하기 위해 분할하지 않은 TU와 분할한 TU의 비용값을 비교해 TU 분할 여부를 결정하는 부분으로 구성되어 있다.

```
Void
TEncSearch::xRecurIntraCodingQT( TComDataCU*  pcCU, UInt uiTrDepth,
    UInt uiAbsPartIdx, Bool bLumaOnly, TComYuv* pcOrgYuv,
    TComYuv* pcPredYuv, TComYuv* pcResiYuv, UInt& ruiDistY, UInt&ruiDistC,
    #if HHI_RQT_INTRA_SPEEDUP
                                Bool        bCheckFirst,
#endif
                                Double&     dRDCost )
{
  if( bCheckFull ) // 분할하지 않은 TU에 대한 연산
  {  // 왜곡을 구하는 부분, xIntraCodingLumaBlk() 함수는 예측 수행 함수인
       predIntraCodingLumaBlk() 함수와 원 영상의 값에서 예측값을 빼 잔여값을 얻고
       이를 변환, 양자화, 역양자화, 역변환해 복원 영상을 얻는 부분으로 구성되어 있음
     xIntraCodingLumaBlk( pcCU, uiTrDepth, uiAbsPartIdx, pcOrgYuv, pcPredYuv,
         pcResiYuv, singleDistYTmp,default0Save1Load2);
     // 비트율을 구하는 부분
     UInt uiSingleBits = xGetIntraBitsQT( pcCU, uiTrDepth, uiAbsPartIdx, true,
         !bLumaOnly, false );
```

```
    // 왜곡과 비트율로 비용값을 계산하는 부분
    singleCostTmp = m_pcRdCost->calcRdCost( uiSingleBits, singleDistYTmp +
        singleDistCTmp );
  }
  if( bCheckSplit ) // 분할한 TU에 대한 연산
  {
    for( UInt uiPart = 0; uiPart < 4; uiPart++, uiAbsPartIdxSub += uiQPartsDiv )
    { // 총 4개의 TU로 분할
      xRecurIntraCodingQT( pcCU, uiTrDepth + 1, uiAbsPartIdxSub, bLumaOnly,
          pcOrgYuv, pcPredYuv, pcResiYuv, uiSplitDistY, uiSplitDistC,
          bCheckFirst, dSplitCost ); // TU에 대한 재귀적 함수 호출
    }
  }
 ... (중략) ... // 분할하지 않은 TU와 분할한 TU의 율-왜곡 비용값 비교하는 부분
}
```

4.1.3 화면내 예측을 위한 참조 화소

앞에서 설명한 바와 같이 HEVC 화면내 예측에서는 주변의 이미 부호화되고 복호화 된 화소를 참조 화소로 이용해 예측을 수행한다. HEVC에서는 H.264/AVC보다 좀더 많은 수의 참조 화소를 이용한다. 현재 TU의 크기가 N×N인 경우, <그림 4-15>와 같이 좌측의 2N개의 참조 화소($R_{0,1}$~$R_{0,2N}$)와 상단의 2N개의 참조 화소($R_{1,0}$~$R_{2N,0}$), 그리고 좌상단의 1개의 화소($R_{0,0}$), 총 4N+1개의 화소가 참조 화소로 이용된다. 이러한 참조 화소가 항상 존재하는 것은 아니기 때문에 예측 전에 참조 화소 존재 유무를 판단하고, 참조 화소가 존재하지 않는 부분에 대해서는 중간값 채움 또는 패딩 (padding) 작업을 거친다.

<그림 4-15>에서 보인 위치의 참조 화소가 모두 존재하지 않을 경우 (TU가 화면의 경계 또는 슬라이스의 경계에 위치할 경우)에는 표현 가능한 레벨값의 중간값으로 모든 참조 화소를 채운다. 예를 들어, 화소당 8비트를 사용하는 경우, 0~255까지의 총 256레벨이 존재한다. 이 때의 중간값은 128이므로 참조 화소가 존재하지 않을 경우, 128을 예측을 위한 참조 화소값으로 사용한다.

참조 화소의 일부가 존재하지 않을 경우에는 패딩을 수행한다. 패딩은 쉽게 말해 주변의 존재하는 값으로 존재하지 않는 화소의 값을 예측해 채우는 기술인데, HEVC에서는 존재

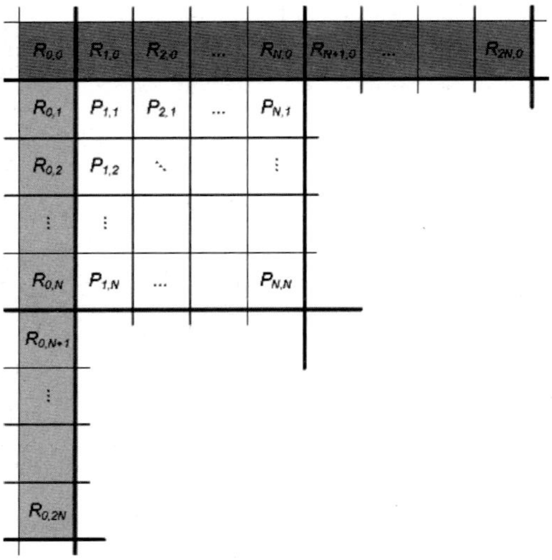

〈그림 4-15〉 화면내 예측에서 사용하는 참조 화소 [24]

하지 않는 참조 화소 위치와 가장 가까운 화소의 값으로 참조화소 값을 채운다.

HEVC에서는 참조 화소의 정확도를 높이기 위해 참조 화소의 값을 그대로 사용하지 않고, 참조 화소에 평활화 필터를 취한 후, 그 결과값을 예측에 이용한다. 참조 화소들은 이미 부호화되고 복호화된 화소들이므로 부호화로 인한 양자화 오차 (quantization error)를 포함하고 있다. 참조 화소의 오차로 인한 오류 전파를 막기 위해 평활화 (smoothing) 필터를 이용해 양자화 오차를 감소시킨 후, 이를 다음 TU의 예측에 사용한다.

필터링은 현재 예측 모드가 Intra_DC 모드이거나 현재 TU의 크기가 4인 경우에는 수행되지 않고, 그렇지 않은 경우 또 한 번의 필터링 수행 여부 판단을 거친다. 먼저, 식 (4-23)과 같이 현재 모드(*modeNum*)와 Vertical 모드 (모드 번호: 26), 현재 모드와 Horizontal 모드 (모드 번호: 10)의 거리를 계산하고 그 중 작은 값을 취해 *minDistVerHor*을 계산한다.

$$minDistVerHor = \min(|modeNum - 26|, |modeNum - 10|) \tag{4-23}$$

이렇게 계산된 *minDistVerHor*이 TU 크기 별로 정의된 문턱값 *intraHorVerDistThres*보다 큰 경우(*minDistVerHor* 〉 *intraHorVerDistThres*)에만 필터링을 취한다. 표준에 정의된 문턱값은 〈표 4-4〉와 같다.

<표 4-4> 다양한 TU 크기에 대한 *intraHorVerDistThres*

	8×8 TU	16×16 TU	32×32 TU
intraHorVerDistThres	7	1	0

필터링 수행이 결정되었다면, 필터의 종류를 선택해야 한다. 필터의 종류에는 강한 필터와 약한 필터가 있는데, 아래의 네 가지 조건을 모두 만족하는 경우 강한 필터가 수행되고 그렇지 않으면 약한 필터가 수행된다.

- SPS (sequence parameter set)에 포함된 *strong_intra_smoothing_enabled_flag*의 값이 1
- 32×32 TU
- $|p[-1][-1]+p[63][-1]+p[31][-1]| < 2^{(BitDepth_Y-5)}$
- $|p[-1][-1]+p[-1][63]+p[-1][31]| < 2^{(BitDepth_Y-5)}$

SPS에서 강한 필터링 사용 정보를 전송하는 경우, 현재 32×32 TU 좌상단에 위치한 p[-1][-1] 화소와 현재 TU 우상단 참조 화소 중 최우측 화소를 더한 값에 현재 TU의 상단 참조 화소 중 최우측 화소의 두 배를 뺀 절대값이 일정값보다 작은 경우에만 강한 필터링을 수행한다. 즉, 참조 화소 그룹의 양쪽 끝 화소값과 중간에 위치한 화소값과 차이가 정해진 값보다 크지 않을 경우에는 영상의 경계 정보가 아니라 양자화 오류로 인한 왜곡일 가능성이 크므로 필터링을 수행하는 것이다.

강한 필터링이 수행되는 경우, 필터링 수식은 다음과 같다. 수식을 통해 강한 필터링에서 이중선형 필터링 (bilinear filtering)를 사용하는 것을 알 수 있다. 여기서, $p[x][y]$는 참조 화소를, $pF[x][y]$는 필터링 된 참조 화소를 의미한다. 또한, 강한 필터링에서는 $p[-1][-1]$ 화소, $p[-1][63]$ 화소, $p[63][-1]$ 화소는 필터링 되지 않음을 알 수 있다.

- $pF[-1][-1]=p[-1][-1]$
- y = 0~62에 대해 $pF[-1][y]=((63-y)\times p[-1][-1]+(y+1)\times p[-1][63]+32) \gg 6$
- $pF[-1][63]=p[-1][63]$
- x = 0~62에 대해 $pF[x][-1]=((63-x)\times p[-1][-1]+(x+1)\times p[63][-1]+32) \gg 6$

- $pF[63][-1] = p[63][-1]$

약한 필터링이 수행되는 경우, 필터링 수식은 다음과 같다. 여기서 nTbS는 현재 TU의 크기를 의미한다. 예를 들어, 4×4 TU의 경우 nTbS의 값은 4이다. 수식에서 살펴볼 수 있듯이 필터 계수가 {1/4, 2/4, 1/4}인 약한 강도의 저역통과필터 (low pass filter, LPF)가 적용되는 것을 확인할 수 있다.

- $pF[-1][-1] = (p[-1][0] + 2 \times p[-1][-1] + p[0][-1] + 2) \gg 2$
- y = 0~(2 · nTbS-2)에 대해
  $pF[-1][y] = (p[-1][y+1] + 2 \times p[-1][y] + p[-1][y-1] + 2) \gg 2$
- $pF[-1][2 \times nTbS - 1] = p[-1][2 \times nTbS - 1]$
- x = 0~(2 · nTbS-2)에 대해
  $pF[x][-1] = (p[x-1][-1] + 2 \times p[x][-1] + p[x+1][-1] + 2) \gg 2$
- $pF[2 \times nTbS - 1][-1] = p[2 \times nTbS - 1][-1]$

4.1.4 화면내 예측 모드 정보 부호화

화면내 예측 모드 정보 전송을 위해서는 prev_intra_pred_flag, mpm_idx, rem_intra_pred_mode 총 세 개의 구문 요소가 부호화된다. 만약 현재 블록의 실제 모드가 최고 확률 모드 후보 중 하나와 동일하면 prev_intra_pred_flag는 1이 되고, MPM[0]이면 mpm_idx는 0, MPM[1]이면 mpm_idx는 1, MPM[2]이면 mpm_idx는 2가 된다. mpm_idx를 부호화하기 위한 이진 코드는 〈표 4-5〉와 같다.

〈표 4-5〉 mpm_idx를 위한 이진 코드워드

mpm_idx	이진 코드워드
0	1
1	00
2	01

현재 블록의 모드가 최고 확률 모드 중 하나가 아니면 prev_intra_pred_flag는 0이 되고, rem_intra_pred_mode를 이용해 실제 모드 정보를 부호화한다. 최고 확률 모드를 제외한 모드들에 순서대로 0에서 31이라는 rem_intra_pred_mode값을 할당해 부호화한다. 예를 들어, 세 개의 최고 확률 모드가 0, 2, 4이고 실제 모드가 3이면, rem_intra_pred_mode는 1이 된다. 최고 확률 모드 후보인 세 개의 모드를 제외하면 총 32개의 화면내 모드가 남기 때문에 〈표 4-6〉과 같이 총 5비트의 고정길이부호 (fixed length code)로 총 2^5=32개의 남은 모드를 표현할 수 있다.

〈표 4-6〉 rem_intra_pred_mode를 위한 이진 코드워드

rem_intra_pred_mode	이진 코드워드
0	00000
1	00001
2	00010
…	…
31	11111

4.1.5 색차 블록을 위한 화면내 예측 모드

색차 블록을 화면내 예측하기 위해 intra_chroma_pred_mode가 전송된다. 색차 블록의 예측 모드는 휘도 블록의 예측 모드에 따라 결정된다. 색차 블록에서는 Planar (0), DC (1), Vertical (26), Horizontal (10), 휘도 블록의 예측 모드인 Direct 모드, 이렇게 최대 다섯 개의 모드를 사용할 수 있다. 만약 휘도 블록의 예측 모드가 Planar, DC, Vertical, Horizontal 중 하나일 경우에는 Right down (34) 모드를 사용할 수 있다. 〈표 4-7〉에서 휘도 블록의 예측 모드에 따라 색차 블록의 예측 모드에 모드 번호가 할당되는 법칙을 보여준다.

〈표 4-7〉 휘도 블록의 예측 모드에 따른 색차 블록 예측 모드 번호 할당 방법

intra_chroma_pred_mode	휘도 블록의 화면내 예측 모드				
	0	26	10	1	X (0≤X〈35)
0	34	0	0	0	0
1	26	34	26	26	26
2	10	10	34	10	10
3	1	1	1	34	1
4	0	26	10	1	X

〈표 4-7〉에서 볼 수 있듯이, 색차 블록의 예측 모드가 4인 경우 Direct 모드로 휘도 블록의 화면내 예측 모드가 색차 블록에서 그대로 사용된다. 다음은 색차 블록을 위한 화면내 예측을 수행하는 predIntraChromaAng() 함수를 보여준다. xPredIntraPlanar() 함수와 xPredIntraAng() 함수는 휘도 블록의 경우와 동일하므로 자세한 설명은 생략한다.

```
Void TComPrediction::predIntraChromaAng( TComPattern* pcTComPattern, Int* piSrc,
UInt uiDirMode, Pel* piPred, UInt uiStride, Int iWidth, Int iHeight, TComDataCU*
pcCU, Bool bAbove, Bool bLeft )
{
  Pel *pDst = piPred;
  Int *ptrSrc = piSrc;

  // 현재 블록의 첫 화소 위치
  Int sw = 2 * iWidth + 1;

  if ( uiDirMode == PLANAR_IDX )
  {
    xPredIntraPlanar( ptrSrc+sw+1, sw, pDst, uiStride, iWidth, iHeight );
    // Planar 예측
  }
  else
  {
    // 방향성 예측값 생성
    xPredIntraAng( ptrSrc+sw+1, sw, pDst, uiStride, iWidth, iHeight, uiDirMode,
        bAbove, bLeft, false );
  }
```

4.2 화면간 예측

HEVC를 비롯한 대부분의 동영상 압축 표준에서는 영상 프레임을 분할한 후, 이전에 부호화된 프레임으로부터 움직임을 추정해 현재 블록을 예측하는 화면간 예측을 사용한다. 화면간 예측 블록의 단위를 작게 할수록 보다 정확한 예측을 할 수 있지만, 예측 블록마다 정해진 구문 요소 (또는 헤더 데이터)를 부호화해야 하기 때문에 이에 대한 비트수가 증가하게 된다. 그 결과, 여러 가지의 예측 블록 크기 중 최적의 크기를 사용하는 방법이 도입되었다.

4.2.1 예측 보간 신호의 생성

움직임 예측을 위해 사용되는 정수화소 이하의 화소정밀도 신호는 참조 프레임의 화소값들간의 보간을 통해 생성한다. HEVC에서는 정화소 (integer pixel)들로 1/2 단위 화소와 1/4 단위 화소를 생성하기 위해 DCT 기반 보간 필터 (discrete cosine transform-based interpolation filter, DCT-IF)를 사용한다. 이 필터는 화소의 개수에 상관없이 필터 계수를 생성할 수 있는 특성을 갖고 있어, 좀 더 정밀한 정확도를 요구하는 보간으로 확장 역시 용이하다.

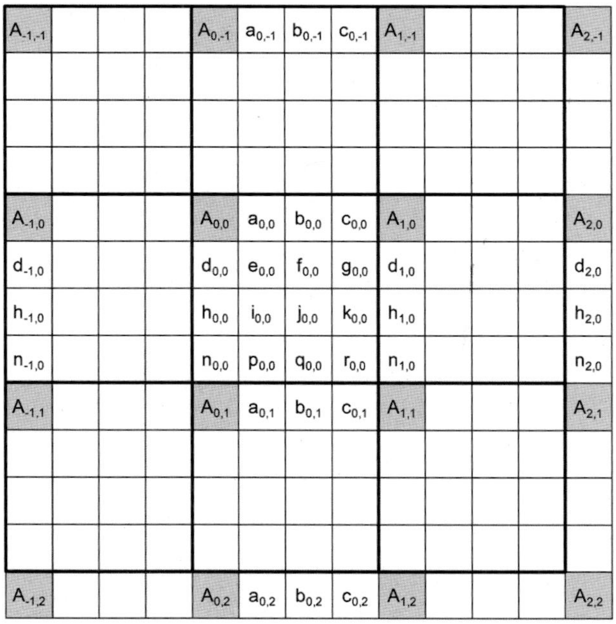

〈그림 4-16〉 정화소와 보간해야 할 부화소

〈그림 4-16〉에서 대문자 $A_{i,j}$는 정화소들이고, 소문자로 표시된 화소들은 부화소들이다 [25]. 부화소들 중, b, h, j 등은 1/2 단위 화소이고, a, c, d 등은 1/4 단위 화소이다. a, b, c와 d, h, l은 1차원 보간 필터를 이용해 보간되며, 그 외의 부화소들은 2차원 보간 필터를 이용해 보간된다. 여기서 2차원 보간 필터는 세로 방향 1차원 보간 필터를 사용해 나온 보간값들에 다시 가로 방향 1차원 보간 필터를 사용하는 방식이다.

아래 예를 통해 DCT 기반 보간 필터의 동작을 자세히 알아보자. 〈그림 4-17〉은 보간 동작을 살펴보기 위해 〈그림 4-16〉의 일부를 가져온 것이다. 여기에서 $x(0)$, $x(1)$, $x(2)$, $x(3)$, $x(4)$, $x(5)$, $x(6)$, v은 정화소이고, b는 보간을 통해 생성하려고 하는 부화소이다.

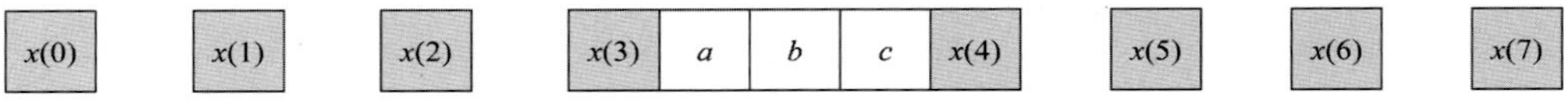

〈그림 4-17〉 부화소 b와 보간에 사용되는 주변 정화소

1/2 화소 위치인 b를 보간할 경우, 식 (4-24)와 같이 표현할 수 있다. 여기서 c_0 ~ c_7은 보간 필터 계수들이다.

$$b = c_0 \times x(0) + c_1 \times x(1) + c_2 \times x(2) + c_3 \times x(3) + c_4 \times x(4) + c_5 \times x(5) + c_6 \times x(6) + c_7 \times x(7) \tag{4-24}$$

각 보간 필터 계수들은 DCT (discrete cosine transform)와 IDCT (inverse discrete cosine transform)을 통해 유도된다. 입력 데이터 $x(n), 0 \le n \le N-1$에 대해 1차원 DCT와 IDCT는 각각 식 (4-25)와 식 (4-26)으로 정의된다.

$$y(k) = \alpha(k) \sum_{n=0}^{N-1} x(n) \cos\left(\frac{(2n+1)k\pi}{2N}\right), 0 \le k \le N-1 \tag{4-25}$$

$$x(n) = \sum_{k=0}^{N-1} \alpha(k) y(k) \cos\left(\frac{(2n+1)k\pi}{2N}\right), 0 \le n \le N-1 \tag{4-26}$$

$$\alpha(0) = \frac{1}{\sqrt{N}},\ \alpha(k) = \sqrt{\frac{2}{N}} \tag{4-27}$$

보간 필터 계수 유도를 위해 식 (4-26)의 IDCT를 다시 한 번 정리하면 식 (4-28)과 같이 정리된다.

$$x(n)=\alpha(0)y(0)\cos\left(\frac{(2n+1)\cdot 0\cdot\pi}{2N}\right)+\alpha(1)y(1)\cos\left(\frac{(2n+1)\cdot 1\cdot\pi}{2N}\right)+\cdots+\alpha(N-1)y(N-1)\cos\left(\frac{(2n+1)\cdot(N-1)\cdot\pi}{2N}\right) \quad (4\text{-}28)$$

식 (4-28)의 $y(0)\sim y(N-1)$에 식 (4-25)를 대입하면 다음과 같이 정리된다.

$$\begin{aligned}x(n)=\ &\alpha^2(0)\left[x(0)\cos\left(\frac{(2\cdot 0+1)\cdot 0\pi}{2N}\right)+\cdots\right.\\&\left.+x(N-1)\cos\left(\frac{(2\cdot(N-1)+1)\cdot 0\pi}{2N}\right)\right]\cos\left(\frac{(2n+1)\cdot 0\pi}{2N}\right)\\&+\alpha^2(1)\left[x(0)\cos\left(\frac{(2\cdot 0+1)\cdot 1\pi}{2N}\right)+\cdots\right.\\&\left.+x(N-1)\cos\left(\frac{(2\cdot(N-1)+1)\cdot 1\pi}{2N}\right)\right]\cos\left(\frac{(2n+1)\cdot 1\pi}{2N}\right)\\&+\cdots\\&+\alpha^2(N-1)[x(0)\cos\left(\frac{(2\cdot 0+1)\cdot(N-1)\pi}{2N}\right)+\cdots\\&+x(N-1)\cos\left(\frac{(2(N-1)+1)(N-1)\pi}{2N}\right)\Bigg]\cos\left(\frac{(2n+1)\cdot(N-1)\pi}{2N}\right)\end{aligned} \quad (4\text{-}29)$$

식 (4-29)를 $x(n)$을 중심으로 정리하면 식 (4-30)과 같으며, 실수 값을 대입하기 위해 정수 n을 실수 m으로 교체하면 식 (4-31)이 된다.

$$\begin{aligned}x(n)=\ &x(0)\left[\alpha^2(0)\cos\left(\frac{(2\cdot 0+1)\cdot 0\pi}{2N}\right)\cos\left(\frac{(2n+1)\cdot 0\pi}{2N}\right)\right.\\&+\alpha^2(1)\cos\left(\frac{(2\cdot 0+1)\cdot 1\pi}{2N}\right)\cos\left(\frac{(2n+1)\cdot 1\pi}{2N}\right)+\cdots\\&\left.+\alpha^2(N-1)\cos\left(\frac{(2\cdot 0+1)\cdot(N-1)\pi}{2N}\right)\cos\left(\frac{(2n+1)(N-1)\pi}{2N}\right)\right]\\&+x(1)\left[\alpha^2(0)\cos\left(\frac{(2\cdot 1+1)\cdot 0\pi}{2N}\right)\cos\left(\frac{(2n+1)\cdot 0\pi}{2N}\right)+\right.\\&+\alpha^2(1)\cos\left(\frac{(2\cdot 1+1)\cdot 1\pi}{2N}\right)\cos\left(\frac{(2n+1)\cdot 1\pi}{2N}\right)+\cdots\end{aligned} \quad (4\text{-}30)$$

$$+\alpha^2(N-1)\cos\left(\frac{(2\cdot 1+1)\cdot(N-1)\pi}{2N}\right)\cos\left(\frac{(2n+1)\cdot(N-1)\pi}{2N}\right)\Bigg]$$

$$+x(N-1)\left[\alpha^2(0)\cos\left(\frac{(2\cdot(N-1)+1)\cdot 0\pi}{2N}\right)\cos\left(\frac{(2n+1)\cdot 0\pi}{2N}\right)+\right.$$

$$+\alpha^2(1)\cos\left(\frac{(2\cdot(N-1)+1)\cdot 1\pi}{2N}\right)\cos\left(\frac{(2n+1)\cdot 1\pi}{2N}\right)+\cdots$$

$$\left.+\alpha^2(N-1)\cos\left(\frac{(2\cdot(N-1)+1)\cdot(N-1)\pi}{2N}\right)\cos\left(\frac{(2n+1)\cdot(N-1)\pi}{2N}\right)\right]$$

$$=x(0)c_0(n)+x(1)c_1(n)+\cdots+x(N-1)c_{N-1}(n)$$

$$x(m)=x(0)c_0(m)+x(1)c_1(m)+\cdots+x(N-1)c_{N-1}(m) \tag{4-31}$$

$$c_0(m)=\alpha^2(0)\cos\left(\frac{(2\cdot 0+1)\cdot 0\pi}{2N}\right)\cos\left(\frac{(2m+1)\cdot 0\pi}{2N}\right) \tag{4-32}$$

$$+\alpha^2(1)\cos\left(\frac{(2\cdot 0+1)\cdot 1\pi}{2N}\right)\cos\left(\frac{(2m+1)\cdot 1\pi}{2N}\right)+\cdots$$

$$+\alpha^2(N-1)\cos\left(\frac{(2\cdot 0+1)\cdot(N-1)\pi}{2N}\right)\cos\left(\frac{(2m+1)(N-1)\pi}{2N}\right)$$

$$c_1(m)=\alpha^2(0)\cos\left(\frac{(2\cdot 1+1)\cdot 0\pi}{2N}\right)\cos\left(\frac{(2m+1)\cdot 0\pi}{2N}\right)+$$

$$+\alpha^2(1)\cos\left(\frac{(2\cdot 1+1)\cdot 1\pi}{2N}\right)\cos\left(\frac{(2m+1)\cdot 1\pi}{2N}\right)+\cdots$$

$$+\alpha^2(N-1)\cos\left(\frac{(2\cdot 1+1)\cdot(N-1)\pi}{2N}\right)\cos\left(\frac{(2m+1)\cdot(N-1)\pi}{2N}\right)$$

$$\vdots$$

$$c_{N-1}(m)=\alpha^2(0)\cos\left(\frac{(2\cdot(N-1)+1)\cdot 0\pi}{2N}\right)\cos\left(\frac{(2m+1)\cdot 0\pi}{2N}\right)+$$

$$+\alpha^2(1)\cos\left(\frac{(2\cdot(N-1)+1)\cdot 1\pi}{2N}\right)\cos\left(\frac{(2m+1)\cdot 1\pi}{2N}\right)+\cdots$$

$$+\alpha^2(N-1)\cos\left(\frac{(2\cdot(N-1)+1)\cdot(N-1)\pi}{2N}\right)\cos\left(\frac{(2m+1)\cdot(N-1)\pi}{2N}\right)$$

$$\alpha(0)=\frac{1}{\sqrt{N}},\ \alpha(k)=\sqrt{\frac{2}{N}} \tag{4-33}$$

$$c_x(m)=\sum_{u=0}^{N-1}\alpha^2(u)\cos\left(\frac{(2x+1)\cdot u\pi}{2N}\right)\cos\left(\frac{(2m+1)\cdot u\pi}{2N}\right) \tag{4-34}$$

〈그림 4-17〉의 b 위치의 1/2 부화소 보간 필터 계수를 유도해보자. b 위치의 1/2 부화소 보간 필터 계수를 유도하기 위해서는 좌측 4탭($x(0)$, $x(1)$, $x(2)$, $x(3)$)과 오른쪽 4탭($x(4)$, $x(5)$, $x(6)$, $x(7)$)이 이용된다. 따라서 N은 8이 된다. 또한, x(0)부터 x(7)까지의 위치를 고려하면, b의 위치는 7/2이 된다. 따라서 각 $c_0(m)$~$c_{N-1}(m)$의 m에 7/2를 대입하면 필터 계수를 유도할 수 있다.

〈표 4-8〉 휘도 블록을 위한 보간 필터 계수

부화소 위치	필터 계수
1/4	{−1, 4, −10, 58, 17, −5, 1, 0}
1/2	{−1, 4, −11, 40, 40, −11, 4, −1}
3/4	{1, −5, 17, 58, −10, 4, −1}

또한 1/4 부화소와 3/4 부화소 보간을 위해 식 (4-34)를 바탕으로 위상 변위 (phase shift)를 이용해 유도한 7탭 필터를 사용한다 [26]. 이러한 방식으로 휘도와 색차 블록에 대해 유도된 보간 필터 계수들이 〈표 4-8〉과 〈표 4-9〉에 나타나 있다.

〈표 4-9〉 색차 블록을 위한 보간 필터 계수

α	필터 계수
1/8	{−2, 58, 10, −2}
2/8	{−4, 54, 16, 2}
3/8	{−6, 46, 28, −4}
4/8	{−4, 36, 36, −4}
5/8	{−4, 28, 46, −6}
6/8	{−2, 16, 54, −4}
7/8	{−2, 10, 58, −2}

다음은 보간을 수행하는 xPatternSearchFracDIF() 함수를 보여 준다. xPatternSearchFracDIF() 함수는 xMotionEstimation() 함수 내에서 호출된다.

```
Void TEncSearch::xPatternSearchFracDIF(TComDataCU* pcCU,
                                       TComPattern* pcPatternKey,
                                       Pel* piRefY,
                                       Int iRefStride,
                                       TComMv* pcMvInt,
                                       TComMv& rcMvHalf,
                                       TComMv& rcMvQter,
                                       UInt& ruiCost
                                       ,Bool biPred
                                       )
{
  //  참조 패턴 초기화 (정화소)
  TComPattern cPatternRoi;
  Int         iOffset    = pcMvInt->getHor() + pcMvInt->getVer() * iRefStride;
  cPatternRoi.initPattern( piRefY +  iOffset, NULL, NULL,
                           pcPatternKey->getROIYWidth(),
                           pcPatternKey->getROIYHeight(), iRefStride, 0, 0, 0, 0 );

  // 1/2 부화소 보간 수행
  xExtDIFUpSamplingH ( &cPatternRoi, biPred );

  rcMvHalf = *pcMvInt;   rcMvHalf <<= 1;  // for mv-cost
  TComMv baseRefMv(0, 0);
  ruiCost = xPatternRefinement( pcPatternKey, baseRefMv, 2, rcMvHalf   );

  m_pcRdCost->setCostScale( 0 );

  // 1/4 및 3/4 부화소 보간 수행
  xExtDIFUpSamplingQ ( &cPatternRoi, rcMvHalf, biPred );
  baseRefMv = rcMvHalf;
  baseRefMv <<= 1;

  rcMvQter = *pcMvInt;   rcMvQter <<= 1;    // for mv-cost
  rcMvQter += rcMvHalf;  rcMvQter <<= 1;
  ruiCost = xPatternRefinement( pcPatternKey, baseRefMv, 1, rcMvQter );
}
```

다음은 1/2 부화소 값을 채우는 함수를 보여 준다.

```
Void TEncSearch::xExtDIFUpSamplingH( TComPattern* pattern, Bool biPred )
{
  ...(중략)...
```

```
  Int filterSize = NTAPS_LUMA; // NTAPS_LUMA = 8
  Int halfFilterSize = (filterSize>>1);
  Pel *srcPtr = pattern->getROIY() - halfFilterSize*srcStride - 1;

  m_if.filterHorLuma(srcPtr, srcStride, m_filteredBlockTmp[0].getLumaAddr(),
      intStride, width+1, height+filterSize, 0, false);
  m_if.filterHorLuma(srcPtr, srcStride, m_filteredBlockTmp[2].getLumaAddr(),
      intStride, width+1, height+filterSize, 2, false);

  intPtr = m_filteredBlockTmp[0].getLumaAddr() + halfFilterSize * intStride + 1;
  dstPtr = m_filteredBlock[0][0].getLumaAddr();
  m_if.filterVerLuma(intPtr, intStride, dstPtr, dstStride, width+0, height+0, 0,
      false, true);

  intPtr = m_filteredBlockTmp[0].getLumaAddr() + (halfFilterSize-1) * intStride + 1;
  dstPtr = m_filteredBlock[2][0].getLumaAddr();
  m_if.filterVerLuma(intPtr, intStride, dstPtr, dstStride, width+0, height+1, 2,
      false, true);

  intPtr = m_filteredBlockTmp[2].getLumaAddr() + halfFilterSize * intStride;
  dstPtr = m_filteredBlock[0][2].getLumaAddr();
  m_if.filterVerLuma(intPtr, intStride, dstPtr, dstStride, width+1, height+0, 0,
      false, true);

  intPtr = m_filteredBlockTmp[2].getLumaAddr() + (halfFilterSize-1) * intStride;
  dstPtr = m_filteredBlock[2][2].getLumaAddr();
  m_if.filterVerLuma(intPtr, intStride, dstPtr, dstStride, width+1, height+1, 2,
      false, true);
}
```

다음은 1/4 부화소 및 3/4 부화소 값을 채우는 함수를 보여 준다.

```
Void TEncSearch::xExtDIFUpSamplingQ( TComPattern* pattern, TComMv halfPelRef,
Bool biPred )
{
  ...(중략)...
  Int filterSize = NTAPS_LUMA; // NTAPS_LUMA = 8
  Int halfFilterSize = (filterSize>>1);

  Int extHeight = (halfPelRef.getVer() == 0) ? height + filterSize : height +
      filterSize-1;
```

```
// 1/4 부화소를 위한 수평 방향 필터
srcPtr = pattern->getROIY() - halfFilterSize * srcStride - 1;
intPtr = m_filteredBlockTmp[1].getLumaAddr();
if (halfPelRef.getVer() > 0)
{
  srcPtr += srcStride;
}
if (halfPelRef.getHor() >= 0)
{
  srcPtr += 1;
}
m_if.filterHorLuma(srcPtr, srcStride, intPtr, intStride, width, extHeight, 1,
    false);

// 3/4 부화소를 위한 수평 방향 필터
srcPtr = pattern->getROIY() - halfFilterSize*srcStride - 1;
intPtr = m_filteredBlockTmp[3].getLumaAddr();
if (halfPelRef.getVer() > 0)
{
  srcPtr += srcStride;
}
if (halfPelRef.getHor() > 0)
{
  srcPtr += 1;
}
m_if.filterHorLuma(srcPtr, srcStride, intPtr, intStride, width, extHeight, 3,
    false);

// Generate @ 1,1
intPtr = m_filteredBlockTmp[1].getLumaAddr() + (halfFilterSize-1) * intStride;
dstPtr = m_filteredBlock[1][1].getLumaAddr();
if (halfPelRef.getVer() == 0)
{
  intPtr += intStride;
}
m_if.filterVerLuma(intPtr, intStride, dstPtr, dstStride, width, height, 1,
    false, true);

// Generate @ 3,1
intPtr = m_filteredBlockTmp[1].getLumaAddr() + (halfFilterSize-1) * intStride;
dstPtr = m_filteredBlock[3][1].getLumaAddr();
m_if.filterVerLuma(intPtr, intStride, dstPtr, dstStride, width, height, 3,
    false, true);
```

```
if (halfPelRef.getVer() != 0)
{
  // Generate @ 2,1
  intPtr = m_filteredBlockTmp[1].getLumaAddr() + (halfFilterSize-1) * intStride;
  dstPtr = m_filteredBlock[2][1].getLumaAddr();
  if (halfPelRef.getVer() == 0)
  {
    intPtr += intStride;
  }
  m_if.filterVerLuma(intPtr, intStride, dstPtr, dstStride, width, height, 2, false,
      true);

  // Generate @ 2,3
  intPtr = m_filteredBlockTmp[3].getLumaAddr() + (halfFilterSize-1) * intStride;
  dstPtr = m_filteredBlock[2][3].getLumaAddr();
  if (halfPelRef.getVer() == 0)
  {
    intPtr += intStride;
  }
  m_if.filterVerLuma(intPtr, intStride, dstPtr, dstStride, width, height, 2, false,
      true);
}
else
{
  // Generate @ 0,1
  intPtr = m_filteredBlockTmp[1].getLumaAddr() + halfFilterSize * intStride;
  dstPtr = m_filteredBlock[0][1].getLumaAddr();
  m_if.filterVerLuma(intPtr, intStride, dstPtr, dstStride, width, height, 0,
      false, true);

  // Generate @ 0,3
  intPtr = m_filteredBlockTmp[3].getLumaAddr() + halfFilterSize * intStride;
  dstPtr = m_filteredBlock[0][3].getLumaAddr();
  m_if.filterVerLuma(intPtr, intStride, dstPtr, dstStride, width, height, 0,
      false, true);
}

if (halfPelRef.getHor() != 0)
{
  // Generate @ 1,2
  intPtr = m_filteredBlockTmp[2].getLumaAddr() + (halfFilterSize-1) * intStride;
  dstPtr = m_filteredBlock[1][2].getLumaAddr();
  if (halfPelRef.getHor() > 0)
  {
```

```
      intPtr += 1;
    }
    if (halfPelRef.getVer() >= 0)
    {
      intPtr += intStride;
    }
    m_if.filterVerLuma(intPtr, intStride, dstPtr, dstStride, width, height, 1, false,
        true);

    // Generate @ 3,2
    intPtr = m_filteredBlockTmp[2].getLumaAddr() + (halfFilterSize-1) * intStride;
    dstPtr = m_filteredBlock[3][2].getLumaAddr();
    if (halfPelRef.getHor() > 0)
    {
      intPtr += 1;
    }
    if (halfPelRef.getVer() > 0)
    {
      intPtr += intStride;
    }
    m_if.filterVerLuma(intPtr, intStride, dstPtr, dstStride, width, height, 3, false,
        true);
  }
  else
  {
    // Generate @ 1,0
    intPtr = m_filteredBlockTmp[0].getLumaAddr() + (halfFilterSize-1)
         * intStride + 1;
    dstPtr = m_filteredBlock[1][0].getLumaAddr();
    if (halfPelRef.getVer() >= 0)
    {
      intPtr += intStride;
    }
    m_if.filterVerLuma(intPtr, intStride, dstPtr, dstStride, width, height, 1, false, true);

    // Generate @ 3,0
    intPtr = m_filteredBlockTmp[0].getLumaAddr() + (halfFilterSize-1) * intStride + 1;
    dstPtr = m_filteredBlock[3][0].getLumaAddr();
    if (halfPelRef.getVer() > 0)
    {
      intPtr += intStride;
    }
    m_if.filterVerLuma(intPtr, intStride, dstPtr, dstStride, width, height, 3,
        false, true);
```

```
    }

    // Generate @ 1,3
    intPtr = m_filteredBlockTmp[3].getLumaAddr() + (halfFilterSize-1) * intStride;
    dstPtr = m_filteredBlock[1][3].getLumaAddr();
    if (halfPelRef.getVer() == 0)
    {
      intPtr += intStride;
    }
    m_if.filterVerLuma(intPtr, intStride, dstPtr, dstStride, width, height, 1, false,
         true);

    // Generate @ 3,3
    intPtr = m_filteredBlockTmp[3].getLumaAddr() + (halfFilterSize-1) * intStride;
    dstPtr = m_filteredBlock[3][3].getLumaAddr();
    m_if.filterVerLuma(intPtr, intStride, dstPtr, dstStride, width, height, 3, false,
       true);
}
```

4.2.2 움직임 예측

HEVC에서는 다양한 PU를 이용해 움직임 예측 (motion estimation)을 수행한다. 움직임 예측은 보간된 참조 프레임에서 현재 PU와 상관도가 높은 블록을 탐색하는 과정을 의미한다. 움직임 예측을 이용해 참조 프레임 리스트 정보, 참조 프레임 인덱스, 움직임 벡터가 도출된다. HEVC의 움직임 벡터 정확도는 1/4 화소 단위이다. 1/2 및 1/4 부화소 생성을 위해 참조 프레임에 앞에서 설명한 보간 필터가 수행된다. 움직임 예측에서는 모든 화소에 대해 탐색을 수행하지 않고, 먼저 정화소에 대해 탐색을 수행한 후, 움직임 벡터를 얻는다. 다음, 정화소 탐색을 통해 얻은 움직임 벡터 주변 8개의 1/2 부화소에 대해서만 탐색을 수행하고, 이 중 최소의 비용값을 갖는 화소를 선택한다. 1/4 부화소 탐색에서도 1/2 부화소 탐색의 결과로 얻음 움직임 벡터 주변 8개의 1/4 부화소에 대해서만 탐색을 수행한 후, 최소 비용값을 갖는 움직임 벡터를 찾는다. 이렇게 얻은 움직임 벡터가 현재 PU를 위한 움직임 벡터가 된다.

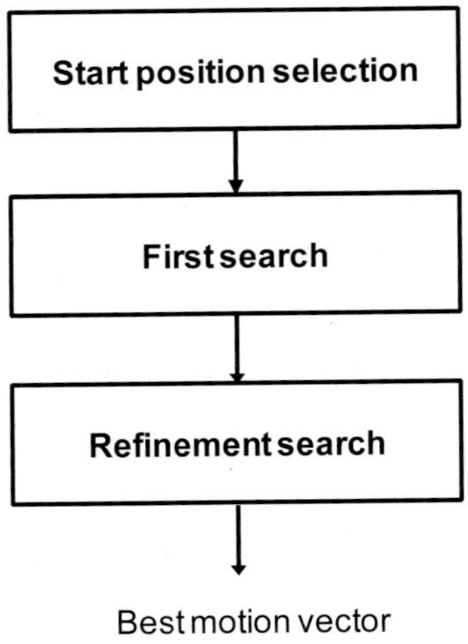

〈그림 4-18〉 정화소 탐색을 위한 3단계 움직임 예측 방법

각각의 동작을 좀 더 자세히 알아보자. 정화소 탐색점을 줄이기 위해, 3단계 움직임 탐색 방법이 사용된다. 〈그림 4-18〉은 3단계 탐색 방법의 흐름도를 보여준다. 먼저, 탐색 시작점이 선택된다. 기본 설정에서는 뒤의 절에서 설명할 PMV (motion vector predictor)를 이용해 이를 계산하며, 옵션을 통해 주변 블록 위치의 움직임 벡터와 (0,0) 움직임 벡터가 확인된다. 표준에서 사용하는 공통 실험 조건에서는 정화소 탐색의 시작점으로 PMV만을 사용하도록 되어있다.

다음으로, 다이아몬드 탐색 (diamond search) 또는 정사각형 탐색 (square search)을 이용해 첫 번째 탐색이 수행된다. 현재 표준 소프트웨어의 기본 설정으로는 다이아몬드 탐색이 사용되며, configuration 파일을 변경해 정사각형 탐색을 사용할 수 있다. 탐색 영역 내 모든 점을 탐색하는 점방식 탐색 (raster search)는 계산된 움직임 벡터와 시작점의 차가 너무 클 때 사용된다. 현재 탐색 영역은 정화소 단위로 64로 설정되어 있다. 이 역시 configuration 파일을 변경해 사용자가 변경할 수 있다. 〈그림 4-19〉는 이 세 가지 탐색 패턴을 보여준다. 동그라미가 현재 위치를 의미하며, 진한 네모는 각 패턴의 후보 탐색점을 의미한다.

마지막 단계는 정제 (refinement) 단계이다. 이 과정에서는 앞의 탐색 과정에서 얻은 움직임 벡터를 시작점으로 한 후, 다시 한 번 탐색을 수행한다. 앞과 마찬가지로, 다이아몬드 또는 정사각형 탐색이 사용되며, 이 정제 과정은 2번 수행된 후 멈춘다.

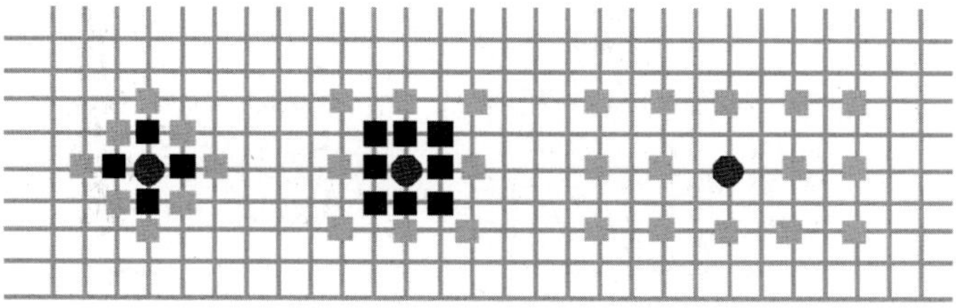

〈그림 4-19〉 세 가지 탐색 방법

움직임 예측에서는 부호기의 복잡도를 고려해 간소화된 형태로 비용값을 계산한다. 식 (4-35)는 정화소 탐색에서 쓰이는 비용값 계산 방법을 보여준다. 복잡도 감소를 위해 실제 부호화를 한 후 이를 복호해 왜곡을 계산하는 것이 아니라 현재 블록과 참조 프레임내의 후보 블록의 SAD (sum of absolute difference)값만을 계산한다. 또한, 움직임 매개변수 부호화에 쓰이는 부호화 비트 R_{mv} 역시 실제 부호화를 수행하는 것이 아니라, 미리 계산된 비트량 표를 이용해 계산한다.

$$J = \sum |Block_{current}(i,j) - Block_{reference}(k,l)| + \lambda \cdot R_{mv} \tag{4-35}$$

여기서, $Block_{current}$는 현재 블록을 의미하고, $Block_{reference}$는 참조 프레임에 존재하는 후보 블록을 의미한다. (i, j)는 현재 블록의 위치이며, (k, l)은 후보 블록의 위치이다.

보간된 부화소의 경우는 실제로는 존재하지 않는 값이므로 정화소에 비해 좀 더 정교한 탐색을 필요로 한다. 따라서 식 (4-36)과 같이 현재 블록과 후보 블록의 SATD (Hadamard transformed SAD)를 이용해 비용값을 계산한다. 정화소와 마찬가지로 움직임 매개변수 부호화에 쓰이는 부호화 비트 R_{mv}는 미리 계산된 비트량 표를 이용해 계산한다.

$$J = \frac{1}{2} \sum |T\{Block_{current}(i,j) - Block_{reference}(k,l)\}| + \lambda \cdot R_{mv} \tag{4-36}$$

〈그림 4-20〉은 현재 PU가 4×4일 때 움직임 벡터를 찾는 과정을 보여준다 [27]. 정화소 단위 움직임 예측에서는 참조 프레임에서 현재 PU와 가장 유사한 PU를 찾은 후 잔차신호를 구한다. 이 때 잔차신호는 SAD를 이용해 계산하며, SAD와 움직임 매개변수의 비트량을 고려해 최적의 움직임 벡터를 찾는다.

부화소 단위 움직임 예측을 수행할 경우, 정화소에서 구한 움직임 벡터를 기준으로 분수 화소 위치를 조사해 유사한 블록이 있는지 찾는다. HEVC는 1/4 화소 단위까지 움직임을 예측하는데 1/2 화소 위치 움직임 벡터를 구한 후 1/4 화소 위치 움직임 벡터를 순차적으로 구한다. 즉, 정화소 위치에서 움직임 벡터를 구한 후, 해상도를 2배로 확대해 정수 화소 위치에서 구한 움직임 벡터를 기준으로 (-1, -1) ~ (1, 1) 범위에서 가장 유사한 예측 블록을 찾는다. 다음, 다시 해상도를 2배로 확대하고 이미 구한 1/2 화소 단위 움직임 벡터를 기준으로 (-1, -1) ~ (1, 1) 범위에서 가장 유사한 예측 블록을 찾는다. 그 결과, 총 4배의 해상도에서 구한 움직임 벡터를 얻게 된다. 〈그림 4-21〉은 1/2 화소 단위 움직임 벡터 예측과 1/4 화소 단위 움직임 벡터의 예측에 대한 예시를 보여준다. 〈그림 4-20〉에서의 움직임 벡터 (-4, -3)은 2배의 해상도에서 (-8, -6)이 되고 (0, -1)만큼 움직였으므로 2배의 해상도에서 최종 (-8, -7)을 얻게 된다. 4배의 해상도에서 움직임 벡터는 (-16, -14)로 변경되고, (-1, 0)만큼 움직였으므로 최종적인 움직임 벡터는 (-17, -14)가 된다.

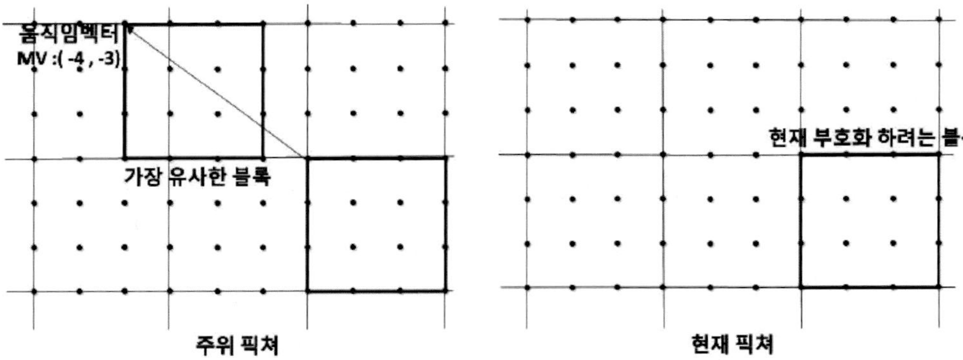

〈그림 4-20〉 정화소 단위 움직임 예측의 예

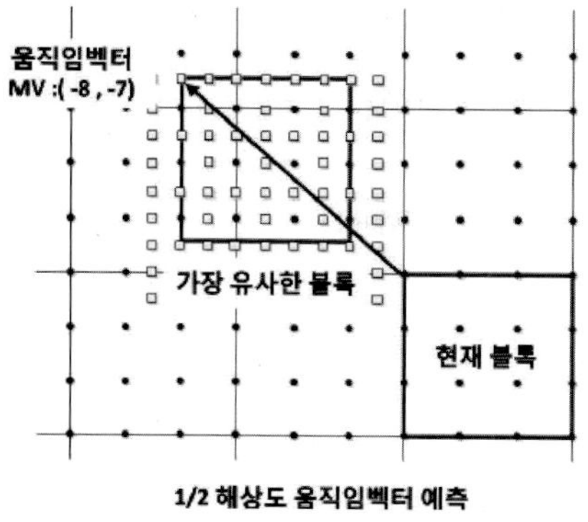

(a) 1/2 화소 단위

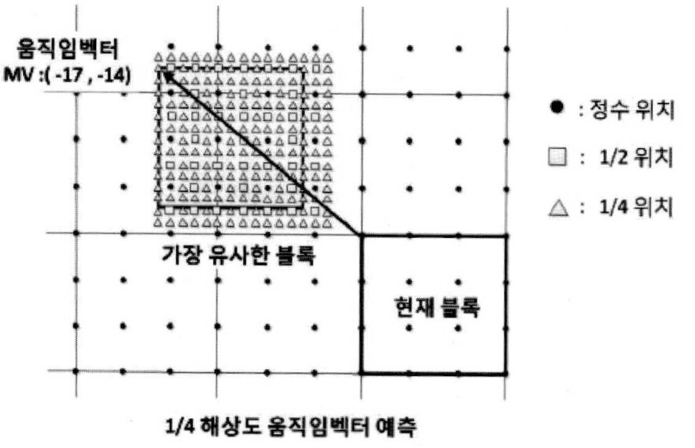

(b) 1/4 화소 단위

〈그림 4-21〉 부화소 단위 움직임 예측의 예

4.2.3 화면간 예측 모드 결정

현재 CU가 2N×2N일 때, PU는 2N×2N, 2N×N, N×2N, N×N PU 뿐 아니라 2N×nU, 2N×nD, nL×2N, nR×2N의 비대칭 PU, 즉 AMP (asymmetric motion partition)도 사용할 수 있다. CU의 크기에 따라 다양한 PU의 사용이 가능하며, 최대 64×64 크기에서 최소 4×4 크기의 PU를 사용할 수 있다. HEVC는 H.264/AVC와 마찬가지로 다양한 예측 모드 중 최적의 모드를 결정하기 위해 왜곡도 (distortion)와 함께 발생 비트량를 고려한다. 이를 위해 Lagrangian 함수에 기반한 비용함수를 사용한다. 식 (4-37)에서 볼 수 있듯이, 비용함수는 왜곡도(SSE_{luma})와 함께 발생 비트량을 나타내는 항(B_{mode})과 발생비트량의 가중치 값인 Lagrangian 계수(λ_{mode})로 이루어져 있다.

$$J_{\mathrm{mode}} = SSE_{luma} + \lambda_{\mathrm{mode}} \cdot B_{\mathrm{mode}} \tag{4-37}$$

여기서 SSE (sum of square error)는 원 영상과 복호된 영상의 차이에 대한 제곱의 합으로, 임의의 PU에 대해 다음과 같이 정의된다.

$$SSE = \sum_{i,j} (BlockA(i,j) - BlockB(i,j))^2 \tag{4-38}$$

사용 가능한 예측 모드에 대해 위 식을 통해 비용값(J_{mode})을 계산하고, 비용값들을 비교해 가장 작은 비용값을 갖는 모드를 최적 모드로 결정한다. 식 (4-39)는 휘도 성분을 위한 비용함수이며, 색차 성분을 위한 비용함수는 식 (4-40)과 같다.

$$J_{mode} = (SSE_{luma} + \omega_{chroma} \times SSE_{chroma}) + \lambda_{mode} \cdot B_{mode} \quad (4\text{-}39)$$

$$\omega_{chroma} = 2^{\frac{QP - QP_{chroma}}{3}} \quad (4\text{-}40)$$

표준에 정의된 Lagrangian 계수는 식 (4-41)과 같다.

$$\lambda_{mode} = \alpha \times W_k \times 2^{(\frac{QP-12}{3.0})} \quad (4\text{-}41)$$

$$\alpha = \begin{cases} 1.0 - Clip3(0.0, 0.5, 0.05 \times NmberOfBframes & \text{, 참조 화면인 경우} \\ 1.0 & \text{, 참조 화면이 아닌 경우} \end{cases} \quad (4\text{-}42)$$

Lagrangian 계수 계산에 사용되는 W_k는 〈표 4-10〉과 같이 GOP (group of pictures) 내에서 현재 화면의 계층적 레벨에 따른 양자화 계수 오프셋과 부호화 구조에 따라 정해진다. 여기서 '참조 화면 여부'는 1이면 참조 화면, 0이면 참조 화면이 아닌 경우를 뜻한다.

〈표 4-10〉 W_k 값의 계산

k	QP 오프셋	슬라이스 종류	참조 화면 여부	W_k
0	0	I	–	0.57
1	0	GPB	1	임의 접근 부호화 구조 (RA): 0.442 저지연 부호화 구조 (LD): 0.578
2	1, 2	B 또는 GPB	1	RA: 0.3536×Clip3 (2.0, 4.0, (QP−12)/6.0 LD: 0.4624×Clip3 (2.0, 4.0, (QP−12)/6.0
4	3	B	0	RA: 0.68×Clip3 (2.0, 4.0, (QP−12)/6.0

다양한 PU의 예측 모드 결정 방법은 〈그림 4-22〉와 같으며, 자세한 방법은 다음과 같다. 모드 결정 단계에서 사용할 수 있는 고속화 옵션인 Early CU 조건, 고속 CBF 조건, 조기 SKIP 조건을 함께 설명한다.

(1) INTER_2N×2N에 대한 J_{mode}를 계산하고, 이 값을 최소 비용값, 즉 부최적모드의 비용값 J로 설정한다.

(2) INTER_2N×2N의 MVD가 (0,0)이고 0이 아닌 변환 계수를 포함하지 않으면 Early SKIP 조건을 만족하므로 부최적모드를 SKIP 모드로 설정하고 (17)부터 수행한다. Early SKIP 조건을 만족하지 않으면 (3)을 수행한다.

(3) INTER_2N×2N이 0이 아닌 변환 계수를 포함하지 않으면 CBF_Fast 조건을 만족하므로 부최적모드를 INTER_2N×2N으로 설정하고 (17)부터 수행한다. CBF_Fast 조건을 만족하지 않으면 (4)를 수행한다.

(4) SKIP에 대한 J_{mode}를 계산하고 $J_{mode} < J$이면 J_{mode}를 J로 설정한다.

(5) 현재 CU의 분할 깊이가 최대이고 *inter_4x4_enabled_flag*가 0일 때 현재 CU의 크기가 8×8이 아닌 지를 확인한다. 만약 두 조건이 모두 만족되면 (6)을 수행한다. 그렇지 않으면 (7)을 수행한다.

(6) INTER_N×N에 대한 J_{mode}를 계산하고 $J_{mode} < J$이면 J_{mode}를 J로 설정한다. INTER_N×N이 0이 아닌 변환 계수를 포함하지 않으면 CBF_Fast 조건을 만족하므로 부최적모드를 INTER_N×N으로 설정하고 (17)부터 수행한다. CBF_Fast 조건을 만족하지 않으면 (7)을 수행한다.

(7) INTER_N×2N에 대한 J_{mode}를 계산하고 $J_{mode} < J$이면 J_{mode}를 J로 설정한다. INTER_N×2N이 0이 아닌 변환 계수를 포함하지 않으면 CBF_Fast 조건을 만족하므로 부최적모드를 INTER_N×2N으로 설정하고 (17)부터 수행한다. CBF_Fast 조건을 만족하지 않으면 (8)을 수행한다.

(8) INTER_2N×N에 대한 J_{mode}를 계산하고 $J_{mode} < J$이면 J_{mode}를 J로 설정한다. INTER_2N×N이 0이 아닌 변환 계수를 포함하지 않으면 CBF_Fast 조건을 만족하므로 부최적모드를 INTER_2N×N으로 설정하고 (17)부터 수행한다. CBF_Fast 조건을 만족하지 않으면 (9)를 수행한다.

(9) AMP 실행 조건을 확인한다. 부호기의 고속화를 위해 모드 결정 단계에서 항상 모

든 AMP 모드를 테스트하지 않고, 특정 AMP 그룹만 테스트하거나 AMP 전체를 테스트하지 않기도 한다. 〈그림 4-20〉에도 볼 수 있듯이 AMP_Hor은 2N×nU PU와 2N×nD PU를 의미하고, AMP_Ver은 nL×2N PU와 nR×2N PU를 의미한다. 아래 〈표 4-11〉에 특정 상황일 때 어떠한 AMP들이 테스트되는지 나타나 있다. 이 표에 나와 있는 병합 모드는 뒤에서 설명하기로 한다.

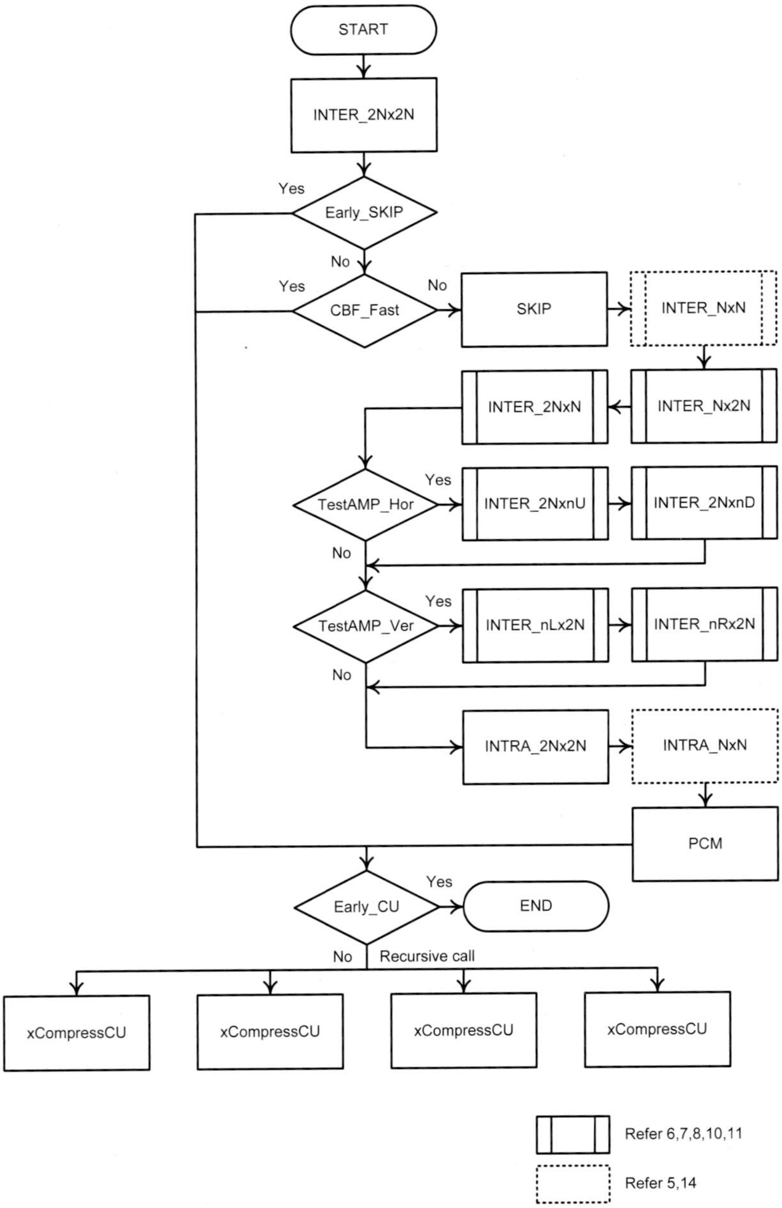

〈그림 4-22〉 예측 모드 결정 과정

〈표 4-11〉 고속 AMP 모드 평가를 위한 조건과 그 동작

조건	동작
현재까지의 부최적모드의 크기가 2N×2N일 때	TestAMP_Hor = ON
현재까지의 부최적모드의 크기가 N×2N일 때	TestAMP_Ver = ON
현재까지의 부최적모드의 크기가 2N×2N이고 병합 모드가 아니며 SKIP되지 않았을 때	TestAMP_Hor = ON, TestAMP_Ver = ON
부모 CU의 최적 모드가 AMP 모드였을 때	TestAMP_Hor = ON, TestAMP_Ver = ON이지만 병합 모드만 테스트
부모 CU의 최적 모드의 크기가 2N×2N이고 부모 CU가 SKIP되지 않았을 때	TestAMP_Hor = ON, TestAMP_Ver = ON이지만 병합 모드만 테스트
부모 CU에서 인트라 모드가 선택되었고 부최적모드가 2N×N일 때	TestAMP_Hor = ON
부모 CU에서 인트라 모드가 선택되었고 부최적모드가 N×2N일 때	TestAMP_Ver = ON
현재 CU의 크기가 64×64일 때	모든 AMP 모드 테스트 하지 않음

(10) TestAMP_Hor에 해당하는 AMP PU를 테스트한다. INTER_2N×nU에 대한 J_{mode}를 계산하고 J_{mode} 〈 J이면 J_{mode}를 J로 설정한다. INTER_2N×nU가 0이 아닌 변환 계수를 포함하지 않으면 CBF_Fast 조건을 만족하므로 부최적모드를 INTER_2N×nU으로 설정하고 (17)부터 수행한다. CBF_Fast 조건을 만족하지 않으면 INTER_2N×nD에 대한 J_{mode}를 계산한다. J_{mode} 〈 J이면 J_{mode}를 J로 설정한다. INTER_2N×nD가 0이 아닌 변환 계수를 포함하지 않으면 CBF_Fast 조건을 만족하므로 부최적모드를 INTER_2N×nD로 설정하고 (17)부터 수행한다. CBF_Fast 조건을 만족하지 않으면 (11)을 수행한다.

(11) TestAMP_Ver에 해당하는 AMP PU를 테스트한다. INTER_nL×2N에 대한 J_{mode}를 계산하고 J_{mode} 〈 J이면 J_{mode}를 J로 설정한다. INTER_nL×2N이 0이 아닌 변환 계수를 포함하지 않으면 CBF_Fast 조건을 만족하므로 부최적모드를 INTER_nL×2N으로 설정하고 (17)부터 수행한다. CBF_Fast 조건을 만족하지 않으면 INTER_nR×2N에 대한 J_{mode}를 계산한다. J_{mode} 〈 J이면 J_{mode}를 J로 설정한다. INTER_nR×2N이 0이 아닌 변환 계수를 포함하지 않으면 CBF_Fast 조건을 만족하므로 부최적모드를 INTER_nR×2N으로 설정하고 (17)부터 수행한다.

CBF_Fast 조건을 만족하지 않으면 (12)를 수행한다.

(12) 현재 정해진 부최적모드를 이용해 부호화하면 적어도 하나 이상의 0이 아닌 변환 계수가 발생할 때에만 INTRA_2N×2N에 대한 J_{mode}를 계산한다. J_{mode} 〈 J이면 J_{mode}를 J로 설정한다.

(13) CU의 크기가 8×8일 때에만 (14)를 수행한다. 그렇지 않으면 (15)을 수행한다.

(14) 현재의 CU의 크기가 최소의 TU 크기(= 4×4)보다 클 때에만 INTRA_N×N에 대한 J_{mode}를 계산한다. J_{mode} 〈 J이면 J_{mode}를 J로 설정한다.

(15) 현재의 CU의 크기가 SPS(sequence parameter set)에 설정된 최소 PCM 모드 크기 (SPS의 log2_min_pcm_coding_block_size_minus3값을 이용해 계산)와 같거나 큰 지 확인한다.

(16) 다음의 조건 중 하나라도 참인지 확인한다. 만약 조건이 참이면 PCM 모드가 계산되고, J_{mode} 〈 J이면 J_{mode}를 J로 설정한다.

- J의 Bit Cost가 입력 영상 블록의 PCM 샘플 데이터의 Bit Cost보다 크다.
- J의 Bit Cost가 Lagrangian 계수(λ_{mode})가 곱해진 입력 영상 블록의 PCM 샘플 데이터의 Bit Cost보다 크다.

(17) CU split flag를 위한 비트를 추가해 Bit cost Bmode를 업데이트하고 J를 다시 계산한다.

(18) 부최적모드가 SKIP인지 확인한다(Early CU 조건). 만약 Early_CU 조건을 만족하면, 하위 CU level에 대한 재귀 과정 수행하지 않는다. Early_CU 조건을 만족하지 않고, 현재의 CU 크기가 8×8이 아니면 하위 CU 레벨에 대한 재귀 과정을 수행한다.

위 설명에 나와 있는 세 가지 부호기 고속화 옵션의 조건을 다시 한 번 정리하면 〈표 4-12〉와 같다.

〈표 4-12〉 부호기 고속화 옵션과 그 조건

	조건
Early SKIP	INTER_2N×2N의 MVD가 (0,0)이고 0이 아닌 변환 계수를 포함하지 않는 경우
CBF_Fast	0이 아닌 변환 계수를 포함하지 않는 경우
Early CU	현재 CU에서 가능한 모든 PU 모드에 대해 비용값 비교 후 결정된 부최적모드가 SKIP 모드인 경우

다음은 PU 결정 과정이 구현되어 있는 xCompressCU() 함수를 보여준다. 〈그림 4-22〉와 함께 살펴보면 쉽게 분석할 수 있으므로, 자세한 설명은 생략하고 각 부분을 주석으로 표시한다. 앞 절에서 설명한 화면내 모드 결정 과정도 포함되어 있음을 확인할 수 있다.

```
Void TEncCu::xCompressCU( TComDataCU*& rpcBestCU, TComDataCU*& rpcTempCU, UInt
uiDepth, PartSize eParentPartSize )
{
 ...(중략)...
  if( rpcBestCU->getSlice()->getSliceType() != I_SLICE )
  {
     if(m_pcEncCfg->getUseEarlySkipDetection()) // Early SKIP 사용하는 경우
     {
        xCheckRDCostInter( rpcBestCU, rpcTempCU, SIZE_2Nx2N ); // 2Nx2N
        rpcTempCU->initEstData( uiDepth, iQP, bIsLosslessMode );
     }
    // SKIP
   xCheckRDCostMerge2Nx2N( rpcBestCU, rpcTempCU, &earlyDetectionSkipMode );
   // by 병합 for inter_2Nx2N
    rpcTempCU->initEstData( uiDepth, iQP, bIsLosslessMode );

    if(!m_pcEncCfg->getUseEarlySkipDetection())
    { // Early SKIP를 사용하지 않는 경우
       xCheckRDCostInter( rpcBestCU, rpcTempCU, SIZE_2Nx2N ); // 2Nx2N
       rpcTempCU->initEstData( uiDepth, iQP, bIsLosslessMode );
       if(m_pcEncCfg->getUseCbfFastMode()) // CBF_Fast 확인
       {
          doNotBlockPu = rpcBestCU->getQtRootCbf( 0 ) != 0;
       }
    }
 }


 if(!earlyDetectionSkipMode) // Early SKIP 모드가 아닌 경우
 {
    for (Int iQP=iMinQP; iQP<=iMaxQP; iQP++)
    {
       const Bool bIsLosslessMode = isAddLowestQP && (iQP == iMinQP);
       rpcTempCU->initEstData( uiDepth, iQP, bIsLosslessMode );

       if( rpcBestCU->getSlice()->getSliceType() != I_SLICE )
       {
         // 8x8 CU가 아닌 경우
```

```
        if(!( (rpcBestCU->getWidth(0)==8) && (rpcBestCU->getHeight(0)==8) ))
        {
          if(uiDepth == g_uiMaxCUDepth - g_uiAddCUDepth && doNotBlockPu)
          { // NxN
            xCheckRDCostInter( rpcBestCU, rpcTempCU, SIZE_NxN );
            rpcTempCU->initEstData( uiDepth, iQP, bIsLosslessMode );
          }
        }

        if(doNotBlockPu)
        { // Nx2N
          xCheckRDCostInter( rpcBestCU, rpcTempCU, SIZE_Nx2N  );
          rpcTempCU->initEstData( uiDepth, iQP, bIsLosslessMode );
          if(m_pcEncCfg->getUseCbfFastMode()
            && rpcBestCU->getPartitionSize(0) == SIZE_Nx2N )
          { // CBF_Fast 확인
            doNotBlockPu = rpcBestCU->getQtRootCbf( 0 ) != 0;
          }
        }
        if(doNotBlockPu)
        { // 2NxN
          xCheckRDCostInter ( rpcBestCU, rpcTempCU, SIZE_2NxN  );
          rpcTempCU->initEstData( uiDepth, iQP, bIsLosslessMode );
          if(m_pcEncCfg->getUseCbfFastMode()
            && rpcBestCU->getPartitionSize(0) == SIZE_2NxN)
          { // CBF_Fast 확인
            doNotBlockPu = rpcBestCU->getQtRootCbf( 0 ) != 0;
          }
        }

#if 1
        // AMP (SIZE_2NxnU, SIZE_2NxnD, SIZE_nLx2N, SIZE_nRx2N)
        if( pcPic->getSlice(0)->getSPS()->getAMPAcc(uiDepth) )
        {
#if AMP_ENC_SPEEDUP
          Bool bTestAMP_Hor = false, bTestAMP_Ver = false;
          Bool bTestMergeAMP_Hor = false, bTestMergeAMP_Ver = false;

          deriveTestModeAMP (rpcBestCU, eParentPartSize, bTestAMP_Hor,
              bTestAMP_Ver, bTestMergeAMP_Hor, bTestMergeAMP_Ver);


          // TestAMP_Hor = ON
          if ( bTestAMP_Hor )
          {
            if(doNotBlockPu)
```

```
      { // 2NxnU
        xCheckRDCostInter( rpcBestCU, rpcTempCU, SIZE_2NxnU );
        rpcTempCU->initEstData( uiDepth, iQP, bIsLosslessMode );
        if(m_pcEncCfg->getUseCbfFastMode()
          && rpcBestCU->getPartitionSize(0) == SIZE_2NxnU )
        { // CBF_Fast 확인
          doNotBlockPu = rpcBestCU->getQtRootCbf( 0 ) != 0;
        }
      }
      if(doNotBlockPu)
      { // 2NxnD
        xCheckRDCostInter( rpcBestCU, rpcTempCU, SIZE_2NxnD );
        rpcTempCU->initEstData( uiDepth, iQP, bIsLosslessMode );
        if(m_pcEncCfg->getUseCbfFastMode()
           && rpcBestCU->getPartitionSize(0) == SIZE_2NxnD )
        { // CBF_Fast 확인
          doNotBlockPu = rpcBestCU->getQtRootCbf( 0 ) != 0;
        }
      }
    }
#if AMP_MRG
    else if ( bTestMergeAMP_Hor )
    {
      if(doNotBlockPu)
      { // 2NxnU
        xCheckRDCostInter( rpcBestCU, rpcTempCU, SIZE_2NxnU, true );
        rpcTempCU->initEstData( uiDepth, iQP, bIsLosslessMode );
        if(m_pcEncCfg->getUseCbfFastMode()
          && rpcBestCU->getPartitionSize(0) == SIZE_2NxnU )
        { // CBF_Fast 확인
          doNotBlockPu = rpcBestCU->getQtRootCbf( 0 ) != 0;
        }
      }
      if(doNotBlockPu)
      { // 2NxnD
        xCheckRDCostInter( rpcBestCU, rpcTempCU, SIZE_2NxnD, true );
        rpcTempCU->initEstData( uiDepth, iQP, bIsLosslessMode );
        if(m_pcEncCfg->getUseCbfFastMode()
          && rpcBestCU->getPartitionSize(0) == SIZE_2NxnD )
        { // CBF_Fast 확인
          doNotBlockPu = rpcBestCU->getQtRootCbf( 0 ) != 0;
        }
      }
```

```
            }
#endif

            // TestAMP_Ver = ON
            if ( bTestAMP_Ver )
            {
              if(doNotBlockPu)
              { // nLx2N
                xCheckRDCostInter( rpcBestCU, rpcTempCU, SIZE_nLx2N );
                rpcTempCU->initEstData( uiDepth, iQP, bIsLosslessMode );
                if(m_pcEncCfg->getUseCbfFastMode()
                  && rpcBestCU->getPartitionSize(0) == SIZE_nLx2N )
                { // CBF_Fast 확인
                  doNotBlockPu = rpcBestCU->getQtRootCbf( 0 ) != 0;
                }
              }
              if(doNotBlockPu)
              { // nRx2N
                xCheckRDCostInter( rpcBestCU, rpcTempCU, SIZE_nRx2N );
                rpcTempCU->initEstData( uiDepth, iQP, bIsLosslessMode );
              }
            }
#if AMP_MRG
            else if ( bTestMergeAMP_Ver )
            {
              if(doNotBlockPu)
              { // nLx2N
                xCheckRDCostInter( rpcBestCU, rpcTempCU, SIZE_nLx2N, true );
                rpcTempCU->initEstData( uiDepth, iQP, bIsLosslessMode );
                if(m_pcEncCfg->getUseCbfFastMode()
                  && rpcBestCU->getPartitionSize(0) == SIZE_nLx2N )
                { // CBF_Fast 확인
                  doNotBlockPu = rpcBestCU->getQtRootCbf( 0 ) != 0;
                }
              }
              if(doNotBlockPu)
              { // nRx2N
                xCheckRDCostInter( rpcBestCU, rpcTempCU, SIZE_nRx2N, true );
                rpcTempCU->initEstData( uiDepth, iQP, bIsLosslessMode );
              }
            }
#endif
          }
```

```
#endif
        }

        // 화면내 예측
        // speedup for inter frames
        if( rpcBestCU->getSlice()->getSliceType() == I_SLICE ||
          rpcBestCU->getCbf( 0, TEXT_LUMA      ) != 0   ||
          rpcBestCU->getCbf( 0, TEXT_CHROMA_U ) != 0   ||
          rpcBestCU->getCbf( 0, TEXT_CHROMA_V ) != 0     )
        { // 2Nx2N
          xCheckRDCostIntra( rpcBestCU, rpcTempCU, SIZE_2Nx2N );
          rpcTempCU->initEstData( uiDepth, iQP, bIsLosslessMode );
          if( uiDepth == g_uiMaxCUDepth - g_uiAddCUDepth )
          {
            if(rpcTempCU->getWidth(0) >
            (1<< rpcTempCU->getSlice()->getSPS()->getQuadtreeTULog2MinSize()))
            { // NxN
              xCheckRDCostIntra( rpcBestCU, rpcTempCU, SIZE_NxN );
              rpcTempCU->initEstData( uiDepth, iQP, bIsLosslessMode );
            }
          }
        }

       // PCM
        if(pcPic->getSlice(0)->getSPS()->getUsePCM()
          && rpcTempCU->getWidth(0)
          <= (1<<pcPic->getSlice(0)->getSPS()->getPCMLog2MaxSize())
          && rpcTempCU->getWidth(0)
          >= (1<<pcPic->getSlice(0)->getSPS()->getPCMLog2MinSize()) )
        {
          UInt uiRawBits = (2 * g_bitDepthY + g_bitDepthC)
              * rpcBestCU->getWidth(0) * rpcBestCU->getHeight(0) / 2;
          UInt uiBestBits = rpcBestCU->getTotalBits();
          if((uiBestBits > uiRawBits) || (rpcBestCU->getTotalCost()
              > m_pcRdCost->calcRdCost(uiRawBits, 0)))
          {
            xCheckIntraPCM (rpcBestCU, rpcTempCU);
            rpcTempCU->initEstData( uiDepth, iQP, bIsLosslessMode );
          }
        }
      }
    }

    m_pcEntropyCoder->resetBits();
```

```
    m_pcEntropyCoder->encodeSplitFlag( rpcBestCU, 0, uiDepth, true );
    rpcBestCU->getTotalBits() += m_pcEntropyCoder->getNumberOfWrittenBits();
    // 비트량에 split flag 비트 추가
    rpcBestCU->getTotalBins() += ((TEncBinCABAC *)((TEncSbac*)m_pcEntropyCoder->
        m_pcEntropyCoderIf)->getEncBinIf())->getBinsCoded();
    rpcBestCU->getTotalCost() = m_pcRdCost->calcRdCost( rpcBestCU->getTotalBits(),
        rpcBestCU->getTotalDistortion() ); // 비용값 계산

    // Early CU
    if( m_pcEncCfg->getUseEarlyCU() && rpcBestCU->isSkipped(0) )
    {
      bSubBranch = false; // 더 이상 CU 쿼드트리 분할하지 않음
    }
    else
    {
      bSubBranch = true; // CU 쿼드트리 분할
    }
  }

if( bSubBranch && uiDepth < g_uiMaxCUDepth - g_uiAddCUDepth )
{
  UChar       uhNextDepth         = uiDepth+1; // 깊이 '1' 증가
  TComDataCU* pcSubBestPartCU     = m_ppcBestCU[uhNextDepth];
  TComDataCU* pcSubTempPartCU     = m_ppcTempCU[uhNextDepth];

 for ( UInt uiPartUnitIdx = 0; uiPartUnitIdx < 4; uiPartUnitIdx++ )
 { // CU 쿼드트리 분할
   if ( rpcBestCU->isIntra(0) )
   {
     xCompressCU(pcSubBestPartCU, pcSubTempPartCU, uhNextDepth, SIZE_NONE );
   }
   else
   {
     xCompressCU(pcSubBestPartCU, pcSubTempPartCU, uhNextDepth,
         rpcBestCU->getPartitionSize(0) );
   }
 }
}
...(중략)...
}
```

4.2.4 움직임 벡터의 예측

HEVC 화면간 예측에서는 움직임 정보를 그대로 디코더를 전송하지 않고, 이 정보를 주변 블록들로부터 예측함으로써 디코더로 전송해야 할 움직임 정보의 양을 줄인다. 이 때 다양한 주변 블록들이 사용되기 때문에 주변 블록 리스트가 필요하다. 복호기에서도 부호기와 동일한 움직임 벡터 예측을 수행해야 하므로, 부호기와 복호기 모두에 동일한 과정으로 주변 블록 리스트를 얻는 작업이 필요하다.

(1) 병합 모드

병합 모드는 이름 그대로 현재 PU를 주변 블록과 Merge하는 작업이다. 설명의 용이성을 위해 화면간 예측되는 PU에서 사용하는 움직임 벡터, 참조 화면 인덱스, 참조 화면 리스트 사용 플래그 값을 움직임 매개변수라고 정의하자. 병합 모드가 선택되면, 주변 블록으로부터 대부분의 움직임 매개변수, 즉 참조 방향, 참조 픽쳐 인덱스, 움직임 벡터 예측값을 유도한다. 병합 모드일지라도 움직임 매개변수 중 움직임 벡터 차분값 (motion vector difference, MVD)는 디코더로 전송되어야 한다. 병합 모드가 선택되면 대부분의 움직임 매개변수 정보를 전송할 필요가 없기 때문에, 병합 모드가 많이 선택되면 부호화 비트 면에서 많은 효율을 얻을 수 있다. 세부 절에서 병합 모드의 동작에 대해 자세히 알아보자.

병합 모드 후보 결정

〈그림 4-23〉은 병합 모드의 후보를 결정하는 과정을 보여 준다. 병합 모드에는 공간적 병합 후보와 시간적 병합 후보, 총 두 종류의 후보가 존재한다. 5개의 서로 다른 위치에 존재하는 후보들 중 4개의 후보가 공간적 병합 후보로 선택되고, 2개의 후보 중 1개의 시간적 병합 후보가 선택된다 [28].

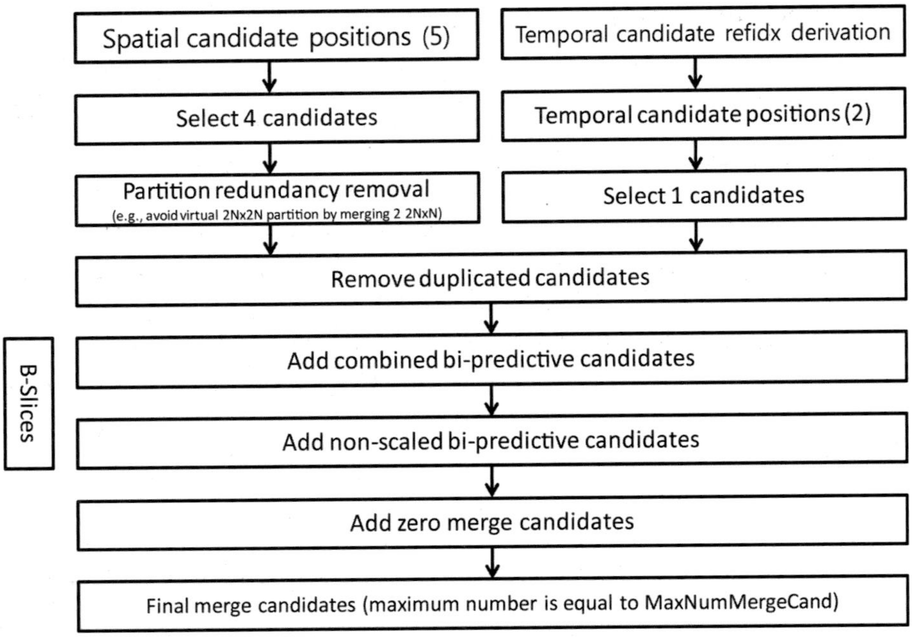

〈그림 4-23〉 병합 모드 후보 결정 과정

시 · 공간적 후보군이 결정된 후 중복되는 후보, 즉 동일한 움직임 매개변수를 갖는 후보가 없도록 후보 리스트를 정리한다. 현재 HEVC 표준에는 슬라이스 헤더에 사용 가능한 최대 병합 후보 수 (=MaxNumMergeCand)가 5로 정의되어 있는데 후보 리스트를 정리한 후에 최대 후보의 수가 채워지면, 즉 5개이면 이후 과정을 진행하지 않는다.

만약 산출한 시 · 공간적 후보의 수가 5보다 적으면 다음과 같은 후보를 추가한다. B 슬라이스의 경우, 결합 양방향 예측 (combined bi-predictive) 후보와 스케일링 되지 않은 (non-scaled) 양방향 예측 후보가 생성되고, P 슬라이스와 B 슬라이스 모두에 대해 (0, 0) 병합 후보가 추가된다. 〈그림 4-23〉의 각 과정 중간에 병합 후보의 수가 사용 가능한 최대 병합 후보 수에 도달하면, 즉, 5개의 병합 후보를 산출하고 나면 움직임 병합 후보 산출 과정이 중단된다. 다음 절에서 공간적 병합 후보와 시간적 병합 후보를 산출하는 과정을 각각 알아본다.

공간적 병합 후보

일반적으로 현재 블록과 인접한 블록들의 움직임은 상관도가 높기 때문에 공간적 병합 후보가 고려된다. 〈그림 4-24〉는 서로 다른 공간에 위치한 공간적 병합 후보들을 보여준다. 이 5개의 후보 중, 최대 4개의 병합 후보가 선택된다.

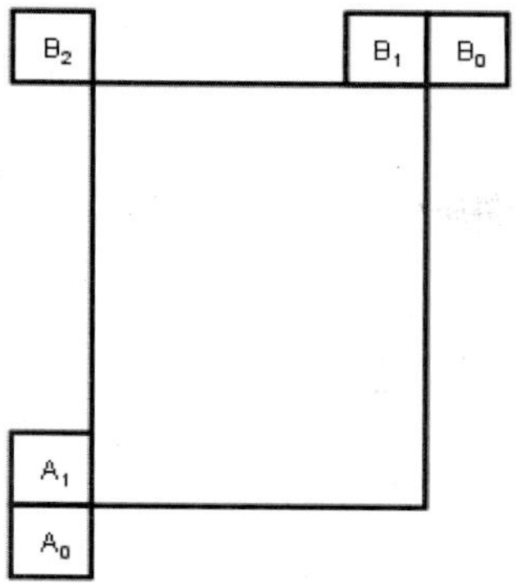

〈그림 4-24〉 공간적 병합 후보의 위치

후보 결정을 위한 블록 탐색 순서는 A_1, B_1, B_0, A_0, B_2 이다. 이 때, 현재 PU가 프레임 경계에 인접해 있어 A_1, B_1, B_0, A_0, B_2 위치에 접근할 수 없거나 A_1, B_1, B_0, A_0, B_2 위치의 블록이 화면내 부호화된 경우에는 움직임 정보가 없으므로 해당 블록을 후보로 사용할 수 없다.

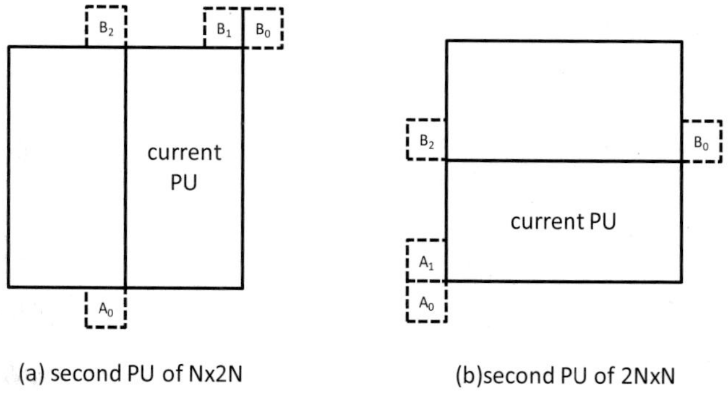

〈그림 4-25〉 비대칭 분할된 CU에서 두 번째 PU를 위한 공간적 병합 후보의 위치

N×2N, nL×2N, 또는 nR×2N로 분할된 PU의 경우 현재 CU 안에 두 개의 PU가 존재한다. 이 경우 〈그림 4-25 (a)〉에서 볼 수 있듯이, 두 번째 PU를 부호화할 때에는 A_1의 위치가 첫 번째 PU에 속한다. 하나의 CU가 분할되는 경우, 두 PU에 대한 공간적 병합 후보 탐색을 병렬화하기 위해 인접한 PU는 사용하지 않는다. 이 경우 후보 결정을 위한 탐색 순서는 B_1, B_0, A_0, B_2 순이다. 이와 비슷하게, 2N×N, 2N×nU, 또는 2N×nD로 분할된 경우 〈그림 4-25 (b)〉에서 볼 수 있듯이, 두 번째 PU를 부호화할 때 B_1 위치의 블록을 사용할 수 없다. 이 때 후보 결정을 위한 탐색 순서는 B_1을 제외한 A_1, B_0, A_0, B_2 순이다.

시간적 병합 후보

공간적 병합 후보 탐색이 완료되면, 시간적 병합 후보 탐색이 이루어진다. 시간적 병합 후보를 위해 정해진 참조 화면 리스트 내에서 현재 화면과 POC (picture order count) 차이가 가장 작은 화면에 속하는 동일 위치 PU (co-located PU)를 기반으로 스케일링된 움직임 벡터가 계산된다. 동일 위치 PU를 얻기 위해 사용되는 참조 화면 리스트 정보는 슬라이스 헤더 단에서 전송된다.

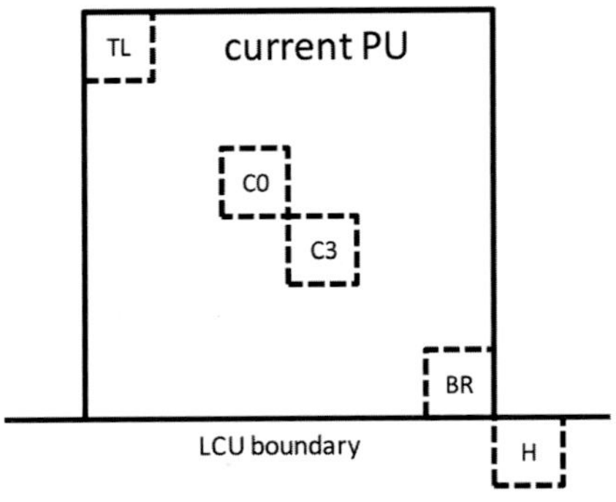

〈그림 4-26〉 시간적 병합 후보 C3와 H의 위치

〈그림 4-26〉은 시간적 병합 후보의 위치를 보여준다. 다만, 현재 PU가 아니라 동일 위치 PU에서 점선으로 표시한 블록들이 시간적 병합 후보가 됨에 유의하자. 시간적 병합 후보의 참조 프레임 인덱스는 0이다. 즉, 시간적으로 바로 전 화면이 참조 프레임이다. 시간적 병합 후보는 C3와 H 중 하나로 결정된다. 만약 H 위치의 PU가 화면내 부호화되었거나 현재 CTB를 벗어나면, C3 위치가 동일 위치 PU가 된다. 그렇지 않으면 H의 위치가 동일 위치 PU가 되고, 시간 병합 후보를 결정하는데 사용된다.

만약 현재 프레임이 사용하는 참조 프레임과 시간적 병합 후보가 사용하는 참조 프레임이 같지 않으면 움직임 벡터를 스케일링해 사용한다. 움직임 벡터 스케일링 방법이 〈그림 4-27〉에 나타나있다. 스케일링된 움직임 벡터는 〈그림 4-27〉의 점선으로 표시된 것과 같이, 시간적 병합 후보(col_PU)와 병합 후보의 참조 프레임(col_ref)간 POC 거리(td)와 현재 프레임(curr_pic)과 현재 PU의 참조 프레임(curr_ref)간 POC 거리(tb)를 사용해 스케일링된다. 동일 위치 PU의 움직임 벡터를 MV라고 할 때, 움직임 벡터 스케일링 식은 다음과 같다.

$$MV_{scaling} = (((tb \times \frac{16384 + (td \gg 1)}{td} + 32) \gg 6) \times MV + 127) \gg 8 \quad (4\text{-}43)$$

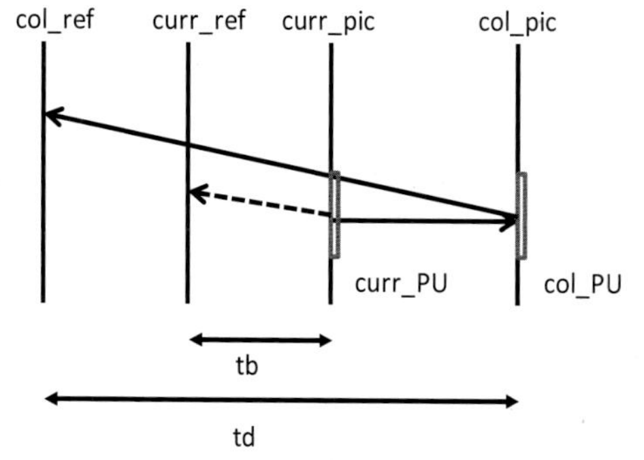

〈그림 4-27〉 시간적 병합 후보를 위한 움직임 벡터 스케일링

추가 생성 병합 후보

시 · 공간적 병합 후보를 통해 최대 후보수인 5개의 후보가 채워지지 않으면 시공간적 병합 후보들을 이용해 추가 병합 후보들을 생성해 사용한다. 추가 병합 후보에는 결합 양방향 병합 후보와 (0, 0) 움직임 병합 후보가 존재한다. 결합 양방향 병합 후보는 B 슬라이스에서만 사용된다. 각 후보의 수는 각각 5개, 1개, 참조 인덱스의 수로 제한된다.

다음은 움직임 Merge을 수행하는 xMergeEstimation() 함수이다. xMergeEstimation() 함수는 화면간 예측 모드의 각 비용값을 계산하는 xCheckRDCostInter() 함수 내의 predInterSearch() 함수 안에서 호출된다. xMergeEstimation() 함수에서는 getInterMergeCandidates()를 통해 병합 후보군을 불러오고, 함수의 마지막 부분에서 율-왜곡 비용값이 가장 작은 후보가 최적 병합 후보로 결정된다.

```
Void TEncSearch::xMergeEstimation( TComDataCU* pcCU, TComYuv* pcYuvOrg, Int
iPUIdx, UInt& uiInterDir, TComMvField* pacMvField, UInt& uiMergeIndex, UInt&
ruiCost, TComMvField* cMvFieldNeighbours, UChar* uhInterDirNeighbours, Int&
numValidMergeCand )
{
  pcCU->getPartIndexAndSize( iPUIdx, uiAbsPartIdx, iWidth, iHeight );
  UInt uiDepth = pcCU->getDepth( uiAbsPartIdx );
  PartSize partSize = pcCU->getPartitionSize( 0 );
```

```
// 병합 후보군 불러오기
if ( pcCU->getSlice()->getPPS()->getLog2ParallelMergeLevelMinus2() && partSize
    != SIZE_2Nx2N && pcCU->getWidth( 0 ) <= 8 )
{
  pcCU->setPartSizeSubParts( SIZE_2Nx2N, 0, uiDepth );
  if ( iPUIdx == 0 )
  {
    pcCU->getInterMergeCandidates( 0, 0, uiDepth, cMvFieldNeighbours,
        uhInterDirNeighbours, numValidMergeCand );
  }
  pcCU->setPartSizeSubParts( partSize, 0, uiDepth );
}
else
{
  pcCU->getInterMergeCandidates( uiAbsPartIdx, iPUIdx, uiDepth, cMvFieldNeighbours,
      uhInterDirNeighbours, numValidMergeCand );
}
xRestrictBipredMergeCand( pcCU, iPUIdx, cMvFieldNeighbours,
    uhInterDirNeighbours, numValidMergeCand );

ruiCost = MAX_UINT;
for( UInt uiMergeCand = 0; uiMergeCand < numValidMergeCand; ++uiMergeCand )
{ // 병합 후보 수만큼 루프
  {
    UInt uiCostCand = MAX_UINT;
    UInt uiBitsCand = 0;
    PartSize ePartSize = pcCU->getPartitionSize( 0 );

    pcCU->getCUMvField(REF_PIC_LIST_0)->setAllMvField( cMvFieldNeighbours[0 +
        2* uiMergeCand], ePartSize, uiAbsPartIdx, 0, iPUIdx );
    pcCU->getCUMvField(REF_PIC_LIST_1)->setAllMvField( cMvFieldNeighbours[1 +
        2* uiMergeCand], ePartSize, uiAbsPartIdx, 0, iPUIdx );

    xGetInterPredictionError( pcCU, pcYuvOrg, iPUIdx, uiCostCand,
        m_pcEncCfg->getUseHADME() ); // 비용값 계산
    uiBitsCand = uiMergeCand + 1;
    if (uiMergeCand == m_pcEncCfg->getMaxNumMergeCand() -1)
    {
      uiBitsCand--;
    }
    uiCostCand = uiCostCand + m_pcRdCost->getCost( uiBitsCand );
    if ( uiCostCand < ruiCost )
    { // 가장 작은 비용값을 갖는 후보를 최적의 병합 후보로 결정
      ruiCost = uiCostCand;
```

```
        pacMvField[0] = cMvFieldNeighbours[0 + 2*uiMergeCand];
        pacMvField[1] = cMvFieldNeighbours[1 + 2*uiMergeCand];
        uiInterDir = uhInterDirNeighbours[uiMergeCand];
        uiMergeIndex = uiMergeCand;
      }
    }
  }
}
```

다음은 움직임 병합 후보군을 불러오는 getInterMergeCandidates() 함수이다. 여기서 getSlice()->getMaxNumMergeCand()는 슬라이스 헤더에 명시된 움직임 Merge의 최대 후보군의 수를 나타낸다. abCandIsInter[]는 후보군을 위한 배열로 최대 움직임 병합 후보군의 수만큼의 크기를 가지고, 해당 인덱스의 후보를 사용할 수 있을 때는 1, 사용할 수 없을 때는 0의 값을 가진다. 자세한 설명은 소스코드 내에 주석으로 처리한다.

```
Void TComDataCU::getInterMergeCandidates( UInt uiAbsPartIdx, UInt uiPUIdx, UInt
uiDepth, TComMvField* pcMvFieldNeighbours, UChar* puhInterDirNeighbours, Int&
numValidMergeCand, Int mrgCandIdx )
{
  UInt uiAbsPartAddr = m_uiAbsIdxInLCU + uiAbsPartIdx;
  UInt uiIdx = 1;
  bool abCandIsInter[ MRG_MAX_NUM_CANDS ];
  for( UInt ui = 0; ui < getSlice()->getMaxNumMergeCand(); ++ui )
  {
    abCandIsInter[ui] = false; // 후보군을 위한 배열
  }
  numValidMergeCand = getSlice()->getMaxNumMergeCand();

  // 현재 PU의 위치 계산
  Int xP, yP, nPSW, nPSH;
  this->getPartPosition(uiPUIdx, xP, yP, nPSW, nPSH);

  Int iCount = 0;

  UInt uiPartIdxLT, uiPartIdxRT, uiPartIdxLB;
  PartSize cCurPS = getPartitionSize( uiAbsPartIdx );
  deriveLeftRightTopIdxGeneral( cCurPS, uiAbsPartIdx, uiPUIdx, uiPartIdxLT,
     uiPartIdxRT );
  deriveLeftBottomIdxGeneral( cCurPS, uiAbsPartIdx, uiPUIdx, uiPartIdxLB );
```

```
// 좌측 A1 후보
UInt uiLeftPartIdx = 0;
TComDataCU* pcCULeft = 0;
pcCULeft = getPULeft( uiLeftPartIdx, uiPartIdxLB, true, false );
if (pcCULeft)
{
  if (!pcCULeft->isDiffMER(xP -1, yP+nPSH-1, xP, yP))
  {
    pcCULeft = NULL;
  }
}
PartSize partSize = getPartitionSize( uiAbsPartIdx );
if (!(uiPUIdx == 1 && (partSize == SIZE_Nx2N || partSize == SIZE_nLx2N ||
    partSize == SIZE_nRx2N)))
{
if ( pcCULeft && !pcCULeft->isIntra( uiLeftPartIdx ) )
{
  abCandIsInter[iCount] = true;

  puhInterDirNeighbours[iCount] = pcCULeft->getInterDir( uiLeftPartIdx );
  // A1 후보의 움직임 벡터 정보 얻기
  pcCULeft->getMvField( pcCULeft, uiLeftPartIdx, REF_PIC_LIST_0,
      pcMvFieldNeighbours[iCount<<1] );
  if ( getSlice()->isInterB() )
  {
    pcCULeft->getMvField( pcCULeft, uiLeftPartIdx, REF_PIC_LIST_1, pcMvFieldNeighbours
        [(iCount<<1)+1] );
  }
  if ( mrgCandIdx == iCount )
  {
    return;
  }
  iCount ++;
}
}

// 정해진 최대 후보군의 수에 도달하면 조기 종료
if (iCount == getSlice()->getMaxNumMergeCand())
{
  return;
}
// 상단 B1 후보
UInt uiAbovePartIdx = 0;
TComDataCU* pcCUAbove = 0;
```

```
pcCUAbove = getPUAbove( uiAbovePartIdx, uiPartIdxRT, true, false, true );
  if (pcCUAbove)
  {
    if (!pcCUAbove->isDiffMER(xP+nPSW-1, yP-1, xP, yP))
    {
      pcCUAbove = NULL;
    }
  }
if ( pcCUAbove && !pcCUAbove->isIntra( uiAbovePartIdx )
  && !(uiPUIdx == 1 && (cCurPS == SIZE_2NxN || cCurPS == SIZE_2NxnU ||
      cCurPS == SIZE_2NxnD))
  && ( !pcCULeft || pcCULeft->isIntra( uiLeftPartIdx ) ||
      !pcCULeft-> hasEqualMotion( uiLeftPartIdx, pcCUAbove, uiAbovePartIdx ) ) )
{
  abCandIsInter[iCount] = true;
  puhInterDirNeighbours[iCount] = pcCUAbove->getInterDir( uiAbovePartIdx );
  // B1 후보의 움직임 벡터 정보 얻기
  pcCUAbove->getMvField( pcCUAbove, uiAbovePartIdx, REF_PIC_LIST_0,
      pcMvFieldNeighbours [iCount<<1] );
  if ( getSlice()->isInterB() )
  {
    pcCUAbove->getMvField( pcCUAbove, uiAbovePartIdx, REF_PIC_LIST_1,
        pcMvFieldNeighbours[(iCount<<1)+1] );
  }
  if ( mrgCandIdx == iCount )
  {
    return;
  }
  iCount ++;
}
// 정해진 최대 후보군의 수에 도달하면 조기 종료
if (iCount == getSlice()->getMaxNumMergeCand())
{
  return;
}

// 상단 우측 B0 후보
UInt uiAboveRightPartIdx = 0;
TComDataCU* pcCUAboveRight = 0;
pcCUAboveRight = getPUAboveRight( uiAboveRightPartIdx, uiPartIdxRT, true,
    false, true );
if (pcCUAboveRight)
{
  if (!pcCUAboveRight->isDiffMER(xP+nPSW, yP-1, xP, yP))
```

```
    {
      pcCUAboveRight = NULL;
    }
  }
  if ( pcCUAboveRight && !pcCUAboveRight->isIntra( uiAboveRightPartIdx ) &&
( !pcCUAbove || pcCUAbove->isIntra( uiAbovePartIdx ) || !pcCUAbove->hasEqualMotion
( uiAbovePartIdx, pcCUAboveRight, uiAboveRightPartIdx ) ) )
  {
    abCandIsInter[iCount] = true;
    puhInterDirNeighbours[iCount] = pcCUAboveRight->getInterDir( uiAboveRightPartIdx );
    // B0 후보의 움직임 벡터 정보 얻기
    pcCUAboveRight->getMvField( pcCUAboveRight, uiAboveRightPartIdx, REF_PIC_LIST_0,
        pcMvFieldNeighbours[iCount<<1] );
    if ( getSlice()->isInterB() )
    {
      pcCUAboveRight->getMvField( pcCUAboveRight, uiAboveRightPartIdx, REF_PIC_LIST_1,
          pcMvFieldNeighbours[(iCount<<1)+1] );
    }
    if ( mrgCandIdx == iCount )
    {
      return;
    }
    iCount ++;
  }
  // 정해진 최대 후보군의 수에 도달하면 조기 종료
  if (iCount == getSlice()->getMaxNumMergeCand())
  {
    return;
  }

  // 좌측 하단 A0 후보
  UInt uiLeftBottomPartIdx = 0;
  TComDataCU* pcCULeftBottom = 0;
  pcCULeftBottom = this->getPUBelowLeft( uiLeftBottomPartIdx, uiPartIdxLB, true,
      false );
  if (pcCULeftBottom)
  {
    if (!pcCULeftBottom->isDiffMER(xP-1, yP+nPSH, xP, yP))
    {
      pcCULeftBottom = NULL;
    }
  }
  if ( pcCULeftBottom && !pcCULeftBottom->isIntra( uiLeftBottomPartIdx ) &&
( !pcCULeft || pcCULeft->isIntra( uiLeftPartIdx ) || !pcCULeft->hasEqualMotion
```

```
( uiLeftPartIdx, pcCULeftBottom, uiLeftBottomPartIdx ) ) )
  {
    abCandIsInter[iCount] = true;
    puhInterDirNeighbours[iCount] = pcCULeftBottom->getInterDir( uiLeftBottomPartIdx );
    // A0 후보의 움직임 벡터 정보 얻기
    pcCULeftBottom->getMvField( pcCULeftBottom, uiLeftBottomPartIdx, REF_PIC_LIST_0,
        pcMvFieldNeighbours[iCount<<1] );
    if ( getSlice()->isInterB() )
    {
      pcCULeftBottom->getMvField( pcCULeftBottom, uiLeftBottomPartIdx, REF_PIC_LIST_1,
pcMvFieldNeighbours[(iCount<<1)+1] );
    }
    if ( mrgCandIdx == iCount )
    {
      return;
    }
    iCount ++;
  }
  // 정해진 최대 후보군의 수에 도달하면 조기 종료
  if (iCount == getSlice()->getMaxNumMergeCand())
  {
    return;
  }
  // 상단 좌측 B2 후보
  if( iCount < 4 )
  {
    UInt uiAboveLeftPartIdx = 0;
    TComDataCU* pcCUAboveLeft = 0;
    pcCUAboveLeft = getPUAboveLeft( uiAboveLeftPartIdx, uiAbsPartAddr, true, false,
        true );
    if (pcCUAboveLeft)
    {
      if (!pcCUAboveLeft->isDiffMER(xP-1, yP-1, xP, yP))
      {
        pcCUAboveLeft = NULL;
      }
    }
    if( pcCUAboveLeft && !pcCUAboveLeft->isIntra( uiAboveLeftPartIdx )
     && ( !pcCULeft || pcCULeft->isIntra( uiLeftPartIdx ) || !pcCULeft->
          hasEqualMotion( uiLeftPartIdx, pcCUAboveLeft, uiAboveLeftPartIdx ) )
     && ( !pcCUAbove || pcCUAbove->isIntra( uiAbovePartIdx ) || !pcCUAbove->
          hasEqualMotion( uiAbovePartIdx, pcCUAboveLeft, uiAboveLeftPartIdx ) )
     )
    {
```

```
      abCandIsInter[iCount] = true;
      puhInterDirNeighbours[iCount] = pcCUAboveLeft->getInterDir( uiAboveLeftPartIdx );
      // B2 후보의 움직임 벡터 정보 얻기
      pcCUAboveLeft->getMvField( pcCUAboveLeft, uiAboveLeftPartIdx, REF_PIC_LIST_0,
          pcMvFieldNeighbours[iCount<<1] );
      if ( getSlice()->isInterB() )
      {
        pcCUAboveLeft->getMvField( pcCUAboveLeft, uiAboveLeftPartIdx, REF_PIC_LIST_1,
            pcMvFieldNeighbours[(iCount<<1)+1] );
      }
      if ( mrgCandIdx == iCount )
      {
        return;
      }
      iCount ++;
    }
  }
  // 정해진 최대 후보군의 수에 도달하면 조기 종료
  if (iCount == getSlice()->getMaxNumMergeCand())
  {
    return;
  }
  if ( getSlice()->getEnableTMVPFlag())
  {
    UInt uiPartIdxRB;
    Int uiLCUIdx = getAddr();
    PartSize eCUMode = getPartitionSize( 0 );

    deriveRightBottomIdx( eCUMode, uiPUIdx, uiPartIdxRB );

    UInt uiAbsPartIdxTmp = g_auiZscanToRaster[uiPartIdxRB];
    UInt uiNumPartInCUWidth = m_pcPic->getNumPartInWidth();

    TComMv cColMv;
    Int iRefIdx;

    if((m_pcPic->getCU(m_uiCUAddr)->getCUPelX() + g_auiRasterToPelX[uiAbsPartIdxTmp] +
        m_pcPic->getMinCUWidth() ) >= m_pcSlice->getSPS()->getPicWidthInLumaSamples()
)  // image boundary check
    {
      uiLCUIdx = -1;
    }
    else if ( ( m_pcPic->getCU(m_uiCUAddr)->getCUPelY() + g_auiRasterToPelY
        [uiAbsPartIdxTmp] + m_pcPic->getMinCUHeight() ) >= m_pcSlice-> getSPS()->
```

```
    getPicHeightInLumaSamples() )
{
  uiLCUIdx = -1;
}
else
{
  if ( ( uiAbsPartIdxTmp % uiNumPartInCUWidth < uiNumPartInCUWidth - 1 ) &&
      // LCU의 마지막 행이 아니고
    (uiAbsPartIdxTmp/uiNumPartInCUWidth<m_pcPic->getNumPartInHeight() - 1 ) )
      // LCU의 마지막 열이 아니면
  {
    uiAbsPartAddr = g_auiRasterToZscan[ uiAbsPartIdxTmp + uiNumPartInCUWidth + 1 ];
    uiLCUIdx = getAddr();
  }
  else if ( uiAbsPartIdxTmp % uiNumPartInCUWidth < uiNumPartInCUWidth - 1 )
    // is not at the last column of LCU But is last row of LCU
  {
    uiAbsPartAddr = g_auiRasterToZscan[ (uiAbsPartIdxTmp +
        uiNumPartInCUWidth + 1) % m_pcPic->getNumPartInCU() ];
    uiLCUIdx = -1 ;
  }
  else if ( uiAbsPartIdxTmp / uiNumPartInCUWidth < m_pcPic->
      getNumPartInHeight() - 1 ) // LCU의 마지막 열이 아니고 마지막 행이면
  {
    uiAbsPartAddr = g_auiRasterToZscan[ uiAbsPartIdxTmp + 1 ];
    uiLCUIdx = getAddr() + 1;
  }
  else //LCU의 우측 하단 코너이면
  {
    uiAbsPartAddr = 0;
    uiLCUIdx = -1 ;
  }
}
iRefIdx = 0;

Bool bExistMV = false;
UInt uiPartIdxCenter;
UInt uiCurLCUIdx = getAddr();
xDeriveCenterIdx( eCUMode, uiPUIdx, uiPartIdxCenter );
bExistMV = uiLCUIdx >= 0 && xGetColMVP( REF_PIC_LIST_0, uiLCUIdx,
    uiAbsPartAddr, cColMv, iRefIdx );
if( bExistMV == false )
{
```

```
    bExistMV = xGetColMVP( REF_PIC_LIST_0, uiCurLCUIdx, uiPartIdxCenter,
        cColMv, iRefIdx );
  }
  if( bExistMV )
  {
    UInt uiArrayAddr = iCount;
    abCandIsInter[uiArrayAddr] = true;
    pcMvFieldNeighbours[uiArrayAddr << 1].setMvField( cColMv, iRefIdx );

    if ( getSlice()->isInterB() )
    {
      iRefIdx = 0;
      bExistMV = uiLCUIdx >= 0 && xGetColMVP( REF_PIC_LIST_1, uiLCUIdx,
          uiAbsPartAddr, cColMv, iRefIdx);
      if( bExistMV == false )
      {
        bExistMV = xGetColMVP( REF_PIC_LIST_1, uiCurLCUIdx, uiPartIdxCenter,
            cColMv, iRefIdx );
      }
      if( bExistMV )
      {
        pcMvFieldNeighbours[ ( uiArrayAddr << 1 ) + 1 ].setMvField( cColMv,
            iRefIdx );
        puhInterDirNeighbours[uiArrayAddr] = 3;
      }
      else
      {
        puhInterDirNeighbours[uiArrayAddr] = 1;
      }
    }
    else
    {
      puhInterDirNeighbours[uiArrayAddr] = 1;
    }
    if ( mrgCandIdx == iCount )
    {
      return;
    }
    iCount++;
  }
  uiIdx++;

}
// 정해진 최대 후보군의 수에 도달하면 조기 종료
```

```
if (iCount == getSlice()->getMaxNumMergeCand())
{
  return;
}
UInt uiArrayAddr = iCount;
UInt uiCutoff = uiArrayAddr;

if ( getSlice()->isInterB())
{
  UInt uiPriorityList0[12] = {0 , 1, 0, 2, 1, 2, 0, 3, 1, 3, 2, 3};
  UInt uiPriorityList1[12] = {1 , 0, 2, 0, 2, 1, 3, 0, 3, 1, 3, 2};

  for (Int idx=0; idx<uiCutoff*(uiCutoff-1) && uiArrayAddr!= getSlice()->
      getMaxNumMergeCand(); idx++)
  {
    Int i = uiPriorityList0[idx]; Int j = uiPriorityList1[idx];
    if (abCandIsInter[i] && abCandIsInter[j]&&
       (puhInterDirNeighbours[i]&0x1)&&(puhInterDirNeighbours[j]&0x2))
    {
      abCandIsInter[uiArrayAddr] = true;
      puhInterDirNeighbours[uiArrayAddr] = 3;

      // cand[i]와 cand[j]로부터 움직임 벡터 정보 얻기
      pcMvFieldNeighbours[uiArrayAddr << 1].setMvField(pcMvFieldNeighbours
          [i<<1].getMv(), pcMvFieldNeighbours[i<<1].getRefIdx());
      pcMvFieldNeighbours[( uiArrayAddr << 1 ) + 1].setMvField(pcMvFieldNeighbours
         [(j<<1)+1].getMv(), pcMvFieldNeighbours[(j<<1)+1].getRefIdx());

      Int iRefPOCL0 = m_pcSlice->getRefPOC( REF_PIC_LIST_0, pcMvFieldNeighbours
          [(uiArrayAddr<<1)].getRefIdx() );
      Int iRefPOCL1 = m_pcSlice->getRefPOC( REF_PIC_LIST_1, pcMvFieldNeighbours
          [(uiArrayAddr<<1)+1].getRefIdx() );
      if (iRefPOCL0 == iRefPOCL1 && pcMvFieldNeighbours [(uiArrayAddr<<1)].getMv()
          == pcMvFieldNeighbours[(uiArrayAddr<<1)+1].getMv())
      {
        abCandIsInter[uiArrayAddr] = false;
      }
      else
      {
        uiArrayAddr++;
      }
    }
  }
}
```

```
  // 정해진 최대 후보군의 수에 도달하면 조기 종료
  if (uiArrayAddr == getSlice()->getMaxNumMergeCand())
  {
    return;
  }
  Int iNumRefIdx = (getSlice()->isInterB()) ? min(m_pcSlice->getNumRefIdx
      (REF_PIC_LIST_0), m_pcSlice->getNumRefIdx(REF_PIC_LIST_1)) : m_pcSlice->
      getNumRefIdx (REF_PIC_LIST_0);
  Int r = 0;
  Int refcnt = 0;
  while (uiArrayAddr < getSlice()->getMaxNumMergeCand())
  {
    abCandIsInter[uiArrayAddr] = true;
    puhInterDirNeighbours[uiArrayAddr] = 1;
    pcMvFieldNeighbours[uiArrayAddr << 1].setMvField( TComMv(0, 0), r);

    if ( getSlice()->isInterB() )
    {
      puhInterDirNeighbours[uiArrayAddr] = 3;
      pcMvFieldNeighbours[(uiArrayAddr << 1) + 1].setMvField(TComMv(0, 0), r);
    }
    uiArrayAddr++;
    if ( refcnt == iNumRefIdx - 1 )
    {
      r = 0;
    }
    else
    {
      ++r;
      ++refcnt;
    }
  }

  numValidMergeCand = uiArrayAddr; // 후보군의 수 반환
}
```

(2) 적응적 움직임 벡터 예측

움직임 벡터 예측은 현재 PU와 주변 PU의 움직임 벡터의 시・공간적 상관성을 이용한다. 먼저, 좌측과 상단의 주변 PU의 사용 가능 여부를 판단하고, 이를 이용해 움직임 벡터 후보군을 생성한다. 움직임 벡터 후보군에서 중복되는 후보를 제거하고 그 결과 후보군에 속하는 움직임 벡터 후보의 수가 사용 가능한 최대 후보 수보다 적으면 (0,0) 움직임 벡터를 추가한다. 다음, 부호기에서 최적의 움직임 벡터를 결정하고 그 움직임 벡터에 해당하는 인덱스를 전송한다. 인덱스 전송 방법은 병합 모드의 경우와 동일하고, 사용 가능한 최대 후보의 수는 2이다.

움직임 벡터 예측 후보 결정

〈그림 4-28〉은 움직임 벡터 예측 후보를 결정하는 과정을 보여 준다. 움직임 Merge과 마찬가지로 움직임 벡터 예측에서도 공간적, 시간적, 두 종류의 움직임 벡터 후보가 고려된다. 공간적 움직임 벡터 후보 결정 단계에서 5개의 서로 다른 위치의 주변 PU의 움직임 벡터에 의해 2개의 움직임 벡터 후보가 계산된다. 현재 블록의 좌측에 위치한 PU에서 한 개, 상단에 위치한 PU에서 한 개의 움직임 벡터가 사용된다 [29].

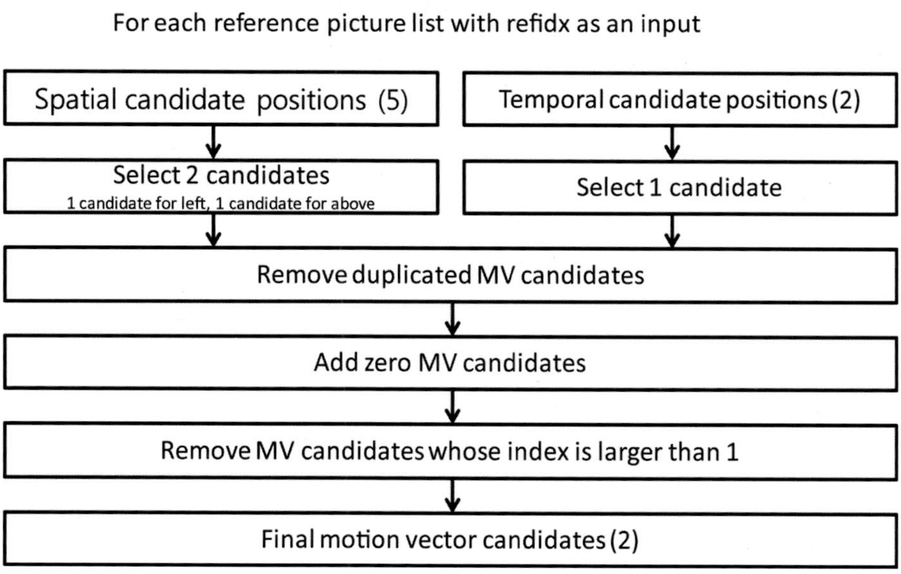

〈그림 4-28〉 적응적 움직임 벡터 예측 후보 결정 과정

시간적 움직임 벡터 후보 결정에서는 서로 다른 시간적 위치에 있는 2개의 동일 위치(collocated) 블록 중 1개의 움직임 벡터 후보가 선택된다. 시 · 공간적 후보군이 결정된 후, 중복되는 움직임 벡터 후보는 제거된다. 만약 후보군의 수가 사용가능한 최대 움직임 벡터 후보의 수인 2보다 크면, 인덱스가 1보다 큰 움직임 벡터 후보는 후보 리스트에서 제거된다. 만약 후보군의 수가 2보다 작으면 (0,0) 움직임 벡터가 후보 리스트에 추가된다.

공간적 움직임 벡터 예측 후보

공간적 움직임 벡터 후보 결정 단계에서는 〈그림 4-24〉에 나타나 있는 5개의 후보 중 최대 2개의 후보가 사용된다. 움직임 벡터 예측을 위한 후보의 위치는 움직임 Merge의 경우와 동일하다. 좌측 PU에서 1개의 후보, 상단 PU에서 1개의 후보가 결정되는데 결정 순서는 각각 A0, A1, scaled A0, scaled A1 순, B0, B1, B2, scaled B0, scaled B1, scaled B2 순이다. 각 후보들은 스케일링을 사용하는 경우와 스케일링을 사용하지 않는 경우로 나뉘는데, 각각에 대한 정의는 다음과 같다.

■ 스케일링을 사용하지 않는 경우

- 동일한 참조 화면 리스트이고, 동일한 참조 화면 인덱스 (동일한 POC)
- 다른 참조 화면 리스트이지만, 동일한 참조 화면 (동일한 POC)

■ 스케일링을 사용하는 경우

- 동일한 참조 화면 리스트이지만, 다른 참조 화면 (다른 POC)
- 다른 참조 화면 리스트이고 다른 참조 화면 (다른 POC)

스케일링을 사용하지 않는 경우가 먼저 탐색되고, 그 다음 스케일링을 사용하는 경우가 탐색된다. 스케일링은 참조 화면 리스트와 무관하게 현재 PU의 참조 화면과 주변 PU의 참조 화면간의 POC가 다를 때 고려된다. 만약 좌측 후보의 모든 PU가 사용할 수 없거나 화면내 부호화된 경우에는 상단 움직임 벡터에 대한 스케일링이 허용된다. 그렇지 않은 경우, 상단 움직임 벡터에 대해서는 스케일링이 허용되지 않는다.

공간적 스케일링에서 주변 PU의 움직임 벡터는 〈그림 4-27〉의 시간적 병합 후보의 스케일링 방법과 동일하게 주변 PU의 움직임 벡터가 스케일링된다. 가장 큰 차이는 시간적 병합 후보는 동일 위치 PU를 스케일링해 현재 PU를 위한 움직임 벡터를 계산하지만, 여기에서는 주변 PU를 스케일링한다는 점이다. 〈그림 4-29〉는 공간적 움직임 벡터 후보를 위한 움직임 벡터 스케일링의 개념을 보여 준다.

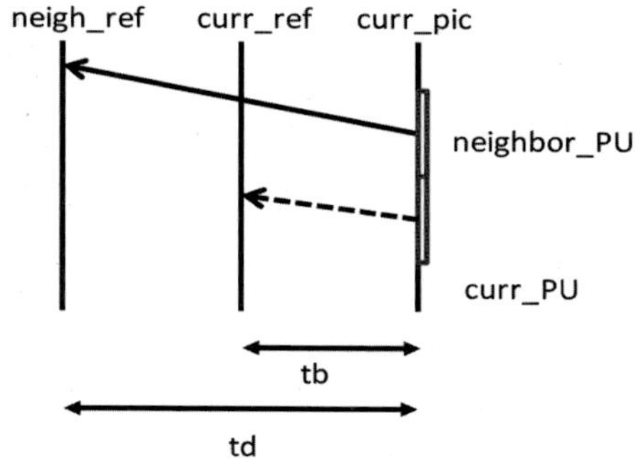

〈그림 4-29〉 공간적 움직임 벡터 후보를 위한 움직임 벡터 스케일링

시간적 움직임 벡터 예측 후보

참조 화면 인덱스 결정을 제외하면, 전체 과정은 시간적 병합 후보를 결정하는 것과 동일하다 [30]. 주의할 점은 참조 화면 인덱스가 복호기로 전송된다는 점이다.

다음은 움직임 벡터 예측을 수행하는 xEstimateMvPredAMVP() 함수이다. fillMvpCand()를 통해 움직임 벡터 후보군을 불러 오고, 함수의 마지막 부분에서 율-왜곡 비용값이 가장 작은 후보를 최적 움직임 벡터 후보로 결정한다.

```
Void TEncSearch::xEstimateMvPredAMVP( TComDataCU* pcCU, TComYuv* pcOrgYuv, UInt
uiPartIdx, RefPicList eRefPicList, Int iRefIdx, TComMv& rcMvPred, Bool bFilled,
UInt* puiDistBiP )
{
  AMVPInfo* pcAMVPInfo = pcCU->getCUMvField(eRefPicList)->getAMVPInfo();

  TComMv  cBestMv;
  Int     iBestIdx = 0;
  TComMv  cZeroMv;
  TComMv  cMvPred;
  UInt    uiBestCost = MAX_INT;
  UInt    uiPartAddr = 0;
  Int     iRoiWidth, iRoiHeight;
  Int     i;
```

```
  pcCU->getPartIndexAndSize( uiPartIdx, uiPartAddr, iRoiWidth, iRoiHeight );
  // 움직임 벡터 후보군 채우기
  if (!bFilled)
  {
    pcCU->fillMvpCand( uiPartIdx, uiPartAddr, eRefPicList, iRefIdx, pcAMVPInfo );
  }

  // MVP 인덱스와 MVP 초기화
  iBestIdx = 0;
  cBestMv  = pcAMVPInfo->m_acMvCand[0];
#if !ZERO_MVD_EST
  if (pcAMVPInfo->iN <= 1)
  {
    rcMvPred = cBestMv;

    pcCU->setMVPIdxSubParts( iBestIdx, eRefPicList, uiPartAddr, uiPartIdx,
        pcCU-> getDepth(uiPartAddr));
    pcCU->setMVPNumSubParts( pcAMVPInfo->iN, eRefPicList, uiPartAddr, uiPartIdx,
        pcCU->getDepth(uiPartAddr));

    if(pcCU->getSlice()->getMvdL1ZeroFlag() && eRefPicList==REF_PIC_LIST_1)
    {
#if ZERO_MVD_EST
      (*puiDistBiP) = xGetTemplateCost( pcCU, uiPartIdx, uiPartAddr, pcOrgYuv,
          &m_cYuvPredTemp, rcMvPred, 0, AMVP_MAX_NUM_CANDS, eRefPicList, iRefIdx,
          iRoiWidth, iRoiHeight, uiDist );
#else
      (*puiDistBiP) = xGetTemplateCost( pcCU, uiPartIdx, uiPartAddr, pcOrgYuv,
          &m_cYuvPredTemp, rcMvPred, 0, AMVP_MAX_NUM_CANDS, eRefPicList, iRefIdx,
          iRoiWidth, iRoiHeight);
#endif
    }
    return;
  }
#endif
  if (bFilled)
  {
    assert(pcCU->getMVPIdx(eRefPicList,uiPartAddr) >= 0);
    rcMvPred = pcAMVPInfo->m_acMvCand[pcCU->getMVPIdx(eRefPicList,uiPartAddr)];
    return;
  }

  m_cYuvPredTemp.clear();
#if ZERO_MVD_EST
```

```
  UInt uiDist;
#endif
  // 비용값 비교
  for ( i = 0 ; i < pcAMVPInfo->iN; i++)
  {
    UInt uiTmpCost;
#if ZERO_MVD_EST
    uiTmpCost = xGetTemplateCost( pcCU, uiPartIdx, uiPartAddr, pcOrgYuv,
        &m_cYuvPredTemp, pcAMVPInfo->m_acMvCand[i], i, AMVP_MAX_NUM_CANDS,
        eRefPicList, iRefIdx, iRoiWidth, iRoiHeight, uiDist );
#else
    uiTmpCost = xGetTemplateCost( pcCU, uiPartIdx, uiPartAddr, pcOrgYuv,
        &m_cYuvPredTemp, pcAMVPInfo->m_acMvCand[i], i, AMVP_MAX_NUM_CANDS,
        eRefPicList, iRefIdx, iRoiWidth, iRoiHeight);
#endif
    if ( uiBestCost > uiTmpCost ) // 최소 비용값을 갖는 최적 MVP 찾기
    {
      uiBestCost = uiTmpCost;
      cBestMv   = pcAMVPInfo->m_acMvCand[i];
      iBestIdx  = i;
      (*puiDistBiP) = uiTmpCost;
#if ZERO_MVD_EST
      (*puiDist) = uiDist;
#endif
    }
  }

  m_cYuvPredTemp.clear();

  // 최적의 MVP 저장
  rcMvPred = cBestMv;
  pcCU->setMVPIdxSubParts( iBestIdx, eRefPicList, uiPartAddr, uiPartIdx,
      pcCU->getDepth(uiPartAddr));
  pcCU->setMVPNumSubParts( pcAMVPInfo->iN, eRefPicList, uiPartAddr, uiPartIdx,
      pcCU->getDepth(uiPartAddr));
  return;
}
```

다음은 움직임 벡터 후보군을 불러오는 fillMvpCand() 함수이다. 자세한 설명은 소스코드내에 주석으로 처리한다.

```
Void TComDataCU::fillMvpCand ( UInt uiPartIdx, UInt uiPartAddr, RefPicList
eRefPicList, Int iRefIdx, AMVPInfo* pInfo )
{
  PartSize eCUMode = getPartitionSize( 0 );

  TComMv cMvPred;
  Bool bAddedSmvp = false;

  pInfo->iN = 0;
  if (iRefIdx < 0)
  {
    return;
  }

  // 공간적 움직임 벡터
  UInt uiPartIdxLT, uiPartIdxRT, uiPartIdxLB;
  UInt uiNumPartInCUWidth = m_pcPic->getNumPartInWidth();
  Bool bAdded = false;

  deriveLeftRightTopIdx( eCUMode, uiPartIdx, uiPartIdxLT, uiPartIdxRT );
  deriveLeftBottomIdx( eCUMode, uiPartIdx, uiPartIdxLB );

  TComDataCU* tmpCU = NULL;
  UInt idx;
  tmpCU = getPUBelowLeft(idx, uiPartIdxLB, true, false);
  bAddedSmvp = (tmpCU != NULL) && (tmpCU->getPredictionMode(idx) != MODE_INTRA);

  if (!bAddedSmvp)
  {
    tmpCU = getPULeft(idx, uiPartIdxLB, true, false);
    bAddedSmvp = (tmpCU != NULL) && (tmpCU->getPredictionMode(idx) !=
        MODE_INTRA);
  }

  // 좌측 predictor 탐색
  bAdded = xAddMVPCand( pInfo, eRefPicList, iRefIdx, uiPartIdxLB, MD_BELOW_LEFT);
    // A0 후보
  if (!bAdded)
  {
    bAdded = xAddMVPCand( pInfo, eRefPicList, iRefIdx, uiPartIdxLB, MD_LEFT );
      // A1 후보
  }

  if(!bAdded)
```

```
{
  bAdded = xAddMVPCandOrder( pInfo, eRefPicList, iRefIdx, uiPartIdxLB,
      MD_BELOW_LEFT); // scaled A0 후보
  if (!bAdded)
  {
    bAdded = xAddMVPCandOrder( pInfo, eRefPicList, iRefIdx, uiPartIdxLB,
      MD_LEFT ); // scaled A1 후보
  }
}
// 상단 predictor 탐색
bAdded = xAddMVPCand( pInfo, eRefPicList, iRefIdx, uiPartIdxRT,
    MD_ABOVE_RIGHT); // B0 후보

if (!bAdded)
{
  bAdded = xAddMVPCand( pInfo, eRefPicList, iRefIdx, uiPartIdxRT, MD_ABOVE);
      // B1 후보
}

if(!bAdded)
{
  bAdded = xAddMVPCand( pInfo, eRefPicList, iRefIdx, uiPartIdxLT,
      MD_ABOVE_LEFT); // B2 후보
}
bAdded = bAddedSmvp;
if (pInfo->iN==2) bAdded = true;

if(!bAdded)
{
  bAdded = xAddMVPCandOrder( pInfo, eRefPicList, iRefIdx, uiPartIdxRT,
      MD_ABOVE_RIGHT); // scaled B0 후보
  if (!bAdded)
  {
    bAdded = xAddMVPCandOrder( pInfo, eRefPicList, iRefIdx, uiPartIdxRT, MD_ABOVE);
        // scaled B1 후보
  }

  if(!bAdded)
  {
    bAdded = xAddMVPCandOrder( pInfo, eRefPicList, iRefIdx, uiPartIdxLT,
        MD_ABOVE_LEFT); // scaled B2 후보
  }
}
```

```
if ( pInfo->iN == 2 )
{
  if ( pInfo->m_acMvCand[ 0 ] == pInfo->m_acMvCand[ 1 ] )
  {
    pInfo->iN = 1;
  }
}

if ( getSlice()->getEnableTMVPFlag() )
{
  // 시간적 움직임 벡터
  int iRefIdx_Col = iRefIdx;
  TComMv cColMv;
  UInt uiPartIdxRB;
  UInt uiAbsPartIdx;
  UInt uiAbsPartAddr;
  int uiLCUIdx = getAddr();

  deriveRightBottomIdx( eCUMode, uiPartIdx, uiPartIdxRB );
  uiAbsPartAddr = m_uiAbsIdxInLCU + uiPartAddr;

  // 동일 위치(co-located) 우측 하단(rightbottom) 시간적 predictor (H)
  uiAbsPartIdx = g_auiZscanToRaster[uiPartIdxRB];
  if ( ( m_pcPic->getCU(m_uiCUAddr)->getCUPelX() + g_auiRasterToPelX[uiAbsPartIdx] +
      m_pcPic->getMinCUWidth() ) >= m_pcSlice->getSPS()->
      getPicWidthInLumaSamples() )  // 영상 경계 여부 확인
  {
    uiLCUIdx = -1;
  }
  else if ( ( m_pcPic->getCU(m_uiCUAddr)->getCUPelY() + g_auiRasterToPelY[uiAbsPartIdx] +
      m_pcPic->getMinCUHeight() ) >=
      m_pcSlice->getSPS()->getPicHeightInLumaSamples() )
  {
    uiLCUIdx = -1;
  }
  else
  {
    if ( ( uiAbsPartIdx % uiNumPartInCUWidth < uiNumPartInCUWidth - 1 ) &&
          // LCU의 마지막 행이 아니고
      ( uiAbsPartIdx / uiNumPartInCUWidth < m_pcPic->getNumPartInHeight() - 1 ) )
          // LCU의 마지막 열이 아니면
    {
      uiAbsPartAddr = g_auiRasterToZscan[ uiAbsPartIdx + uiNumPartInCUWidth + 1 ];
      uiLCUIdx = getAddr();
```

```
    }
    else if ( uiAbsPartIdx % uiNumPartInCUWidth < uiNumPartInCUWidth - 1 )
        // LCU의 마지막 행이 아니고 마지막 열이면
    {
      uiAbsPartAddr = g_auiRasterToZscan[ (uiAbsPartIdx + uiNumPartInCUWidth + 1) %
          m_pcPic->getNumPartInCU() ];
      uiLCUIdx      = -1 ;
    }
    else if ( uiAbsPartIdx / uiNumPartInCUWidth < m_pcPic->getNumPartInHeight() - 1 )
        // LCU의 마지막 열이 아니고 마지막 행이면        {
      uiAbsPartAddr = g_auiRasterToZscan[ uiAbsPartIdx + 1 ];
      uiLCUIdx = getAddr() + 1;
    }
    else //is the right bottom corner of LCU
    {
      uiAbsPartAddr = 0;
      uiLCUIdx      = -1 ;
    }
  }
  if ( uiLCUIdx >= 0 && xGetColMVP( eRefPicList, uiLCUIdx, uiAbsPartAddr,
      cColMv, iRefIdx_Col ) )
  {
    pInfo->m_acMvCand[pInfo->iN++] = cColMv;
  }
  else
  {
    UInt uiPartIdxCenter;
    UInt uiCurLCUIdx = getAddr();
    xDeriveCenterIdx( eCUMode, uiPartIdx, uiPartIdxCenter );
    if (xGetColMVP( eRefPicList, uiCurLCUIdx, uiPartIdxCenter, cColMv, iRefIdx_Col ))
    {
      pInfo->m_acMvCand[pInfo->iN++] = cColMv;
    }
  }
}

if (pInfo->iN > AMVP_MAX_NUM_CANDS)
{
  pInfo->iN = AMVP_MAX_NUM_CANDS;
}
while (pInfo->iN < AMVP_MAX_NUM_CANDS)
{
    pInfo->m_acMvCand[pInfo->iN].set(0,0);
    pInfo->iN++;
```

```
  }
  return ;
}
```

다음은 fillMvpCand() 함수에서 사용되는, 스케일링 되지 않은 움직임 벡터 후보를 추가하는 함수이다.

```
Bool TComDataCU::xAddMVPCand( AMVPInfo* pInfo, RefPicList eRefPicList, Int
iRefIdx, UInt uiPartUnitIdx, MVP_DIR eDir )
{
  TComDataCU* pcTmpCU = NULL;
  UInt uiIdx;
  switch( eDir )
  {
    case MD_LEFT:
    {
      pcTmpCU = getPULeft(uiIdx, uiPartUnitIdx, true, false);
      break;
    }
    case MD_ABOVE:
    {
      pcTmpCU = getPUAbove(uiIdx, uiPartUnitIdx, true, false, true);
      break;
    }
    case MD_ABOVE_RIGHT:
    {
      pcTmpCU = getPUAboveRight(uiIdx, uiPartUnitIdx, true, false, true);
      break;
    }
    case MD_BELOW_LEFT:
    {
      pcTmpCU = getPUBelowLeft(uiIdx, uiPartUnitIdx, true, false);
      break;
    }
    case MD_ABOVE_LEFT:
    {
      pcTmpCU = getPUAboveLeft(uiIdx, uiPartUnitIdx, true, false, true);
      break;
    }
    default:
```

```
    {
      break;
    }
  }

  if ( pcTmpCU != NULL && m_pcSlice->isEqualRef(eRefPicList, pcTmpCU->getCUMvField
      (eRefPicList)->getRefIdx(uiIdx), iRefIdx) )
  {
    TComMv cMvPred = pcTmpCU->getCUMvField(eRefPicList)->getMv(uiIdx);

    pInfo->m_acMvCand[ pInfo->iN++] = cMvPred;
    return true;
  }

  if ( pcTmpCU == NULL )
  {
    return false;
  }

  RefPicList eRefPicList2nd = REF_PIC_LIST_0;
  if(       eRefPicList == REF_PIC_LIST_0 )
  {
    eRefPicList2nd = REF_PIC_LIST_1;
  }
  else if ( eRefPicList == REF_PIC_LIST_1)
  {
    eRefPicList2nd = REF_PIC_LIST_0;
  }


  Int iCurrRefPOC = m_pcSlice->getRefPic( eRefPicList, iRefIdx)->getPOC();
  Int iNeibRefPOC;


  if( pcTmpCU->getCUMvField(eRefPicList2nd)->getRefIdx(uiIdx) >= 0 )
  {
    iNeibRefPOC = pcTmpCU->getSlice()->getRefPOC( eRefPicList2nd, pcTmpCU->getCUMvField
        (eRefPicList2nd)->getRefIdx(uiIdx) );
    if( iNeibRefPOC == iCurrRefPOC ) // 동일 참조 화면이지만 리스트가 다른 경우
    {
      TComMv cMvPred = pcTmpCU->getCUMvField(eRefPicList2nd)->getMv(uiIdx);
      pInfo->m_acMvCand[ pInfo->iN++] = cMvPred;
      return true;
    }
```

```
  }
  return false;
}
```

다음은 fillMvpCand() 함수에서 사용되는, 스케일링된 움직임 벡터 후보를 추가하는 함수이다.

```
Bool TComDataCU::xAddMVPCandOrder( AMVPInfo* pInfo, RefPicList eRefPicList, Int iRefIdx, UInt uiPartUnitIdx, MVP_DIR eDir )
{
  TComDataCU* pcTmpCU = NULL;
  UInt uiIdx;
  switch( eDir )
  {
  case MD_LEFT:
    {
      pcTmpCU = getPULeft(uiIdx, uiPartUnitIdx, true, false);
      break;
    }
  case MD_ABOVE:
    {
      pcTmpCU = getPUAbove(uiIdx, uiPartUnitIdx, true, false, true);
      break;
    }
  case MD_ABOVE_RIGHT:
    {
      pcTmpCU = getPUAboveRight(uiIdx, uiPartUnitIdx, true, false, true);
      break;
    }
  case MD_BELOW_LEFT:
    {
      pcTmpCU = getPUBelowLeft(uiIdx, uiPartUnitIdx, true, false);
      break;
    }
  case MD_ABOVE_LEFT:
    {
      pcTmpCU = getPUAboveLeft(uiIdx, uiPartUnitIdx, true, false, true);
      break;
    }
  default:
    {
```

```
        break;
      }
    }

    if ( pcTmpCU == NULL )
    {
      return false;
    }

    RefPicList eRefPicList2nd = REF_PIC_LIST_0;
    if( eRefPicList == REF_PIC_LIST_0 )
    {
      eRefPicList2nd = REF_PIC_LIST_1;
    }
    else if ( eRefPicList == REF_PIC_LIST_1)
    {
      eRefPicList2nd = REF_PIC_LIST_0;
    }

    Int iCurrPOC = m_pcSlice->getPOC();
    Int iCurrRefPOC = m_pcSlice->getRefPic( eRefPicList, iRefIdx)->getPOC();
    Int iNeibPOC = iCurrPOC;
    Int iNeibRefPOC;

    Bool   bIsCurrRefLongTerm   =   m_pcSlice->getRefPic(   eRefPicList,   iRefIdx)->
  getIsLongTerm();
    Bool bIsNeibRefLongTerm = false;
    //---------------  V1 (END) ------------------//
    if( pcTmpCU->getCUMvField(eRefPicList)->getRefIdx(uiIdx) >= 0)
    {
      iNeibRefPOC = pcTmpCU->getSlice()->getRefPOC( eRefPicList, pcTmpCU->
          getCUMvField (eRefPicList)->getRefIdx(uiIdx) );
      TComMv cMvPred = pcTmpCU->getCUMvField(eRefPicList)->getMv(uiIdx);
      TComMv rcMv;

      bIsNeibRefLongTerm = pcTmpCU->getSlice()->getRefPic( eRefPicList,
          pcTmpCU->getCUMvField(eRefPicList)->getRefIdx(uiIdx) )->getIsLongTerm();
      if ( bIsCurrRefLongTerm == bIsNeibRefLongTerm )
      {
      if ( bIsCurrRefLongTerm || bIsNeibRefLongTerm )
      {
        rcMv = cMvPred;
      }
      else
```

```
  {
    Int iScale = xGetDistScaleFactor( iCurrPOC, iCurrRefPOC, iNeibPOC, iNeibRefPOC );
    if ( iScale == 4096 )
    {
      rcMv = cMvPred;
    }
    else
    {
      rcMv = cMvPred.scaleMv( iScale );
    }
  }
  pInfo->m_acMvCand[ pInfo->iN++] = rcMv;
  return true;
  }
}
//----------------------- V2(END) ---------------------//
if( pcTmpCU->getCUMvField(eRefPicList2nd)->getRefIdx(uiIdx) >= 0)
{
  iNeibRefPOC = pcTmpCU->getSlice()->getRefPOC( eRefPicList2nd, pcTmpCU->
      getCUMvField(eRefPicList2nd)->getRefIdx(uiIdx) );
  TComMv cMvPred = pcTmpCU->getCUMvField(eRefPicList2nd)->getMv(uiIdx);
  TComMv rcMv;

  bIsNeibRefLongTerm = pcTmpCU->getSlice()->getRefPic( eRefPicList2nd,
      pcTmpCU->getCUMvField(eRefPicList2nd)->getRefIdx(uiIdx) )->getIsLongTerm();
  if ( bIsCurrRefLongTerm == bIsNeibRefLongTerm )
  {
  if ( bIsCurrRefLongTerm || bIsNeibRefLongTerm )
  {
    rcMv = cMvPred;
  }
  else
  {
    Int iScale = xGetDistScaleFactor( iCurrPOC, iCurrRefPOC, iNeibPOC, iNeibRefPOC );
    if ( iScale == 4096 )
    {
      rcMv = cMvPred;
    }
    else
    {
      rcMv = cMvPred.scaleMv( iScale );
    }
  }
  pInfo->m_acMvCand[ pInfo->iN++] = rcMv;
```

```
        return true;
      }
    }
    //---------------------- V3(END) ---------------------//
    return false;
}
```

4.3 변환 및 양자화

변환이란 압축하려는 정보를 압축하기에 편리하도록 그 의미 내용을 잃지 않으면서 정보의 표현 방법을 바꾸는 기술이다. 영상 압축 표준에서는 공간 영역의 신호를 주파수 영역의 신호로 변환한다. 양자화는 변환 다음에 수행되며, 압축 기술에서 유일하게 정보의 손실이 발생되는 단계이다. 양자화를 통해 변환 계수를 몇 개의 대표 값으로 근사화해 압축 효율을 높인다. HEVC에서 변환 및 양자화는 transformNxN() 함수내에서 수행되며, 변환은 xT() 함수, 양자화는 xQuant() 함수에서 수행된다.

연속된 화소들의 밝기 값 변화가 적거나 경계 영역에서 밝기 값이 급격하게 변하는 영역에서는 잔여 데이터가 랜덤하게 분포하는 경우가 많다. 이러한 경우, 변환과 양자화를 수행하면 오히려 오차의 양이 증가해 압축 효율이 감소한다. 따라서 HEVC에서는 해당 영역에 대해 변환을 수행하지 않는 변환 생략 모드를 갖고 있다. xTransformSkip() 함수를 통해 변환 생략 모드가 수행되면, 변환 과정이 수행되지 않고 이 정보를 transform_skip_flag를 이용해 복호기로 전송한다 (transform_skip_flag가 1이면 변환 생략, 0이면 변환 수행). 변환이 생략된 이후에 양자화는 그대로 수행된다. 단, 이 변환 생략 모드는 4×4 TU에 대해서만 사용되며, 그 외의 TU에 대해서는 사용되지 않는다.

```
Void TComTrQuant::transformNxN( TComDataCU* pcCU,
                                Pel*        pcResidual,
                                UInt        uiStride,
                                TCoeff*     rpcCoeff,
#if ADAPTIVE_QP_SELECTION
                                Int*&       rpcArlCoeff,
```

```
#endif
                              UInt       uiWidth,
                              UInt       uiHeight,
                              UInt&      uiAbsSum,
                              TextType   eTType,
                              UInt       uiAbsPartIdx,
                              Bool       useTransformSkip
                              )
{
  if (pcCU->getCUTransquantBypass(uiAbsPartIdx))
  {
    uiAbsSum=0;
    for (UInt k = 0; k<uiHeight; k++)
    {
      for (UInt j = 0; j<uiWidth; j++)
      {
        rpcCoeff[k*uiWidth+j]= pcResidual[k*uiStride+j];
        uiAbsSum += abs(pcResidual[k*uiStride+j]);
      }
    }
    return;
  }
  UInt uiMode;  //luma intra pred
  if(eTType == TEXT_LUMA && pcCU->getPredictionMode(uiAbsPartIdx) == MODE_INTRA )
  {
    uiMode = pcCU->getLumaIntraDir( uiAbsPartIdx );
  }
  else
  {
    uiMode = REG_DCT;
  }

  uiAbsSum = 0;
  assert( (pcCU->getSlice()->getSPS()->getMaxTrSize() >= uiWidth) );
  if(useTransformSkip)
  { // 변환 생략 모드
    xTransformSkip( pcResidual, uiStride, m_plTempCoeff, uiWidth, uiHeight );
  }
  else
  { // 변환
    xT( uiMode, pcResidual, uiStride, m_plTempCoeff, uiWidth, uiHeight );
  }
  xQuant( pcCU, m_plTempCoeff, rpcCoeff,
#if ADAPTIVE_QP_SELECTION
       rpcArlCoeff,
```

```
#endif
        uiWidth, uiHeight, uiAbsSum, eTType, uiAbsPartIdx ); // 양자화
}
```

4.3.1 변환

상대적으로 값이 비슷한 데이터는 변환 행렬을 사용하는 것이 압축과 양자화 손실 면에서 효과적이다. 일반적으로 고화질 영상에서 매크로블록은 객체 또는 배경의 작은 영역을 차지하므로 화소 값에 약간의 변화를 가지는 동일한 텍스쳐 패턴으로 묘사할 수 있다. 그러므로 큰 블록과 큰 변환을 사용하여 고해상도 영상의 부호화 효율을 향상시킬 수 있다. 하지만, H.264/AVC 비디오 표준은 4×4 크기와 8×8 크기의 변환을 제공한다. 이러한 변환 크기는 고해상도 영상을 효과적으로 부호화하는데 한계가 있다. 따라서 HEVC에서는 동일한 CU내에서 PU보다 큰 크기의 TU를 사용할 수 있도록 하였다. 즉, 동일한 CU내의 서로 다른 PU의 잔여 데이터를 함께 변환할 수 있다.

HEVC는 총 네 개의 변환 크기 (4×4, 8×8, 16×16, 32×32)를 가진다 [31]. 변환에는 일반적으로 잘 알려진 DCT (Discrete Cosine Transform)와 DST (Discrete Sine Transform)가 사용되며, 4×4 화면내 블록에 대해서는 DST만 사용된다 [32].

다음은 각 변환 크기별 변환 행렬을 보여 준다. 4×4 변환 및 8×8 변환은 DCT (discrete cosine transform)를 정수화 한 것이고, 16×16, 32×32 변환은 최대한 직교성을 유지하기 위해 변환 행렬의 계수를 조금씩 수정한 것이다. 주목할 점은 행렬에서 음영 처리한 부분에서 볼 수 있듯이 큰 크기의 변환 계수에서 작은 크기의 변환 계수를 얻을 수 있다는 점이다.

- 4×4 DCT

64	64	64	64
83	36	-36	-83
64	-64	-64	64
36	-83	83	-36

■ 8×8 DCT

64	64	64	64	64	64	64	64
89	75	50	18	−18	−50	−75	−89
83	36	−36	−83	−83	−36	36	83
75	−18	−89	−50	50	89	18	−75
64	−64	−64	64	64	−64	−64	64
50	−89	18	75	−75	−18	89	−50
36	−83	83	−36	−36	83	−83	36
18	−50	75	−89	89	−75	50	−18

■ 16×16 DCT

64	64	64	64	64	64	64	64	64	64	64	64	64	64	64	64
90	87	80	70	57	43	25	9	−9	−25	−43	−57	−70	−80	−87	−90
89	75	50	18	−18	−50	−75	−89	−89	−75	−50	−18	18	50	75	89
87	57	9	−43	−80	−90	−70	−25	25	70	90	80	43	−9	−57	−87
83	36	−36	−83	−83	−36	36	83	83	36	−36	−83	−83	−36	36	83
80	9	−70	−87	−25	57	90	43	−43	−90	−57	25	87	70	−9	−80
75	−18	−89	−50	50	89	18	−75	−75	18	89	50	−50	−89	−18	75
70	−43	−87	9	90	25	−80	−57	57	80	−25	−90	−9	87	43	−70
64	−64	−64	64	64	−64	−64	64	64	−64	−64	64	64	−64	−64	64
57	−80	−25	90	−9	−87	43	70	−70	−43	87	9	−90	25	80	−57
50	−89	18	75	−75	−18	89	−50	−50	89	−18	−75	75	18	−89	50
43	−90	57	25	−87	70	9	−80	80	−9	−70	87	−25	−57	90	−43
36	−83	83	−36	−36	83	−83	36	36	−83	83	−36	−36	83	−83	36
25	−70	90	−80	43	9	−57	87	−87	57	−9	−43	80	−90	70	−25
18	−50	75	−89	89	−75	50	−18	−18	50	−75	89	−89	75	−50	18
9	−25	43	−57	70	−80	87	−90	90	−87	80	−70	57	−43	25	−9

■ 32×32 DC

64	64	64	64	64	64	64	64	64	64	64	64	64	64	64	64	64	64	64	64	64	64	64	64	64	64	64	64	64	64	64	64
90	90	88	85	82	78	73	67	61	54	46	38	31	22	13	4	−4	−13	−22	−31	−38	−46	−54	−61	−67	−73	−78	−82	−85	−88	−90	−90
90	87	80	70	57	43	25	9	−9	−25	−43	−57	−70	−80	−87	−90	−90	−87	−80	−70	−57	−43	−25	−9	9	25	43	57	70	80	87	90
90	82	67	46	22	−4	−31	−54	−73	−85	−90	−88	−78	−61	−38	−13	13	38	61	78	88	90	85	73	54	31	4	−22	−46	−67	−82	−90
89	75	50	18	−18	−50	−75	−89	−89	−75	−50	−18	18	50	75	89	89	75	50	18	−18	−50	−75	−89	−89	−75	−50	−18	18	50	75	89
88	67	31	−13	−54	−82	−90	−78	−46	−4	38	73	90	85	61	22	−22	−61	−85	−90	−73	−38	4	46	78	90	82	54	13	−31	−67	−88
87	57	9	−43	−80	−90	−70	−25	25	70	90	80	43	−9	−57	−87	−87	−57	−9	43	80	90	70	25	−25	−70	−90	−80	−43	9	57	87
85	46	−13	−67	−90	−73	−22	38	82	88	54	−4	−61	−90	−78	−31	31	78	90	61	4	−54	−88	−82	−38	22	73	90	67	13	−46	−85
83	36	−36	−83	−83	−36	36	83	83	36	−36	−83	−83	−36	36	83	83	36	−36	−83	−83	−36	36	83	83	36	−36	−83	−83	−36	36	83
82	22	−54	−90	−61	13	78	85	31	−46	−90	−67	4	73	88	38	−38	−88	−73	−4	67	90	46	−31	−85	−78	−13	61	90	54	−22	−82
80	9	−70	−87	−25	57	90	43	−43	−90	−57	25	87	70	−9	−80	−80	−9	70	87	25	−57	−90	−43	43	90	57	−25	−87	−70	9	80
78	−4	−82	−73	13	85	67	−22	−88	−61	31	90	54	−38	−90	−46	46	90	38	−54	−90	−31	61	88	22	−67	−85	−13	73	82	4	−78
75	−18	−89	−50	50	89	18	−75	−75	18	89	50	−50	−89	−18	75	75	−18	−89	−50	50	89	18	−75	−75	18	89	50	−50	−89	−18	75
73	−31	−90	−22	78	67	−38	−90	−13	82	61	−46	−88	−4	85	54	−54	−85	4	88	46	−61	−82	13	90	38	−67	−78	22	90	31	−73
70	−43	−87	9	90	25	−80	−57	57	80	−25	−90	−9	87	43	−70	−70	43	87	−9	−90	−25	80	57	−57	−80	25	90	9	−87	−43	70
67	−54	−78	38	85	−22	−90	4	90	13	−88	−31	82	46	−73	−61	61	73	−46	−82	31	88	−13	−90	−4	90	22	−85	−38	78	54	−67
64	−64	−64	64	64	−64	−64	64	64	−64	−64	64	64	−64	−64	64	64	−64	−64	64	64	−64	−64	64	64	−64	−64	64	64	−64	−64	64
61	−73	−46	82	31	−88	−13	90	−4	−90	22	85	−38	−78	54	67	−67	−54	78	38	−85	−22	90	4	−90	13	88	−31	−82	46	73	−61
57	−80	−25	90	−9	−87	43	70	−70	−43	87	9	−90	25	80	−57	−57	80	25	−90	9	87	−43	−70	70	43	−87	−9	90	−25	−80	57
54	−85	−4	88	−46	−61	82	13	−90	38	67	−78	−22	90	−31	−73	73	31	−90	22	78	−67	−38	90	−13	−82	61	46	−88	4	85	−54
50	−89	18	75	−75	−18	89	−50	−50	89	−18	−75	75	18	−89	50	50	−89	18	75	−75	−18	89	−50	−50	89	−18	−75	75	18	−89	50
46	−90	38	54	−90	31	61	−88	22	67	−85	13	73	−82	4	78	−78	−4	82	−73	−13	85	−67	−22	88	−61	−31	90	−54	−38	90	−46
43	−90	57	25	−87	70	9	−80	80	−9	−70	87	−25	−57	90	−43	−43	90	−57	−25	87	−70	−9	80	−80	9	70	−87	25	57	−90	43
38	−88	73	−4	−67	90	−46	−31	85	−78	13	61	−90	54	22	−82	82	−22	−54	90	−61	−13	78	−85	31	46	−90	67	4	−73	88	−38
36	−83	83	−36	−36	83	−83	36	36	−83	83	−36	−36	83	−83	36	36	−83	83	−36	−36	83	−83	36	36	−83	83	−36	−36	83	−83	36
31	−78	90	−61	4	54	−88	82	−38	−22	73	−90	67	−13	−46	85	−85	46	13	−67	90	−73	22	38	−82	88	−54	−4	61	−90	78	−31
25	−70	90	−80	43	9	−57	87	−87	57	−9	−43	80	−90	70	−25	−25	70	−90	80	−43	−9	57	−87	87	−57	9	43	−80	90	−70	25
22	−61	85	−90	73	−38	−4	46	−78	90	−82	54	−13	−31	67	−88	88	−67	31	13	−54	82	−90	78	−46	4	38	−73	90	−85	61	−22
18	−50	75	−89	89	−75	50	−18	−18	50	−75	89	−89	75	−50	18	18	−50	75	−89	89	−75	50	−18	−18	50	−75	89	−89	75	−50	18
13	−38	61	−78	88	−90	85	−73	54	−31	4	22	−46	67	−82	90	−90	82	−67	46	−22	−4	31	−54	73	−85	90	−88	78	−61	38	−13
9	−25	43	−57	70	−80	87	−90	90	−87	80	−70	57	−43	25	−9	−9	25	−43	57	−70	80	−87	90	−90	87	−80	70	−57	43	−25	9
4	−13	22	−31	38	−46	54	−61	67	−73	78	−82	85	−88	90	−90	90	−90	88	−85	82	−78	73	−67	61	−54	46	−38	31	−22	13	−4

일반적으로 평탄한 영역에서는 DCT가 좋고, 그 외의 영역에서는 DST가 좋기 때문에 여러 가지 모드 중 비교적 평탄하지 않은 화면내 4×4 블록에 대해서만 DST를 사용한다. DCT는 기저 함수 (basis function)이 cosine이고, DST는 기저 함수가 sine이기 때문에 임의의 심볼을 변환해 보낼 때 DCT를 이용하면 저주파 영역을 더 잘 보낼 수 있고, DST는 고주파 영역을 더 잘 보낼 수 있다는 차이점이 있다.

다음은 HEVC에서 사용하는 4×4 DST의 변환 행렬을 보여 준다. type-7 DST를 8비트 부호 달린 계수로 근사화시킨 것이다.

■ 4×4 DST

29	55	74	84
74	74	0	−74
84	−29	−74	55
55	−84	74	−29

다음은 변환을 수행하는 xT() 함수이다. 이 함수에서 실제 변환 행렬 연산을 수행하는 xTrMxN() 함수를 불러온다.

```
Void TComTrQuant::xT( UInt uiMode, Pel* piBlkResi, UInt uiStride, Int* psCoeff,
Int iWidth, Int iHeight )
{
#if MATRIX_MULT
  Int iSize = iWidth;
  xTr(piBlkResi,psCoeff,uiStride,(UInt)iSize,uiMode);
#else
  Int j;
  {
    short block[ 64 * 64 ];
    short coeff[ 64 * 64 ];
    {
      for (j = 0; j < iHeight; j++)
      {
        memcpy( block + j * iWidth, piBlkResi + j * uiStride, iWidth *
            sizeof( short ) );
      }
    }
```

```
    xTrMxN( block, coeff, iWidth, iHeight, uiMode );
    for ( j = 0; j < iHeight * iWidth; j++ )
    {
      psCoeff[ j ] = coeff[ j ];
    }
    return ;
  }
#endif
}
```

다음은 실제 변환 행렬 연산을 수행하는 xTrMxN() 함수이다.

```
void xTrMxN(short *block,short *coeff, int iWidth, int iHeight, UInt uiMode)
{
#if FULL_NBIT
  int shift_1st = g_aucConvertToBit[iWidth]  + 1 + g_uiBitDepth - 8;
      // log2(iWidth) - 1 + g_uiBitDepth - 8
#else
  int shift_1st = g_aucConvertToBit[iWidth]  + 1 + g_uiBitIncrement;
      // log2(iWidth) - 1 + g_uiBitIncrement
#endif
  int shift_2nd = g_aucConvertToBit[iHeight]  + 8;
      // log2(iHeight) + 6

  short tmp[ 64 * 64 ];

  if( iWidth == 4 && iHeight == 4) // 4×4
  {
    if (uiMode != REG_DCT)
    {
      fastForwardDst(block,tmp,shift_1st); // Forward DST BY FAST ALGORITHM,
                                           block input, tmp output
      fastForwardDst(tmp,coeff,shift_2nd); // Forward DST BY FAST ALGORITHM,
                                           tmp input, coeff output
    }
    else
    {
      partialButterfly4(block, tmp, shift_1st, iHeight);
      partialButterfly4(tmp, coeff, shift_2nd, iWidth);
    }

  }
```

```
  else if( iWidth == 8 && iHeight == 8) // 8×8
  {
    partialButterfly8( block, tmp, shift_1st, iHeight );
    partialButterfly8( tmp, coeff, shift_2nd, iWidth );
  }
  else if( iWidth == 16 && iHeight == 16) // 16×16
  {
    partialButterfly16( block, tmp, shift_1st, iHeight );
    partialButterfly16( tmp, coeff, shift_2nd, iWidth );
  }
  else if( iWidth == 32 && iHeight == 32) // 32×32
  {
    partialButterfly32( block, tmp, shift_1st, iHeight );
    partialButterfly32( tmp, coeff, shift_2nd, iWidth );
  }
}
```

다음은 4×4 변환 연산을 수행하는 함수이다.

```
void partialButterfly4(short *src,short *dst,int shift, int line)
{
  int j;
  int E[2],O[2];
  int add = 1<<(shift-1);

  for (j=0; j<line; j++)
  {
    /* E and O */
    E[0] = src[0] + src[3];
    O[0] = src[0] - src[3];
    E[1] = src[1] + src[2];
    O[1] = src[1] - src[2];

    dst[0] = (g_aiT4[0][0]*E[0] + g_aiT4[0][1]*E[1] + add)>>shift;
    dst[2*line] = (g_aiT4[2][0]*E[0] + g_aiT4[2][1]*E[1] + add)>>shift;
    dst[line] = (g_aiT4[1][0]*O[0] + g_aiT4[1][1]*O[1] + add)>>shift;
    dst[3*line] = (g_aiT4[3][0]*O[0] + g_aiT4[3][1]*O[1] + add)>>shift;

    src += 4;
    dst ++;
  }
}
```

다음은 8×8 변환 연산을 수행하는 함수이다.

```
void partialButterfly8(short *src,short *dst,int shift, int line)
{
  int j,k;
  int E[4],O[4];
  int EE[2],EO[2];
  int add = 1<<(shift-1);

  for (j=0; j<line; j++)
  {
    /* E and O*/
    for (k=0;k<4;k++)
    {
      E[k] = src[k] + src[7-k];
      O[k] = src[k] - src[7-k];
    }
    /* EE and EO */
    EE[0] = E[0] + E[3];
    EO[0] = E[0] - E[3];
    EE[1] = E[1] + E[2];
    EO[1] = E[1] - E[2];

    dst[0] = (g_aiT8[0][0]*EE[0] + g_aiT8[0][1]*EE[1] + add)>>shift;
    dst[4*line] = (g_aiT8[4][0]*EE[0] + g_aiT8[4][1]*EE[1] + add)>>shift;
    dst[2*line] = (g_aiT8[2][0]*EO[0] + g_aiT8[2][1]*EO[1] + add)>>shift;
    dst[6*line] = (g_aiT8[6][0]*EO[0] + g_aiT8[6][1]*EO[1] + add)>>shift;

    dst[line] = (g_aiT8[1][0]*O[0] + g_aiT8[1][1]*O[1] + g_aiT8[1][2]*O[2] +
        g_aiT8[1][3]*O[3] + add)>>shift;
    dst[3*line] = (g_aiT8[3][0]*O[0] + g_aiT8[3][1]*O[1] + g_aiT8[3][2]*O[2] +
        g_aiT8[3][3]*O[3] + add)>>shift;
    dst[5*line] = (g_aiT8[5][0]*O[0] + g_aiT8[5][1]*O[1] + g_aiT8[5][2]*O[2] +
        g_aiT8[5][3]*O[3] + add)>>shift;
    dst[7*line] = (g_aiT8[7][0]*O[0] + g_aiT8[7][1]*O[1] + g_aiT8[7][2]*O[2] +
        g_aiT8[7][3]*O[3] + add)>>shift;

    src += 8;
    dst ++;
  }
}
```

다음은 DST 변환을 수행하는 소스 코드를 보여 준다. 여기서 block은 입력 데이터를 포함하는 배열을 나타내고, coeff는 변환된 계수를 저장하는 배열이다.

```
void fastForwardDst(short *block,short *coeff,int shift)
{
  int i, c[4];
  int rnd_factor = 1<<(shift-1);
  for (i=0; i<4; i++)
  {
    // Intermediate Variables
    c[0] = block[4*i+0] + block[4*i+3];
    c[1] = block[4*i+1] + block[4*i+3];
    c[2] = block[4*i+0] - block[4*i+1];
    c[3] = 74* block[4*i+2];

    coeff[   i] = ( 29 * c[0] + 55 * c[1] + c[3] + rnd_factor ) >> shift;
    coeff[ 4+i] = ( 74 * (block[4*i+0]+ block[4*i+1] - block[4*i+3]) + rnd_factor ) >>
        shift;
    coeff[ 8+i] = ( 29 * c[2] + 55 * c[0] - c[3] + rnd_factor ) >> shift;
    coeff[12+i] = ( 55 * c[2] - 29 * c[1] + c[3] + rnd_factor ) >> shift;
  }
}
```

4.3.2 양자화

양자화는 어떤 범위의 값을 갖는 x를 보다 적은 범위의 값을 갖는 양자화된 신호 y로 대체하는 것이다. 양자화 된 신호는 원래의 신호보다 적은 범위의 값을 가지므로 보다 적은 비트로 표현 가능하다. 양자화는 부호화 손실이 발생하는 가장 근본적인 원인이다. 양자화는 되돌리는 것이 불가능하므로 양자화의 반대 개념인 역양자화를 스케일링 (scaling)이라 부른다.

양자화 전까지의 부호화 과정은 예측 후의 잔여 데이터를 변환해 DC 쪽으로 에너지가 집중되어 있는 변환 계수 블록을 만든다. 양자화는 변환 계수 블록의 에너지를 효율적으로 줄이기 위해 양자화 테이블로 나누는 것을 말한다.

양자화 정도는 양자화 테이블 내 수치에 따라 달라진다. 통상적으로 양자화 계수로 양자화 테이블 값을 조절할 수 있다. HEVC의 양자화 계수는 1에서 51의 값을 가지며 양자화 계수의 값이 클수록 양자화 스텝 사이즈가 커 양자화된 값의 범위가 작아지므로 압축율이 높지만, 양자화된 값이 원래의 신호 값과 많은 차이를 보인다. 양자화 계수의 값이 작으면 양자화 스텝 사이즈가 작아 양자화된 값이 원래의 신호에 보다 근접하지만 양자화된 값의 범위가 크므로 압축 효율이 감소한다.

N×N 변환에 대한 HEVC의 양자화 연산은 다음 식과 같다.

$$y_{ij} = (x_{ij} \cdot F[QP\%6] + offset) \gg (29 + QP/6 - \log_2 N - BitDepth) \quad (4\text{-}44)$$

$$F[x] = 26214, 23302, 20560, 18396, 16384, 14564,\ x = 0, 1, \dots, 5 \quad (4\text{-}45)$$

$$2^{28 + QP/6 - nS - BitDepth} < offset < 2^{29 + QP/6 - nS - BitDepth} \quad (4\text{-}46)$$

여기서 x_{ij}는 변환 후의 계수 y_{ij}는 양자화된 변환 계수를 의미하고, i와 j는 0에서 $\log_2 N - 1$의 값을 가진다. offset은 양자화 과정에서 반올림으로 인한 오류와 데드존 (dead zone)의 크기를 결정하는 요소이다.

N×N 변환에 대한 역양자화, 즉, 스케일링 연산은 다음 식과 같다.

$$x_{ij} = ((y_{ij} \cdot IF[QP\%6] \ll (QP/6)) + offset) \gg (\log_2 N - 1 + BitDepth) \quad (4\text{-}47)$$

$$IF[x] = 40, 45, 51, 57, 64, 72,\ x = 0, 1, \dots, 5 \quad (4\text{-}48)$$

```
Void TComTrQuant::xQuant( TComDataCU* pcCU,
                          Int*        pSrc,
                          TCoeff*     pDes,
#if ADAPTIVE_QP_SELECTION
                          Int*&       pArlDes,
#endif
                          Int         iWidth,
                          Int         iHeight,
                          UInt&       uiAcSum,
                          TextType    eTType,
```

```
                              UInt        uiAbsPartIdx )
{
  Int*    piCoef     = pSrc;
  TCoeff* piQCoef    = pDes;
#if ADAPTIVE_QP_SELECTION
  Int*    piArlCCoef = pArlDes;
#endif
  Int    iAdd = 0;

  Bool useRDOQForTransformSkip = !(m_useTransformSkipFast && pcCU->getTransformSkip
      (uiAbsPartIdx,eTType));
  if ( m_bUseRDOQ && (eTType == TEXT_LUMA || RDOQ_CHROMA) && useRDOQForTransformSkip)
  {
#if ADAPTIVE_QP_SELECTION
    xRateDistOptQuant( pcCU, piCoef, pDes, pArlDes, iWidth, iHeight, uiAcSum,
        eTType, uiAbsPartIdx );
#else
    xRateDistOptQuant( pcCU, piCoef, pDes, iWidth, iHeight, uiAcSum, eTType,
        uiAbsPartIdx );
#endif
  }
  else
  {
    const UInt   log2BlockSize    = g_aucConvertToBit[ iWidth ] + 2;

    UInt scanIdx = pcCU->getCoefScanIdx(uiAbsPartIdx, iWidth, eTType==TEXT_LUMA,
        pcCU->isIntra(uiAbsPartIdx));
    if (scanIdx == SCAN_ZIGZAG)
    {
      scanIdx = SCAN_DIAG;
    }

    const UInt *scan = g_auiSigLastScan[ scanIdx ][ log2BlockSize - 1 ];

    Int deltaU[32*32] ;

#if ADAPTIVE_QP_SELECTION
    QpParam cQpBase;
    Int iQpBase = pcCU->getSlice()->getSliceQpBase();

    Int qpScaled;
    Int qpBDOffset = (eTType == TEXT_LUMA)? pcCU->getSlice()->getSPS()->
        getQpBDOffsetY() : pcCU->getSlice()->getSPS()->getQpBDOffsetC();

    if(eTType == TEXT_LUMA)
```

```
    {
      qpScaled = iQpBase + qpBDOffset;
    }
    else
    {
      qpScaled = Clip3( -qpBDOffset, 57, iQpBase);

      if(qpScaled < 0)
      {
        qpScaled = qpScaled +  qpBDOffset;
      }
      else
      {
        qpScaled = g_aucChromaScale[ qpScaled ] + qpBDOffset;
      }
    }
    cQpBase.setQpParam(qpScaled);
#endif

    UInt dir           = SCALING_LIST_SQT;

    UInt uiLog2TrSize = g_aucConvertToBit[ iWidth ] + 2;
    Int scalingListType = (pcCU->isIntra(uiAbsPartIdx) ? 0 : 3) + g_eTTable [(Int)eTType];
    assert(scalingListType < 6);
    Int *piQuantCoeff = 0;
    piQuantCoeff = getQuantCoeff(scalingListType,m_cQP.m_iRem,uiLog2TrSize-2, dir);

#if FULL_NBIT
    UInt uiBitDepth = g_uiBitDepth;
#else
    UInt uiBitDepth = g_uiBitDepth + g_uiBitIncrement;
#endif
    Int iTransformShift = MAX_TR_DYNAMIC_RANGE - uiBitDepth - uiLog2TrSize;
// 변환 블록의 크기

    Int iQBits = QUANT_SHIFT + m_cQP.m_iPer + iTransformShift;
        // Right shift of non-RDOQ quantizer;  level = (coeff*uiQ + offset)>>q_bits

    iAdd = (pcCU->getSlice()->getSliceType()==I_SLICE ? 171 : 85) << (iQBits-9);

#if ADAPTIVE_QP_SELECTION
    iQBits = QUANT_SHIFT + cQpBase.m_iPer + iTransformShift;
    iAdd = (pcCU->getSlice()->getSliceType()==I_SLICE ? 171 : 85) << (iQBits-9);
    Int iQBitsC = QUANT_SHIFT + cQpBase.m_iPer + iTransformShift -
        ARL_C_PRECISION;
```

```
    Int iAddC   = 1 << (iQBitsC-1);
#endif

    Int qBits8 = iQBits-8;
    for( Int n = 0; n < iWidth*iHeight; n++ )
    {
      Int iLevel;
      Int  iSign;
      UInt uiBlockPos = n;
      iLevel  = piCoef[uiBlockPos];
      iSign   = (iLevel < 0 ? -1: 1);

#if ADAPTIVE_QP_SELECTION
      Int64 tmpLevel = (Int64)abs(iLevel) * piQuantCoeff[uiBlockPos];
      if( m_bUseAdaptQpSelect )
      {
        piArlCCoef[uiBlockPos] = (Int)((tmpLevel + iAddC ) >> iQBitsC);
      }
      iLevel = (Int)((tmpLevel + iAdd ) >> iQBits);
      deltaU[uiBlockPos] = (Int)((tmpLevel - (iLevel<<iQBits) )>> qBits8);
#else
      iLevel = ((Int64)abs(iLevel) * piQuantCoeff[uiBlockPos] + iAdd ) >> iQBits;
      deltaU[uiBlockPos] = (Int)( ((Int64)abs(iLevel) * piQuantCoeff[uiBlockPos]
          - (iLevel<<iQBits) )>> qBits8 );
#endif
      uiAcSum += iLevel;
      iLevel *= iSign;
      piQCoef[uiBlockPos] = Clip3( -32768, 32767, iLevel );
    } // for n
    if( pcCU->getSlice()->getPPS()->getSignHideFlag() )
    {
      if(uiAcSum>=2)
      {
       signBitHidingHDQ( pcCU, piQCoef, piCoef, scan, deltaU, iWidth, iHeight ) ;
      }
    }
  } //if RDOQ
  //return;

}
```

4.4 계수 재배열

H.264/AVC에서 양자화된 변환 계수를 하나의 방법으로 1차원으로 재배열한 것과 달리, HEVC는 최대 세가지 방식의 주사 방법을 사용한다. HEVC에서 사용하는 세 가지 주사 방법은 〈그림 4-30〉과 같은 대각, 수평, 수직 주사이다.

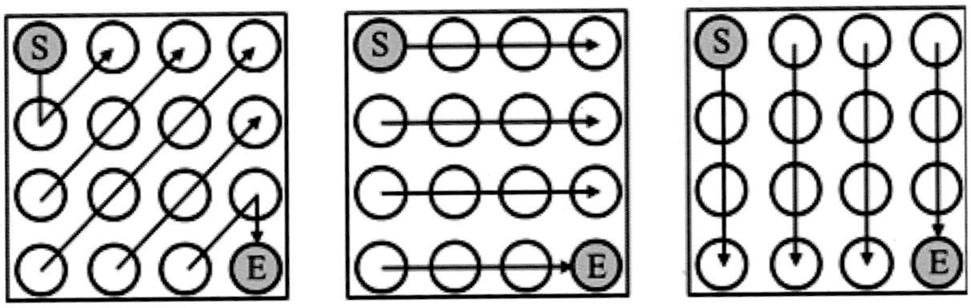

(a) 대각 주사 (b) 수평 주사 (c) 수직 주사

〈그림 4-30〉 HEVC의 세 가지 주사 방법

화면내 예측에서는 〈그림 4-30〉의 세 가지 주사 방법 중 한 가지를 선택해 사용하는데, 이 기술은 수직 방향의 화면내 예측이 수행되면 수평 방향으로 변환 계수가 존재할 확률이 높고, 반대로 수평 방향의 화면내 예측이 사용되면 수직 방향으로 변환 계수가 존재할 확률이 높다는 사실에 기반한 것이다.

화면간 예측에서는 대각 주사만을 사용한다. 화면간 예측은 다양한 예측 모드와 화면내 예측보다 더 많은 수의 참조 데이터를 사용하므로 일반적으로 화면내 예측에 비해 예측 정확도가 높다. 따라서 잔여 데이터 발생 확률이 화면내 예측에 비해 무작위성을 가지므로 대각 주사를 사용한다.

4.5 엔트로피 부호화

본 절에서는 HEVC의 엔트로피 부호화 방법인 문맥 기반 적응적 이진 산술 부호화(context-based adaptive binary arithmetic coding) 방법을 자세히 알아본다. 일반적으로 높은 통계적 의존성을 갖는 비디오 신호의 경우 이진 산술 부호화 방법을 사용하는 것이 효율적이다.

〈그림 4-31〉은 문맥 기반 적응적 이진 산술 부호화에서 단일 문맥 요소 (syntax element)를 부호화하기 위한 일반적인 블록 다이어그램을 보여 준다. 문맥 기반 적응적 이진 산술 부호화는 다음의 4단계로 구성되어 있다.

1. 이진화 (Binarization)
2. 문맥 모델링 (Context Modeling)
3. 이진 산술 부호화 (Binary Arithmetic Coding)
4. 확률 업데이트 (Probability Update)

첫 번째 단계에서, 주어진 비이진화 값을 갖는 신택스 요소는 빈 스트링 (bin string)이라 불리는 이진화된 시퀀스로 매핑된다. 이진 값을 갖는 신택스 요소가 입력 신호로 주어질 경우에는, 〈그림 4-31〉에서 보듯이, 이진화 단계는 생략된다. 빈 스트링의 각각의 요소 혹은 각각의 이진 값을 갖는 신택스 요소에 대해, 하나 혹은 두 개의 하부열 단계들은 부호화 모드에 따라 결정된다.

정규 부호화 모드 (regular coding mode)에서 실제 산술 부호화 과정을 수행하기 전에, 주어진 빈 (bin) 값은 문맥 모델 단계로 들어간다. 여기서 빈은 이진화 과정에서 생성된 빈 스트링의 각각의 비트 (bit)를 나타낸다. 문맥 모델 단계에서 현재 빈 값에 대응하는 확률 모델은 이전에 부호화된 신택스 요소, 혹은 빈 값에 따라 선택된다. 확률 모델이 결정된 후, 결정된 확률 모델과 주어진 확률 모델에 따른 빈 값은 정규 부호화 엔진의 입력이 된다. 마지막으로 입력된 두 정보를 이용하여 이진 산술 부호화를 수행하고, 확률 모델 업데이트를 수행한다.

이전에 부호화된 신택스 요소의 확률 모델을 사용하여 부호화를 수행하는 산술 부호화와는 다른 방법으로 부호화를 수행하는 방법이 있다. 이 방법은 바이패스 부호화 방법으로, 주어진 빈 값에 대해 바이패스 부호화 모드 (bypass coding mode)를 선택하면 수행된다. 바이패스 부호화 모드는 이전에 부호화된 신택스 요소의 확률 모델을 사용하지 않으므로 단순화된 부호화 엔진이다. 따라서 정규 부호화 모드에 비해 빠른 부호화가 가능하다. 〈그림 4-31〉에서 보듯이 바이패스 부호화 모드는 스위치에서 오른쪽 아래 부분이다.

지금부터 문맥 기반 적응적 이진 산술 부호화의 각 단계를 자세히 알아보자.

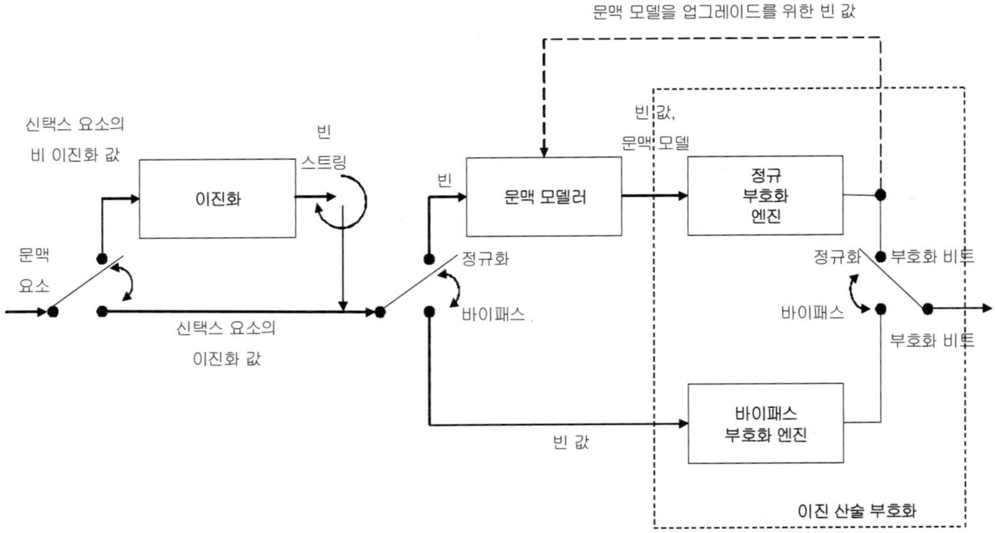

〈그림 4-31〉 문맥 기반 적응적 이진 산술 부호화 부호기 블록 다이어그램

4.5.1 이진화

문맥 기반 적응적 이진 산술 부호화는 0 또는 1의 이진값을 부호화한다. 따라서 비 이진 값의 구문 요소들은 산술 부호화에 앞서 이진 코드로 변환되어야 한다. 비 이진화 구문 요소들은 빈 스트링 (bin string)이라 불리는 이진 코드워드로 변환된다. 다음의 각 절에서 HEVC에서 대표적으로 사용되는 이진화 방법과 예외적인 이진화 방법을 설명한다.

(1) 단항 및 절삭형 단항 코드

단항 (unary) 및 절삭형 단항 (truncated unary) 코드는 양의 값을 갖는 구문 요소를 이진화하는 데 사용된다. 단항/절삭형 단항 코드는 다른 코드들에 비해 매우 간단해 다른 코드들과 결합해 사용되기도 한다. 특히 확률 분포가 한쪽으로 몰려있는 심볼을 부호화할 때 유리하다. 단항 코드는 임의의 구문 요소에 대해 빈 스트링의 앞에서부터 구문 요소의 값 만큼 '1'이 채워지고, 마지막 빈은 '0'의 값을 갖는다. 〈표 4-13〉은 구문 요소의 최대값이 5인 경우 절삭형 단항 코드의 예를 보여 준다. 구문 요소의 값이 4인 경우 이에 해당하는 빈 스트링은 '11110'이 된다. 〈표 4-14〉는 단항 이진화 방법을 보여 준다.

〈표 4-13〉 단항 코드

구문 요소의 값	빈 스트링					
0	0					
1	1	0				
2	1	1	0			
3	1	1	1	0		
4	1	1	1	1	0	
5	1	1	1	1	1	0
…						

절삭형 단항 코드는 구문 요소의 최대값이 정해진 경우 코드워드의 길이를 조금이나마 줄이기 위해 사용된다. 절삭형 단항 코드는 단항 코드와 동일하나 이진화하려는 구문 요소의 값이 구문 요소의 최대값일 경우 '0'을 추가하지 않고, 바로 직전 값의 빈 스트링의 길이를 유지하되 빈 스트링을 모두 '1'로 채우는 것이다. 예를 들어, 단항 코드에서는 구문 요소의 값이 4인 경우 빈 스트링은 '11110', 구문 요소의 값이 5인 경우 빈 스트링은 '111110'이 되지만, 구문 요소의 최대값이 5인 경우 절삭형 단항 코드를 사용하면 구문 요소의 값이 5인 경우 빈 스트링은 '11111'이 된다. 구문 요소의 최대값을 부호화할 때 단항 코드에 비해 한 개의 빈만큼 코드워드의 길이가 짧다는 이점이 있다.

〈표 4-14〉 최대값이 5인 경우의 절삭형 단항 코드

구문 요소의 값	빈 스트링				
0	0				
1	1	0			
2	1	1	0		
3	1	1	1	0	
4	1	1	1	1	0
5	1	1	1	1	1

(2) 절삭형 Rice 코드

Rice 코드는 Robert F. Rice에 의해 처음 개발되었다. Rice 코드는 변수 k를 갖는 코드로, 양의 정수를 부호화하는데 사용된다. Rice 코드의 부호화 방법은 다음과 같다. Rice 코드를 사용하여 양의 정수 N을 부호화할 때, 코드워드는 접두사와 접미사 크게 두 부분으로 이루어진다. 접두사는 단항 코드를 사용하여 $(1 + N/2^k)$을 부호화하고, 접미사는 $(N \bmod 2^k)$를 이진 코드로 나타내어 Rice 코드를 생성한다. 양의 정수 N에 대한 코드 길이는 $N/2^k + k + 1$이 된다. 〈표 4-15〉는 Rice 코드를 나타내며, '·'로 접두사와 접미사를 구분하기 위한 표시이다.

〈표 4-15〉 Rice 코드

구문 요소의 값 \ k	0	1	2	3	4
0	0	0·0	0·00	0·000	0·0000
1	10	0·1	0·01	0·001	0·0001
2	110	10·0	0·10	0·010	0·0010
3	1110	10·1	0·11	0·011	0·0011
4	11110	110·0	10·00	0·100	0·0100
5	111110	110·1	10·01	0·101	0·0101
6	1111110	1110·0	10·10	0·110	0·0110
7	11111110	1110·1	10·11	0·111	0·0111
8	111111110	11110·0	110·00	10·000	0·1000
…	…	…	…	…	…

〈표 4-15〉에서 볼 수 있듯이, Rice 매개변수 k가 0인 코드워드는 단항 코드와 동일하다. 절삭형 Rice 코드라 함은 각 Rice 매개변수 k를 부호화할 수 있는 최대 심볼 값이 정해져 있음을 의미한다.

(3) Golomb 코드

앞에서 언급했듯이, 단항 코드는 다른 코드와 결합하여 사용되기도 한다. 정수를 두 부분으로 나누어, 한 부분은 단항 코드를 사용하여 나타내고, 다른 부분은 다른 코드를 사용하여 나타내는 부호화 방법이 있다. 이와 같은 코드의 한 예는 Golomb 코드이다.

Golomb 코드는 Solomon Golomb에 의해 제안되었다. Golomb 코드는 정수 m〉0에 의해 매개 변수화된 코드의 집합이다. 변수 m을 갖는 Golomb 코드에서, 두 수 q와 r을 사용하여 0보다 큰 정수 n을 나타낸다.

$$q = \left\lfloor \frac{n}{m} \right\rfloor \tag{4-49}$$

이고

$$r = n - qm \tag{4-50}$$

$\lfloor x \rfloor$ 는 x의 정수 부분이다. 다시 말해, n을 m으로 나누었을 때, q는 몫 (quotient)이고 r은 나머지 (remainder)이다. 몫 q는 0, 1, 2, ... 이 되고 단항 코드로 나타낸다. 나머지 r은 0, 1, 2, ..., $m-1$로 나타낼 수 있다. 만약 m이 2의 거듭제곱 (power)이면, $\log_2 m$ 비트를 사용하여 r을 나타낸다. 만약 m이 2의 거듭제곱이 아니면, $\lceil \log_2 m \rceil$ 비트를 사용한다. 여기서 $\lceil x \rceil$ 는 x와 같거나 혹은 큰 정수 중 가장 작은 정수이다. 만약 r의 처음 $2^{\lceil \log_2 m \rceil} - m$ 값들을 나타낼 때, r의 값을 $\lfloor \log_2 m \rfloor$ 비트 이진화를 사용하여 나타내고, r의 나머지 값들을 나타낼 때, $r + 2^{\lceil \log_2 m \rceil} - m$의 값을 $\lceil \log_2 m \rceil$ 비트 이진화를 사용하여 나타낸다면, 우리는 많은 수의 비트를 줄일 수 있다.

(4) k차 지수 Golomb 코드

지수 골롬 코드는 접두사와 접미사 코드워드의 연결로 구성되어 있다. 양의 정수 값 x를 갖는 심볼에 대해, k차 지수 골롬 코드워드의 접두사 부분은 식 (4-51)에 대응하는 단항 코드로 구성된다.

$$l(x) = \lfloor \log_2(s/2^k + 1) \rfloor \tag{4-51}$$

지수 골롬 코드워드의 접미사 부분은 $k+l(x)$의 유효 비트를 사용해서 식 (4-52)를 이진 값으로 나타낸다.

$$x + 2^k(1 - 2^{l(x)}) \tag{4-52}$$

k차 지수 골롬 이진화는 주어진 양의 정수 x값을 갖는 심볼에 대해 접두사, 분리자, 접미사의 세 개 요소를 결합하여 최종적으로 $k+2l(x)+1$(분리자)의 길이를 갖는 이진수를 생성한다.

(5) 고정 길이 코드

고정 길이 이진화의 응용에서, 우리는 대응하는 신택스 요소의 값이 유한하다고 가정한다. 주어진 신택스 요소의 값 x가 $0 \le x < S$의 범위를 갖는다고 하자. 그러면, x의 고정 길이 코드워드는 고정된 (최소의) $l_{FL} = \lceil \log_2 S \rceil$ 의 비트수를 갖는 이진 값으로 간단히 나타낼 수 있다. 일반적으로, 고정 길이 이진화는 거의 동일한 분포를 갖는 신택스 요소에 사용된다. 이와 같은 분포를 갖는 신택스 요소는 비디오 부호화에서 휘도 잔여 데이터와 관련된 부호화 블록 패턴 (coded block pattern)이다. 〈표 4-16〉은 고정 길이가 6인 경우의 고정 길이 코드를 나타낸다.

〈표 4-16〉 고정 길이가 6인 경우의 고정 길이 이진화 코드

입력 값	이진화					
0	0	0	0	0	0	0
1	1	0	0	0	0	0
2	0	1	0	0	0	0
3	1	1	0	0	0	0
4	0	0	1	0	0	0
5	1	0	1	0	0	0
…	…					
빈 (bin) 번호	1	2	3	4	5	6

(6) 이진화 방법의 연결

앞 절에서 언급한 기본 이진화 방법을 결합해 새로운 코드를 만들 수 있다. 4×4보다 큰 TU의 마지막 0이 아닌 계수의 좌표를 이진화할 때에는 TU의 크기가 항상 2^N인 것을 이용해 두 개의 코드를 접두사와 접미사로 연결해 이진화한다. 여기서 접두사로는 절삭형 단항 코드를, 접미사로는 고정 길이 코드를 사용한다. 〈표 4-17〉은 마지막 0이 아닌 계수의 위치에 따른 이진 코드워드를 보여 준다. 〈표 4-17〉에서 (1)로 표시된 것은 TU의 크기가 가장 큰 위치값을 갖는 경우에만 '1'이 부호화된다는 의미이다. 예를 들어, 8×8 TU인 경우 6일 때에는 접두사가 '00000', 7일 때에는 접두사가 '000001'이 된다. 또한 〈표 4-17〉의 'X'는 0 또는 1을 의미한다.

〈표 4-17〉 마지막 0이 아닌 계수의 위치 이진화

위치값	빈 스트링											
	접두사									접미사		
0	1											
1	0	1										
2	0	0	1									
3	0	0	0	(1)								
4−5	0	0	0	0	1					X		
6−7	0	0	0	0	0	(1)				X		
8−11	0	0	0	0	0	0	1			X	X	
12−15	0	0	0	0	0	0	0	(1)		X	X	
16−23	0	0	0	0	0	0	0	0	1	X	X	X
24−31	0	0	0	0	0	0	0	0	0	X	X	X
빈 (bin) 번호	1	2	3	4	5	6	7	8	9		11	12

잔여 데이터의 레벨 절대값을 이진화할 때에도 이러한 방법이 사용된다. HEVC에서 잔여 데이터의 레벨 절대값에 관계되는 구문 요소는 coeff_abs_level_greater1_flag, coeff_abs_level_greater2_flag, coeff_abs_level_remaining 총 세 가지이다. 0 값을 갖는 양자화 변환된 계수는 따로 부호화되므로 coeff_abs_level_greater1_flag는 '레벨 절대값 − 1',

coeff_abs_level_greater2_flag는 coeff_abs_level_greater1_flag의 값이 1일 때 '레벨 절대값 - 2'를 부호화한다. 두 개의 플래그에 대한 부호화가 수행된 후, 남은 레벨 절대값을 coeff_abs_level_remaining을 이용해 부호화한다. 부호기의 복잡도를 감안해, 잔여 데이터 부호화 단위인 4×4 서브블록에서 부호화할 수 있는 coeff_abs_level_greater1_flag, coeff_abs_level_greater2_flag의 수는 고정되어 있는데, 이에 대해서는 나중에 자세히 살펴본다. 잔여 레벨 절대값 coeff_abs_level_remaining에 대한 이진화는 절삭형 단항 이진화 방법으로 얻은 접두사와 매개변수 k 값에 따른 고정길이 코드를 접미사로 연결하여 수행된다. 〈표 4-18〉, 〈표 4-19〉, 〈표 4-20〉, 〈표 4-21〉, 〈표 4-22〉는 매개변수 k값이 0에서 4의 값을 가질 때 1부터 10까지의 coeff_abs_level_reamaning 값에 대응하는 빈 스트링을 나타낸다.

〈표 4-18〉 coeff_abs_level_remaining의 이진화 (k = 0)

양자화 변환된 절대값	빈 스트링											
	접두사 (절삭형 단항 코드)											
0	0											
1	1	0										
2	1	1	0									
3	1	1	1	0								
4	1	1	1	1	0							
5	1	1	1	1	1	0						
…												
9	1	1	1	1	1	1	1	1	1	0		
10	1	1	1	1	1	1	1	1	1	1	0	
11	1	1	1	1	1	1	1	1	1	1	1	0
…	…											
빈 (bin) 번호	1	2	3	4	5	6	7	8	9	10	11	12

〈표 4-19〉 coeff_abs_level_remaining의 이진화 (k = 1)

양자화 변환된 절대값	빈 스트링											
	접두사										접미사	
0	0										0	
1	0										1	
2	1	0									0	
3	1	0									1	
4	1	1	0								0	
5	1	1	0								1	
…												
18	1	1	1	1	1	1	1	1	1	0	0	0
19	1	1	1	1	1	1	1	1	1	0	0	1
20	1	1	1	1	1	1	1	1	1	0	1	0
…	…											
빈 (bin) 번호	1	2	3	4	5	6	7	8	9	10	11	12

〈표 4-20〉 coeff_abs_level_remaining의 이진화 (k = 2)

양자화 변환된 절대값	빈 스트링												
	접두사										접미사		
0	0										0	0	
1	0										0	1	
2	0										1	0	
3	0										1	1	
4	1	0									0	0	
5	1	0									0	1	
…													
36	1	1	1	1	1	1	1	1	1	0	0	0	0
37	1	1	1	1	1	1	1	1	1	0	0	0	1
38	1	1	1	1	1	1	1	1	1	0	0	1	0
…	…												
빈 (bin) 번호	1	2	3	4	5	6	7	8	9	10	11	12	13

〈표 4-21〉 coeff_abs_level_remaining의 이진화 (k = 3)

양자화 변환된 절대값	빈 스트링													
	접두사										접미사			
0	0										0	0	0	
1	0										0	0	1	
2	0										0	1	0	
3	0										0	1	1	
4	0										1	0	0	
5	0										1	0	1	
…														
72	1	1	1	1	1	1	1	1	1	0	0	0	0	0
73	1	1	1	1	1	1	1	1	1	0	0	0	0	1
74	1	1	1	1	1	1	1	1	1	0	0	0	1	0
…	…													
빈 (bin) 번호	1	2	3	4	5	6	7	8	9	10	11	12	13	14

〈표 4-22〉 coeff_abs_level_remaining의 이진화 (k = 4)

양자화 변환된 절대값	빈 스트링														
	접두사										접미사				
0	0										0	0	0	0	
1	0										0	0	0	1	
2	0										0	0	1	0	
3	0										0	0	1	1	
4	0										0	1	0	0	
5	0										0	1	0	1	
…															
144	1	1	1	1	1	1	1	1	1	0	0	0	0	0	0
145	1	1	1	1	1	1	1	1	1	0	0	0	0	0	1
146	1	1	1	1	1	1	1	1	1	0	0	0	0	1	0
…	…														
빈 (bin) 번호	1	2	3	4	5	6	7	8	9	10	11	12	13	14	15

(7) 예외적인 이진화 방법

위에서 언급한 이진화 과정과는 별도로 CU의 분할 모드를 나타내는 part_mode, 색차 블록의 화면내 예측 모드를 나타내는 intra_chroma_prred_mode, 현재 PU에 대해 리스트 0, 리스트 1, 또는 양방향 예측이 사용되는지 여부를 명시하는 inter_pred_idc 구문 요소는 표준에 정의된 테이블을 이용해 이진화한다.

〈표 4-23〉은 part_mode를 이진화하는 표를 보여 준다. 여기서 part_mode의 이진화 값은 화면내/화면간 예측 여부와 현재 CU의 크기를 나타내는 cLog2CbSize 값에 의해 결정된다. 여기서 cLog2CbSize는 $\log_2$(CU의 크기)로 계산된다. 예를 들어, 8×8 CU의 경우 cLog2CbSize는 3, 16×16 CU의 경우 cLog2CbSize는 4이다.

〈표 4-23〉 part_mode의 이진화

PredMode p[xC][yC]	part_ mode	PartMode	빈 스트링			
			cLog2CbSize 〉 Log2MinCbSize		cLog2CbSize = Log2MinCbSize	
			!amp_enabled_flag	amp_enabled_flag	!amp_enabled_flag	amp_enabled_flag
MODE_INTRA	0	PART_2Nx2N	–	–	1	1
	1	PART_NxN	–	–	0	0
	0	PART_2Nx2N	1	1	1	1
	1	PART_2NxN	01	011	01	01
	2	PART_Nx2N	00	001	00	001
MODE_INTER	3	PART_NxN	–	–	–	000
	4	PART_2NxnU	–	0100	–	–
	5	PART_2NxnD	–	0101	–	–
	6	PART_nLx2N	–	0000	–	–
	7	PART_nRx2N	–	0001	–	–

〈표 4-24〉는 intra_chroma_pred_mode를 이진화하는 표를 보여 준다. intra_chroma_pred_mode를 위한 코드워드는 접두사와 접미사로 나뉜다.

〈표 4-24〉 intra_chroma_pred_mode의 이진화

intra_chroma_pred_mode	접두사	접미사
0	1	00
1	1	01
2	1	10
3	1	11
4	0	–

〈표 4-25〉는 inter_pred_idc를 이진화하는 표를 보여 준다. inter_pred_idc를 위한 코드워드는 inter_pred_idc의 값과 현재 휘도 예측 블록의 가로와 세로 값인 nPbW, nPbH에 따라 결정된다.

〈표 4-25〉 inter_pred_idc의 이진화

inter_pred_idc의 값	inter_pred_idc의 이름	빈 스트링	
		(nPbW + nPbH) != 12	(nPbW + nPbH) = 12
0	Pred_L0	00	0
1	Pred_L1	01	1
2	Pred_BI	1	–

4.5.2 문맥 모델링

산술 부호화의 가장 중요한 특징 중 하나는 각 심볼에 대한 확률 분포 모델을 계산하고, 계산된 모델 분포를 기반으로 실제 부호화 엔진에서 심볼 부호화를 위한 비트열을 만든다는 것이다.

문맥 요소의 초기화는 슬라이스 단위로 수행된다. 즉, 새로운 슬라이스의 부호화가 시작될 때, 이전 슬라이스에서 사용한 문맥 요소 값을 모두 버리고, 문맥 요소의 초기화를 수행하여 새로운 값으로 설정한다. 〈표 4-26〉은 문맥 기반 적응적 이진 산술 부호화에서 부호화되는 각 구문 요소와 이를 부호화하기 위해 사용되는 관련된 문맥 인덱스(γ)를 나타낸다. 같은 구문 요소일지라도 initType에 따라 서로 다른 문맥 인덱스 번호를 사용하는데, initType은

cabac_init_flag 값에 따라 결정된다. cabac_init_flag는 문맥 인덱스 초기화 방법을 결정하는 구문 요소로, 슬라이스 헤더에 명시된다. cabac_init_flag가 명시되어 있지 않은 경우에는 cabac_init_flag는 0으로 간주된다. I 슬라이스에 대한 initType은 0이고, P 슬라이스의 경우, cabac_init_flag가 1이면 initType은 2, 0이면 initType은 1이 된다. I 슬라이스 또는 P 슬라이스가 아닌 경우, cabac_init_flag가 1이면 initType은 1, 0이면 initType이 2가 된다.

〈표 4-26〉 구문 요소와 관련된 문맥 인덱스의 범위

	구문 요소	initType		
		0	1	2
sao()	sao_merge_left_flag sao_merge_up_flag	0	1	2
	sao_type_idx_lume sao_type_idx_chroma	0	1	2
coding_quadtree()	split_cu_flag	0-2	3-5	6-8
coding_unit()	cu_transquant_bypass_flag	0	1	2
	skip_flag		0-2	3-5
	cu_qp_delta_abs	0-1	2-3	4-5
	pred_mode_flag		0	1
	part_mode	0	1-3	4-6
prediction_unit()	prev_intra_luma_pred_flag	0	1	2
	intra_chroma_pred_mode	0	1	2
	merge_flag		0	1
	merge_idx		0	1
	inter_pred_idc		0-4	5-9
	ref_idx_l0, ref_idx_l1		0-1	2-3
	abs_mvd_greater0_flag		0	1
	abs_mvd_greater1_flag		2	3
	mvp_l0_flag, mvp_l1_flag		0	1
transform_tree()	no_residual_syntax_flag		0	1

	구문 요소	initType		
		0	1	2
transform_tree()	split_transform_flag	0-2	3-5	6-8
	cbf_luma	0-1	2-3	4-5
	cbf_cb, cbf_cr	0-3	4-7	8-11
residual_coding()	transform_skip_flag[][][0]	0	1	2
	transform_skip_flag[][][1] transform_skip_flag[][][2]	3	4	5
	last_significant_coeff_x_prefix	0-17	18-35	36-54
	last_significant_coeff_y_prefix	0-17	18-35	36-54
	coded_sub_block_flag	0-3	4-7	8-11
	significant_coeff_flag	0-41	42-83	84-125
	coeff_abs_level_greater1_flag	0-23	24-47	48-71
	coeff_abs_level_greater2_flag	0-5	6-11	12-17

〈표 4-27〉부터 〈표 4-53〉까지는 end_of_slice_flag를 제외한 모든 문맥 요소의 초기화 값(initValue)을 나타낸다. 초기화 변수 m과 n은 initValue로부터 계산되는데, 그 계산 방법은 다음과 같다.

```
1. SlopeIdx = initValue >> 4
   intersecIdx = initValue & 15
2. m = 5 × slopeIdx - 45
   n = (intersecIdx << 3 ) - 16
```

각 문맥 요소의 초기화된 값을 사용하여 이진 산술 부호화에 필요한 확률 상태 인덱스(probability state index, pStateIdx)와 최상위 확률 상태 (most probable symbol, MPS) 값을 할당한다. 이때, 확률 상태 인덱스와 최상위 확률 상태에 할당된 각각의 값은 $SliceQP_Y$에 따라 결정된다. 아래 코드는 초기화 변수 m과 n을 사용하여 확률 상태 인덱스와 최상위 확률 상태 값을 초기화하는 코드이다.

```
1. preCtxState = Clip3(1, 126, ( (m×Clip3(0, 51, SliceQPY)) >> 4) + n )
2. if (preCtxState <= 63)
   {
       pStateIdx = 63 - preCtxState
       valMPS = 0
   }
   else
   {
       pStateIdx = preCtxState - 64
       valMPS = 1
   }
```

여기서 Clip3의 정의는 식 (4-53)과 같다.

$$Clip3(x,y,z) = \begin{cases} x \,; z < x \\ y \,; z > y \\ z \,; otherwise \end{cases} \tag{4-53}$$

〈표 4-27〉 sao_merge_left_flag와 sao_merge_up_flag 문맥 인덱스 (ctxIdx)에 대한 initValue

초기화 변수	ctxIdx		
	0	1	2
initValue	153	153	153

〈표 4-28〉 sao_type_idx_luma와 sao_type_idx_chroma 문맥 인덱스 (ctxIdx)에 대한 initValue

초기화 변수	ctxIdx		
	0	1	2
initValue	200	185	160

〈표 4-29〉 split_cu_flag 문맥 인덱스 (ctxIdx)에 대한 initValue

초기화 변수	ctxIdx								
	0	1	2	3	4	5	6	7	8
initValue	139	141	157	107	139	126	107	139	126

〈표 4-30〉 cu_transquant_bypass_flag 문맥 인덱스 (ctxIdx)에 대한 initValue

초기화 변수	ctxIdx		
	0	1	2
initValue	154	154	154

〈표 4-31〉 skip_flag 문맥 인덱스 (ctxIdx)에 대한 initValue

초기화 변수	ctxIdx					
	0	1	2	3	4	5
initValue	197	185	201	197	185	201

〈표 4-32〉 cu_qp_delta_abs 문맥 인덱스 (ctxIdx)에 대한 initValue

초기화 변수	ctxIdx					
	0	1	2	3	4	5
initValue	154	154	154	154	154	154

〈표 4-33〉 pred_mode_flag 문맥 인덱스(ctxIdx)에 대한 initValue

초기화 변수	ctxIdx	
	0	1
initValue	193	134

〈표 4-34〉 part_mode 문맥 인덱스 (ctxIdx)에 대한 initValue

초기화 변수	ctxIdx						
	0	1	2	3	4	5	6
initValue	184	154	139	154	154	139	154

〈표 4-35〉 prev_luma_pred_flag 문맥 인덱스 (ctxIdx)에 대한 initValue

초기화 변수	ctxIdx		
	0	1	2
initValue	184	154	183

〈표 4-36〉 prev_chroma_pred_flag 문맥 인덱스 (ctxIdx)에 대한 initValue

초기화 변수	ctxIdx		
	0	1	2
initValue	63	152	152

〈표 4-37〉 merge_flag 문맥 인덱스 (ctxIdx)에 대한 initValue

초기화 변수	ctxIdx	
	0	1
initValue	110	154

〈표 4-38〉 merge_idx 문맥 인덱스 (ctxIdx)에 대한 initValue

초기화 변수	ctxIdx	
	0	1
initValue	122	137

〈표 4-39〉 inter_pred_idc 문맥 인덱스 (ctxIdx)에 대한 initValue

초기화 변수	ctxIdx									
	0	1	2	3	4	5	6	7	8	9
initValue	95	79	63	31	31	95	79	63	31	31

〈표 4-40〉 ref_idx_l0와 ref_idx_l1 문맥 인덱스 (ctxIdx)에 대한 initValue

초기화 변수	ctxIdx			
	0	1	2	3
initValue	102	118	118	118

〈표 4-41〉 abs_mvd_greater0_flag와 abs_mvd_greater1_flag 문맥 인덱스 (ctxIdx)에 대한 initValue

초기화 변수	ctxIdx			
	0	1	2	3
initValue	140	198	169	198

〈표 4-42〉 mvp_l0_flag와 mvp_l1_flag 문맥 인덱스 (ctxIdx)에 대한 initValue

초기화 변수	ctxIdx	
	0	1
initValue	168	168

〈표 4-43〉 no_residual_syntax_flag 문맥 인덱스 (ctxIdx)에 대한 initValue

초기화 변수	ctxIdx	
	0	1
initValue	79	79

〈표 4-44〉 split_transform_flag 문맥 인덱스 (ctxIdx)에 대한 initValue

초기화 변수	ctxIdx								
	0	1	2	3	4	5	6	7	8
initValue	153	138	138	124	138	94	224	167	122

〈표 4-45〉 cbf_luma 문맥 인덱스 (ctxIdx)에 대한 initValue

초기화 변수	ctxIdx					
	0	1	2	3	4	5
initValue	111	141	153	111	153	111

〈표 4-46〉 cbf_cb와 cbf_cr 문맥 인덱스 (ctxIdx)에 대한 initValue

초기화 변수	ctxIdx											
	0	1	2	3	4	5	6	7	8	9	10	11
initValue	94	138	182	154	149	107	167	154	149	92	167	154

〈표 4-47〉 transform_skip_flag 문맥 인덱스 (ctxIdx)에 대한 initValue

초기화 변수	ctxIdx					
	0	1	2	3	4	5
initValue	139	139	139	139	139	139

〈표 4-48〉 last_significant_coeff_x_prefix 문맥 인덱스 (ctxIdx)에 대한 initValue

초기화 변수	ctxIdx								
	0	1	2	3	4	5	6	7	8
initValue	110	110	124	125	140	153	125	127	140
	9	10	11	12	13	14	15	16	17
initValue	109	111	143	127	111	79	108	123	63
	18	19	20	21	22	23	24	25	26
initValue	125	110	94	110	95	79	125	111	110
	27	28	29	30	31	32	33	34	35
initValue	78	110	111	111	95	94	108	123	108
	36	37	38	39	40	41	42	43	44
initValue	125	110	124	110	95	94	125	111	111
	45	46	47	48	49	50	51	52	53
initValue	79	125	126	111	111	79	108	123	93

〈표 4-49〉 last_significant_coeff_y_prefix 문맥 인덱스 (ctxIdx)에 대한 initValue

초기화 변수	ctxIdx								
	0	1	2	3	4	5	6	7	8
initValue	110	110	124	125	140	153	125	127	140
	9	10	11	12	13	14	15	16	17
initValue	109	111	143	127	111	79	108	123	63
	18	19	20	21	22	23	24	25	26
initValue	125	110	94	110	95	79	125	111	110
	27	28	29	30	31	32	33	34	35

초기화 변수	ctxIdx								
	0	1	2	3	4	5	6	7	8
initValue	78	110	111	111	95	94	108	123	108
	36	37	38	39	40	41	42	43	44
initValue	125	110	124	110	95	94	125	111	111
	45	46	47	48	49	50	51	52	53
initValue	79	125	126	111	111	79	108	123	93

〈표 4-50〉 coded_sub_block_flag 문맥 인덱스 (ctxIdx)에 대한 initValue

초기화 변수	ctxIdx											
	0	1	2	3	4	5	6	7	8	9	10	11
initValue	91	171	134	141	121	140	61	154	121	140	61	154

〈표 4-51〉 last_significant_coeff_y_prefix 문맥 인덱스 (ctxIdx)에 대한 initValue

초기화 변수	ctxIdx								
	0	1	2	3	4	5	6	7	8
initValue	111	111	125	110	110	94	124	108	124
	9	10	11	12	13	14	15	16	17
initValue	107	125	141	179	153	125	107	125	141
	18	19	20	21	22	23	24	25	26
initValue	179	153	125	107	125	141	179	153	125
	27	28	29	30	31	32	33	34	35
initValue	140	139	182	182	152	136	152	136	153
	36	37	38	39	40	41	42	43	44
initValue	136	139	111	136	139	111	155	154	139
	45	46	47	48	49	50	51	52	53
initValue	153	139	123	123	63	153	166	183	140
	54	55	56	57	58	59	60	61	62

초기화 변수	ctxIdx								
	0	1	2	3	4	5	6	7	8
initValue	136	153	154	166	183	140	136	153	154
	63	64	65	66	67	68	69	70	71
initValue	166	183	140	136	153	154	170	153	123
	72	73	74	75	76	77	78	79	80
initValue	123	107	121	107	121	167	151	183	140
	81	82	83	84	85	86	87	88	89
initValue	151	183	140	170	154	139	153	139	123
	90	91	92	93	94	95	96	97	98
initValue	123	63	124	166	183	140	136	153	154
	99	100	101	102	103	104	105	106	107
initValue	166	183	140	136	153	154	166	183	140
	108	109	110	111	112	113	114	115	116
initValue	136	153	154	170	153	138	138	122	121
	117	118	119	120	121	122	123	124	125
initValue	122	121	167	151	183	140	151	183	140

〈표 4-52〉 coeff_abs_level_greater1_flag 문맥 인덱스 (ctxIdx)에 대한 initValue

초기화 변수	ctxIdx								
	0	1	2	3	4	5	6	7	8
initValue	140	92	137	138	140	152	138	139	153
	9	10	11	12	13	14	15	16	17
initValue	74	149	92	139	107	122	152	140	179
	18	19	20	21	22	23	24	25	26
initValue	166	182	140	227	122	197	154	196	196
	27	28	29	30	31	32	33	34	35
initValue	167	154	152	167	182	182	134	149	136
	36	37	38	39	40	41	42	43	44

초기화 변수	ctxIdx								
	0	1	2	3	4	5	6	7	8
initValue	153	121	136	137	169	194	166	167	154
	45	46	47	48	49	50	51	52	53
initValue	167	137	182	154	196	167	167	154	152
	54	55	56	57	58	59	60	61	62
initValue	167	182	182	134	149	136	153	121	136
	63	64	65	66	67	68	69	70	71
initValue	122	169	208	166	167	154	152	167	182

〈표 4-53〉 coeff_abs_level_greater2_flag 문맥 인덱스 (ctxIdx)에 대한 initValue

초기화 변수	ctxIdx								
	0	1	2	3	4	5	6	7	8
initValue	138	153	136	167	152	152	107	167	91
	9	10	11	12	13	14	15	16	17
initValue	122	107	167	107	167	91	107	107	167

지금까지 문맥 기반 적응적 이진 산술 부호화의 이진화와 문맥 모델 초기화를 살펴보았다. 〈표 4-54〉는 부호화에 사용되는 모든 신택스 요소와 그와 관련된 이진화 형태, 문맥 인덱스의 최대 빈 인덱스 (maxBinIdxCtx), 문맥 인덱스 오프셋 (ctxIdxOffset)을 나타낸다. 〈표 4-54〉의 절삭형 단항 이진화 (Truncated Unary Binarization, TU)와 고정 길이 이진화 (Fixed-Length Binarization, FL) 방법에서 정의된 cMax는 부호화하려는 구문 요소의 최대값을 의미한다. 또한 〈표 4-54〉에 "na"는 해당되는 값이 없음을 의미한다. 앞으로 〈표 4-54〉을 기반으로 해당 구문 요소의 문맥 모델링을 설명한다.

〈표 4-54〉 구문 요소와 관련된 이진화, maxBinIdxCtx, ctxIdxOffset

구문 요소	initType	이진화	maxBinIdxCtx	ctxIdxOffset
sao_merge_left_flag sao_merge_up_flag	0	FL, cMax = 1	0	0
	1		0	1
	2		0	2
sao_type_idx_luma sao_type_idx_chroma	0	TU, cMax = 2	0	0
	1		0	1
	2		0	2
sao_band_position	na	FL, cMax = 31	na	na, (Bypass)
sao_offset_abs	na	TU, cMax = (1<<(min(bitDepth, 10)−5))−1	na	na, (Bypass)
sao_offset_sign	na	FL, cMax = 1	na	na, (Bypass)
sao_eo_class_luma sao_eo_class_chroma	na	FL, cMax = 3	na	na, (Bypass)
end_of_slice_flag	all	FL, cMax = 1	0	0
split_cu_flag	0	FL, cMax = 1	0	0
	1		0	3
	2		0	6
cu_transquant_bypass_flag	0	FL, cMax = 1	0	0
	1		0	1
	2		0	2
skip_flag	1	FL, cMax = 1	0	0
	2		0	3
cu_qp_delta_abs	0	prefix: TU, cMax = 5 suffix: EG0	prefix: 1 suffix: na	prefix: 0 suffix: na, (Bypass)
	1		prefix: 1 suffix: na	prefix: 2 suffix: na, (Bypass)
	2		prefix: 1 suffix: na	prefix: 4 suffix: na, (Bypass)

구문 요소	initType	이진화	maxBinIdxCtx	ctxIdxOffset
cu_qp_delta_sign	na	FL, cMax = 1	na	na, (Bypass)
pred_mode_flag	1	FL, cMax = 1	0	0
	2		0	1
part_mode	0	3.7.1.7 예외적인 이진화 방법 참조	0	0
	1		3	1
	2		3	4
pcm_flag	all	FL, cMax = 1	0	0
prev_intra_luma_pred_flag	0	FL, cMax = 1	0	0
	1		0	1
	2		0	2
mpm_idx	na	TU, cMax = 2	na	na, (Bypass)
rem_intra_luma_pred_mode	na	FL, cMax = 31	na	na, (Bypass)
intra_chroma_pred_mode	0	3.7.1.7 예외적인 이진화 방법 참조	prefix: 0 suffix: na	prefix: 0 suffix: na, (Bypass)
	1		prefix: 0 suffix: na	prefix: 1 suffix: na, (Bypass)
	2		prefix: 0 suffix: na	prefix: 2 suffix: na, (Bypass)
merge_flag	1	FL, cMax = 1	0	0
	2		0	1
merge_idx	1	TU, cMax = MaxNumMergeCand − 1	0	0
	2		0	1
inter_pred_idc	1	3.7.1.7 예외적인 이진화 방법 참조	1	0
	2		1	5
ref_idx_l0	1	TU, cMax = num_ref_idx_l0_active_minus1	2	0
	2		2	2

구문 요소	initType	이진화	maxBinIdxCtx	ctxIdxOffset
ref_idx_l1	1	TU, cMax = num_ref_idx_l1_active_minus1	2	0
	2		2	2
abs_mvd_greater0_flag[]	1	FL, cMax = 1	0	0
	2		0	1
abs_mvd_greater1_flag[]	1	FL, cMax = 1	0	2
	2		0	3
abs_mvd_minus2[]	na	EG1	na	na, (Bypass)
mvd_sign_flag[]	na	FL, cMax = 1	na	na, (Bypass)
mvp_l0_flag	1	FL, cMax = 1	0	0
	2		0	1
mvp_l1_flag	1	FL, cMax = 1	0	0
	2		0	1
no_residual_syntax_flag	1	FL, cMax = 1	0	0
	2		0	1
split_transform_flag	0	FL, cMax = 1	0	0
	1		0	3
	2		0	6
cbf_luma	0	FL, cMax = 1	0	0
	1		0	2
	2		0	4
cbf_cb, cbf_cr	0	FL, cMax = 1	0	0
	1		0	4
	2		0	8
transform_skip_flag[][][0]	0	FL, cMax = 1	0	0
	1		0	1
	2		0	2
transform_skip_flag[][][1] transform_skip_flag[][][2]	0	FL, cMax = 1	0	3
	1		0	4
	2		0	5

구문 요소	initType	이진화	maxBinIdxCtx	ctxIdxOffset
last_significant_coeff_x_prefix	0	TU, cMax = (log2TrafoSize << 1) − 1	8	0
	1		8	18
	2		8	36
last_significant_coeff_y_prefix	0	TU, cMax = (log2TrafoSize << 1) − 1	8	0
	1		8	18
	2		8	36
last_sifnificant_coeff_x_suffix	na	FL, cMax = (last_significant_coeff_x_prefix >> 1) − 1	na	na, (Bypass)
last_sifnificant_coeff_y_suffix	na	FL, cMax = (last_significant_coeff_y_prefix >> 1) − 1	na	na, (Bypass)
coded_sub_block_flag	0	FL, cMax = 1	0	0
	1		0	4
	2		0	8
significant_coeff_flag	0	FL, cMax = 1	0	0
	1		0	42
	2		0	84
coeff_abs_level_greater1_flag	0	FL, cMax = 1	0	0
	1		0	24
	2		0	48
coeff_abs_level_greater2_flag	0	FL, cMax = 1	0	0
	1		0	6
	2		0	12
coeff_abs_level_remaining	na	3.7.1.6 이진화 방법 참조	prefix: na suffix: na	prefix: na, (Bypass) suffix: na, (Bypass)
coeff_sign_flag	na	FL, cMax = 1	na	na, (Bypass)

〈표 4-55〉는 비교적 그 계산이 단순한 문맥 인덱스 증가값(χ) 나타낸다. initType에 의해 정해진 문맥 인덱스 오프셋에 정해진 문맥 인덱스 증가값을 더하면 해당 빈에 대한 문맥 인덱스 값이 된다. 여기서 "na"는 해당하는 값이 없다는 의미이다.

〈표 4-55〉 구문 요소의 문맥 인덱스 증가

구문 요소	binIdx					
	0	1	2	3	4	≥5
sao_merge_left_flag sao_merge_up_flag	0	na	na	na	na	na
sao_type_luma sao_type_chroma	0	bypass	na	na	na	na
cu_transquant_bypass_flag	0	na	na	na	na	na
cu_qp_delta_abs	0	1	1	1	1	bypass
pred_mode_flag	0	na	na	na	na	na
part_mode	0	1	2	bypass	na	na
prev_intra_luma_pred_flag	0	na	na	na	na	na
intra_chroma_pred_mode	0	bypass	bypass	na	na	na
merge_flag	0	na	na	na	na	na
merge_idx	0	bypass	bypass	bypass	na	na
inter_pred_idc	(nPbW + nPbH)!=12? ctDepth:4	4	na	na	na	na
ref_idx_l0, ref_idx_l1	0	1	bypass	bypass	na	na
abs_mvd_greater0_flag[]	0	na	na	na	na	na
abs_mvd_greater1_flag[]	0	na	na	na	na	na
mvp_l0_flag, mvp_l1_flag	0	na	na	na	na	na
no_residual_syntax_flag	0	na	na	na	na	na
split_transform_flag	5−log2TrafoSize	na	na	na	na	na
cbf_luma	trafoDepth == 0? 1:0	na	na	na	na	na
cbf_cb, cbf_cr	trafoDepth	na	na	na	na	na

구문 요소	binIdx					
	0	1	2	3	4	≧5
transform_skip_flag[][][0]	0	na	na	na	na	na
transform_skip_flag[][][1] transform_skip_flag[][][2]	0	na	na	na	na	na

〈표 4-55〉에 없는 구문 요소들은 각각의 문맥 모델링 과정에 차이가 있다. 하나씩 자세히 살펴보자.

split_cu_flag와 skip_flag

split_cu_flag와 skip_flag의 문맥 모델은 〈그림 4-32〉처럼 이웃하는 값 사이의 통계적 의존성을 고려해 결정된다.

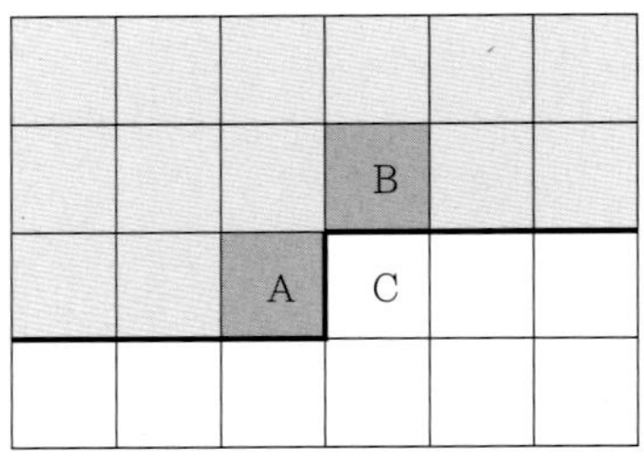

〈그림 4-32〉 현재 신택스 요소 C의 왼쪽 신택스 요소 A와 위쪽 신택스 요소 B로 구성된 문맥 템플릿

〈표 4-26〉을 보면, split_cu_flag의 문맥 인덱스 범위는 initType이 0인 경우 0~2, initType이 1인 경우 3~5, initType이 2인 경우 6~8이다. skip_flag의 문맥 인덱스 범위는 initType이 1인 경우 0~2, initType이 2인 경우 3~5이다. 〈그림 4-30〉에서 볼 수 있듯이, 주어진 현재 블록 C에 대해 관련된 문맥 모델은 현재 블록의 이웃하는 블록인 왼쪽 블록 A와 위쪽 블록 B의 구문 요소 값을 고려해 결정된다. split_cu_flag를 위한 문맥 인덱스 증가 값($\chi_{Split\,CU}$)과 skip_flag를 위한 문맥 인덱스 증가 값(χ_{Skip})은 다음과 같이 정의된다.

$$\chi_{Split\,CU}(C) = (\text{condL}_{\text{SplitCU}}\ \&\&\ \text{availableL}) + (\text{condA}_{\text{SplitCU}}\ \&\&\ \text{availableA}) \tag{4-54}$$

$$\chi_{Skip}(C) = (\text{condL}_{\text{Skip}}\ \&\&\ \text{availableL}) + (\text{condA}_{\text{Skip}}\ \&\&\ \text{availableA}) \tag{4-55}$$

여기서 availableL과 availableA는 각각 좌측 주변 블록과 상단 주변 블록의 사용 가능성을 의미하며, 사용 가능하면 1, 사용 불가능하면 0의 값을 가진다. split_cu_flag를 위한 $condL_{SplitCU}$과 $condA_{SplitCU}$의 값은 주변 블록이 속한 부호화 블록의 깊이가 현재 블록이 속한 부호화 블록의 깊이보다 크면 1, 그렇지 않으면 0이 된다. skip_flag를 위한 $condL_{Skip}$과 $condA_{Skip}$의 값은 주변 블록의 skip_flag가 1이면 1, 그렇지 않으면 0이 된다.

〈표 4-56〉과 〈표 4-57〉는 구문 요소 split_cu_flag와 skip_flag의 각 빈 인덱스 (binIdx)에서 문맥 인덱스 증가값을 나타낸다. split_cu_flag와 skip_flag의 이진화는 고정 길이 (FL) 방법을 수행하고, 이때, cMax=1이다. 따라서 split_cu_flag와 skip_flag의 빈 스트링 길이는 1이 되고, 빈 인덱스는 0번째 위치에만 존재한다. 0번째 위치에서 문맥 인덱스 증가 값은 0, 1, 2가 된다. 따라서 split_cu_flag와 skip_flag의 문맥 인덱스는 문맥 인덱스 오프셋과 결정된 문맥 인덱스 증가 값을 더해 계산된다. 이는 split_cu_flag의 문맥 인덱스 범위가 initType이 0인 경우 0, 1, 2, initType이 1인 경우 3, 4, 5, initType이 2인 경우 6, 7, 8이 되고, skip_flag의 문맥 인덱스 범위가 initType이 1인 경우 0, 1, 2, initType이 2인 경우 3, 4, 5가 되는 것과 같다.

〈표 4-56〉 split_cu_flag의 ctxIdxOffset의 각 빈 인덱스에 대응하는 문맥 인덱스 증가

ctxIdxOffset	binIdx					
	0	1	2	3	4	≥5
0	0,1,2	na	na	na	na	na
3	0,1,2	na	na	na	na	na
6	0,1,2	na	na	na	na	na

〈표 4-57〉 skip_flag의 ctxIdxOffset의 각 빈 인덱스에 대응하는 문맥 인덱스 증가

ctxIdxOffset	binIdx					
	0	1	2	3	4	≥5
0	0,1,2	na	na	na	na	na
3	0,1,2	na	na	na	na	na

last_significant_coeff_x_prefix와 last_significant_coeff_y_prefix

last_significant_coeff_x_prefix와 last_significant_coeff_y_prefix의 문맥 모델은 휘도 블록인지 여부와 변환 블록의 크기 (log2TrafoSize)에 따라 결정된다. 먼저, 문맥 인덱스 증가값을 계산하기 위해 ctxOffset과 ctxShift를 계산하는데, 휘도 블록의 경우 다음과 같이 계산된다.

$$\text{ctxOffset} = 3*(\text{log2TrafoSize} - 2) + (\text{log2TrafoSize} - 1) \gg 2) \tag{4-56}$$

$$\text{ctxShift} = (\text{log2TrafoSize} + 1) \gg 2 \tag{4-57}$$

다음, 색차 블록의 경우 ctxOffset은 15이고, ctxShift는 다음과 같이 계산된다.

$$\text{ctxShift} = \text{log2TrafoSize} - 2 \tag{4-58}$$

위에서 구한 ctxOffset과 ctxShift를 이용해 문맥 인덱스 증가 값(χ_{Last})은 다음과 같이 계산된다.

$$\chi_{Last}(C) = (\text{binIdx} \gg \text{ctxShift}) + \text{ctxOffset} \tag{4-59}$$

〈표 4-58〉 last_significant_coeff_x_prefix와 last_significant_coeff_y_prefix의 ctxIdxOffset의 각 빈 인덱스에 대응하는 문맥 인덱스 증가

ctxIdxOffset	binIdx					
	0	1	2	3	4	≧5
0	0~17					
18	0~17					
36	0~17					

coded_sub_block_flag

coded_sub_block_flag의 문맥 인덱스 증가 값은 휘도 블록인지 여부와 현재 서브 블록 주사 위치 (xS, yS), 이전에 부호화된 coded_sub_block_flag 구문 요소의 빈, 현재 변환 블

록의 크기 log2TrafoSize에 의해 결정된다.

먼저, 현재 위치 (xS, yS)와 이전에 부호화된 두 개의 coded_sub_block_flag의 빈과 현재 변환 블록의 크기 log2TrafoSize를 이용해 변수 csbfCtx를 계산한다. csbfCtx의 초기값은 0이고, 만약 xS가 (1≪(log2TrafoSize − 2)) - 1 보다 작으면 csbfCtx는 다음과 같이 수정된다.

csbfCtx += coded_sub_block_flag[xS + 1][yS] (4-60)

또한, yS가 (1≪(log2TrafoSize − 2)) - 1 보다 작으면 csbfCtx는 다음과 같이 수정된다.

csbfCtx += coded_sub_block_flag[xS][yS + 1] (4-61)

다음, 문맥 인덱스 증가 값 ($\chi_{CodedSubBlock}$)은 현재 블록이 휘도 블록이면 식 (4-62), 색차 블록이면 식 (4-63)과 같이 계산된다.

$$\chi_{CodedSubBlock}(C) = \min(csbfCtx, 1) \quad (4\text{-}62)$$

$$\chi_{CodedSubBlock}(C) = 2 + \min(csbfCtx, 1) \quad (4\text{-}63)$$

〈표 4-59〉 coded_sub_block_flag의 ctxIdxOffset의 각 빈 인덱스에 대응하는 문맥 인덱스 증가

ctxIdxOffset	binIdx					
	0	1	2	3	4	≧5
0	0~3	na	na	na	na	na
4	0~3	na	na	na	na	na
8	0~3	na	na	na	na	na

significant_coeff_flag

significant_coeff_flag의 문맥 인덱스 증가 값은 휘도 블록인지 여부, 현재 계수 주사 위치 (xC, yC), 주사 순서 인덱스 scanIdx, 변환 블록 크기 log2TrafoSize에 의해 결정된다.

만약 log2TrafoSize가 2인 경우, 즉 변환 블록이 4×4인 경우, sigCtx는 〈표 4-56〉의 ctxIdxMap[]에 의해 결정된다.

$$sigCtx = ctxIdxMap[(yC \ll 2) + xC] \quad (4\text{-}64)$$

〈표 4-60〉 ctxIdxMap[i]

i	0	1	2	3	4	5	6	7	8	9	10	11	12	13	14
ctxIdxMap[i]	0	1	4	5	2	3	4	5	6	6	8	8	7	7	8

그렇지 않고, 만약 xC + yC가 0이면 sigCtx는 0이다.

그렇지 않으면, sigCtx는 coded_sub_block_flag의 이전 값을 이용해 계산된다. 먼저 서브 블록의 수평 및 수직 위치인 xS와 yS는 각각 xC/4, yC/4로 계산되며, prevCsbf의 초기값은 0이다. 만약 xS가 (1≪(log2TrafoSize − 2)) - 1 보다 작으면 prevCsbf는 다음과 같이 업데이트 된다.

$$prevCsbf \mathrel{+}= coded\_sub\_block\_flag[xS + 1][yS] \quad (4\text{-}65)$$

또한, yS가 (1≪(log2TrafoSize − 2)) - 1 보다 작으면 prevCsbf는 다음과 같이 수정된다.

$$prevCsbf \mathrel{+}= coded\_sub\_block\_flag[xS][yS + 1] \quad (4\text{-}66)$$

다음, 내부 서브 블록 위치인 xP와 yP가 각각 (xC & 3), (yC & 3)으로 계산되고, sigCtx는 위에서 계산한 prevCsbf에 따라 다음과 같이 계산된다.

- 만약 prevCsbf가 0이면

$$sigCtx = (xP + yP == 0)?\ 2 : (xP + yP < 3)?\ 1 : 0 \quad (4\text{-}67)$$

- 만약 prevCsbf가 1이면

$$sigCtx = (yP == 0)?\ 2 : (yP == 1)?\ 1 : 0 \quad (4\text{-}68)$$

- 만약 prevCsbf가 2이면

$$sigCtx = (xP == 0)?\ 2 : (xP == 1)?\ 1 : 0 \quad (4\text{-}69)$$

- 만약 prevCsbf가 3이면 sigCtx는 2이다.

sigCtx는 휘도 블록인지 여부에 따라 업데이트 되는 방법이 다르다. 먼저, 휘도 블록인 경우에는 다음과 같이 업데이트 된다.

- (xS + yS)가 0보다 크면

sigCtx += 3 (4-70)

- 그렇지 않고, log2TrafoSize가 3, 즉 변환 블록의 크기가 8×8이면

sigCtx += (scanIdx == 0)? 9 : 15 (4-71)

- 그렇지 않으면

sigCtx += 21 (4-72)

색차 블록인 경우에는 다음과 같이 업데이트 된다.

- log2TrafoSize가 3, 즉 변환 블록의 크기가 8×8이면

sigCtx += 9 (4-73)

- 그렇지 않으면

sigCtx += 12 (4-74)

significant_coeff_flag의 문맥 인덱스 증가 값 ($\chi_{SigCoeff}$)은 휘도 블록인지 여부에 따라 계산된 sigCtx 값을 이용해 다음과 같이 계산된다.

- 휘도 블록인 경우

$\chi_{SigCoeff}(C)$ = sigCtx (4-75)

- 색차 블록인 경우

$\chi_{SigCoeff}(C)$ = 27 + sigCtx (4-76)

〈표 4-61〉 significant_coeff_flag의 ctxIdxOffset의 각 빈 인덱스에 대응하는 문맥 인덱스 증가

ctxIdxOffset	binIdx					
	0	1	2	3	4	≥5
0	0~41	na	na	na	na	na
42	0~41	na	na	na	na	na
84	0~41	na	na	na	na	na

coeff_abs_level_greater1_flag

coeff_abs_level_greater1_flag의 문맥 인덱스 증가 값은 휘도 블록인지 여부, 현재 서브 블록의 주사 인덱스 i, 현재 서브 블록 내에서의 현재 계수의 주사 인덱스 n에 의해 결정된다.

현재 문맥 집합을 나타내는 변수 ctxSet이 초기화 과정을 살펴보자. 만약 현재 서브 블록 주사 인덱스 i가 0이고 색차 블록이면 ctxSet은 0, 현재 서브 블록 주사 인덱스가 0보다 크고 휘도 블록이면 ctxSet은 2로 초기화된다. 다음 ctxSet 업데이트를 위한 변수 lastGreater1Ctx가 다음과 같이 계산된다.

- 만약 현재 서브 블록이 현재 변환 블록에서 부호화되는 첫 번째 서브 블록인 경우 변수 lastGreater1Ctx는 0이다.
- 그렇지 않으면, lastGreater1Ctx는 주사 인덱스 i + 1인 이전 서브 블록에 대한 coeff_abs_greater1_flag 구문 요소를 부호화하는 과정에서 얻은 greater1Ctx의 값과 같다.

다음, 변수 greater1Ctx를 1로 설정한다.

현재 서브 블록에 대해 이 과정이 처음 실행되는 것이 아닐 때는 현재까지 계산된 ctxSet과 greater1Ctx를 불러오고, 다음과 같이 변수 greater1Ctx 값을 계산한다. greater1Ctx가 0보다 큰 경우, lastGreater1Flag는 이전 과정에서 얻은 coeff_abs_greater1_flag의 값과 같고, greater1Ctx는 다음과 같이 수정된다.

- 만약 lastGreater1Flag가 1이면, greater1Ctx는 0이다.
- 그렇지 않고, lastGreater1Flag가 0이면, greater1Ctx는 1만큼 증가한다.

coeff_abs_level_greater1_flag의 문맥 인덱스 증가 값 (χ_{Gr1})은 현재 문맥 집합 ctxSet과 현재 문맥 greater1Ctx를 이용해 다음과 같이 계산된다.

$$\chi_{Gr1}(C) = (4 \times \text{ctxSet}) + \min(3, \text{greater1Ctx}) \quad (4\text{-}77)$$

색차 블록인 경우, 식 (4-69)에서 계산한 coeff_abs_level_greater1_flag의 문맥 인덱스 증가 값에 16을 더한다.

$$\chi'_{Gr1}(C) = \chi_{Gr1}(C) + 16 \quad (4\text{-}78)$$

〈표 4-62〉 coeff_abs_level_greater1_flag의 ctxIdxOffset의 각 빈 인덱스에 대응하는 문맥 인덱스 증가

ctxIdxOffset	binIdx					
	0	1	2	3	4	≥5
0	0~23	na	na	na	na	na
24	0~23	na	na	na	na	na
48	0~23	na	na	na	na	na

coeff_abs_level_greater2_flag

coeff_abs_level_greater2_flag의 문맥 인덱스 증가 값은 휘도 블록인지 여부, 현재 서브 블록 주사 인덱스 i, 현재 서브 블록내에서의 현재 계수의 주사 인덱스 n에 의해 결정된다. 현재 문맥 집합을 나타내는 변수 ctxSet은 동일한 i에 대해 coeff_abs_level_greater1_flag를 부호화할 때 사용한 ctxSet과 동일한 값을 사용한다. coeff_abs_level_greater2_flag의 문맥 인덱스 증가 값 (χ_{Gr2})은 현재 문맥 집합 ctxSet을 이용해 다음과 같이 계산된다.

$$\chi_{Gr2}(C) = \text{ctxSet} \quad (4\text{-}79)$$

색차 블록인 경우, 식 (4-79)에서 계산한 coeff_abs_level_greater2_flag의 문맥 인덱스 증가 값에 4를 더한다.

$$\chi'_{Gr2}(C) = \chi_{Gr2}(C) + 4 \quad (4\text{-}80)$$

〈표 4-63〉 coeff_abs_level_greater2_flag의 ctxIdxOffset의 각 빈 인덱스에 대응하는 문맥 인덱스 증가

ctxIdxOffset	binIdx					
	0	1	2	3	4	≧5
0	0~5	na	na	na	na	na
6	0~5	na	na	na	na	na
12	0~5	na	na	na	na	na

4.5.3 확률 업데이트

HEVC의 이진 산술 부호화 방법의 기본 개념은 H.264/AVC와 마찬가지로 각각의 문맥 모델에서 결정된 확률은 제한된 대표 값에 의해 표시된다. 문맥 기반 적응적 이진 산술 부호화에서, 최소 빈도 심볼 (least probable symbol, LPS)에 대해 64 개의 대표 값 $p_\sigma \in [0.01875, 0.5]$을 다음의 식으로부터 유도한다.

$$p_\sigma = \alpha(p_{\sigma-1}) \qquad \sigma = 1, \ldots, N-1 \quad (4\text{-}81)$$

$$\alpha = \left(\frac{0.01875}{0.5}\right)^{1/(N-1)}, \quad p_0 = 0.5$$

식 (4-73)에서 스케일링 요소 (scaling factor) α와 집합원의 개수 N을 결정해야 한다. 이 두 성분 (스케일링 요소와 집합원의 개수)은 문맥 기반 적응적 이진 산술 부호화의 복잡도와 정확한 예측에 영향을 준다. 따라서 스케일 요소와 집합원의 개수를 결정하는 것은 문맥 기반 적응적 이진 산술 부호화에 있어 굉장히 중요하다. HEVC의 문맥 기반 적응적 이진 산술 부호화에서는 스케일링 요소 α의 값은 0.95로 결정하고, 집합원의 개수 N은 64로 정했다.

이러한 설계를 기반으로 문맥 기반 적응적 이진 산술 부호화의 각각 문맥 모델은 두 변수, 0과 63 사이의 인덱스 σ 에 의해 묘사되는 LPS 확률의 현재 예측 값과 0 혹은 1의 값을 갖는 MPS 값 ϖ에 의해 결정된다. 따라서 문맥 기반 적응적 이진 산술 부호화의 확률 평가는 총 128개의 다른 확률 상태를 사용하여 처리된다.

문맥 기반 적응적 이진 산술 부호화에서 모든 확률 모델은 적응적 모델이다. 즉, 각 심볼이 부호화되고 난 후, 확률 평가의 업데이트가 실행되어야 한다. 실제로 주어진 확률 상태 (probability state)에 대해, 업데이트는 상태 인덱스 (state index)와 LPS 혹은 MPS로 부호화된 심볼의 값에 의해 결정된다. 업데이트 처리 결과, 새로운 확률 상태가 생성된다. 새로운 확률 상태는 업데이트된 LPS 확률 예측과 업데이트된 MPS 값을 저장한다.

〈그림 4-31〉는 상태 인덱스를 업데이트하기 위해 사용하는 변화 규칙 (transition rule)과 LPS 평가를 위한 확률 값 $\{p_\sigma \mid 0 \leq \sigma \leq 62\}$를 나타낸다. 만약 MPS가 발생하면, 주어진 상태 인덱스는 단순히 1만큼 증가한다. 만약 상태 인덱스 62에서 MPS가 발생하면, 상태 인덱스는 계속 62에 머물러 있다. 만약 상태 인덱스 62에서 LPS가 발생하면, 〈그림 4-26〉에서 점선으로 표시된 양만큼 상태 인덱스는 감소한다. 일반적으로 이와 같은 규칙은 한 가지 예외 사항을 제외하고 모든 상태 인덱스에서 동일하게 적용된다.

상태 인덱스 0에서 LPS가 발생했다고 가정하자. 이는 동일한 확률 분포 (MPS 확률 = LPS 확률)에서 LPS가 발생했다는 의미이다. 이때 상태 인덱스는 계속 0에 머물러 있지만 (확률 상태 인덱스 0 위치에서 LPS 상태 인덱스 변화를 나타내는 점선을 따라 이동하면 다시 자기 자신으로 돌아옴), LPS의 값과 MPS의 값은 서로 교환된다. 즉, MPS 값 ϖ는 바뀐다. 이 경우를 제외한 다른 모든 경우에서 심볼이 부호화된 후, MPS 값은 변하지 않는다. LPS 확률에 대한 변화 규칙은 주어진 LPS 확률 p_{old}와 그것의 업데이트된 값 $p_{\neq w}$사이에 존재하

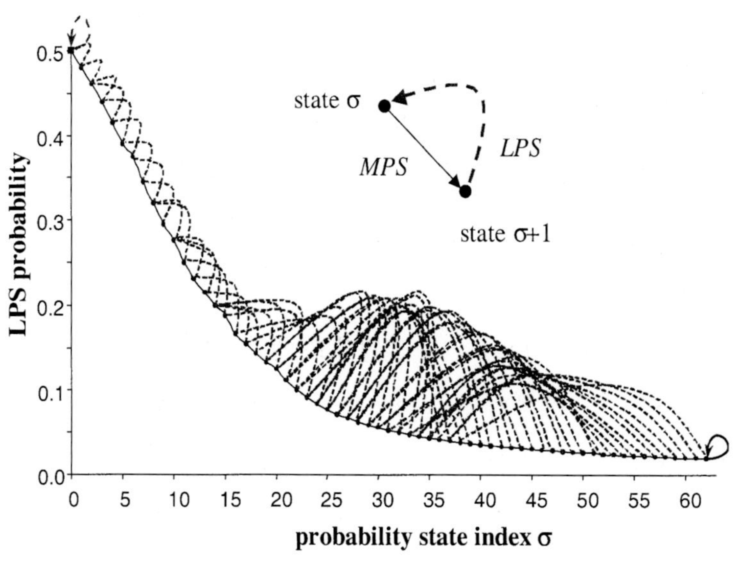

〈그림 4-33〉 확률 상태와 대응하는 LPS 확률

는 식 (4-82)와 같은 관계를 기반으로 설계된다.

$$\text{업데이트된 값} = \begin{cases} \max(\alpha \cdot p_{old}, p_{62}), a\,MPSoccurs \\ \alpha \cdot p_{old} + (1-\alpha), \ \ a\,LPSoccurs \end{cases} \tag{4-82}$$

여기서 α는 식 (4-81)에서 사용된 값이다.

문맥 기반 적응적 이진 산술 부호화에서 확률 판단 구현은 각각 63개의 항목을 갖는 두 표를 사용하여 이루어진다. 하지만 실제로는 하나의 단일 표 TransIdxLPS를 사용하여 확률 평가가 이루어진다. LPS의 경우 주어진 상태 인덱스 σ에 대해 새로 업데이트된 상태 인덱스는 TransIdxLPS[σ] 이다. MPS의 경우 새로 업데이트된 상태 인덱스는 min(σ+1, 62)이다. 두 변수 확률 상태 인덱스 (probability state index, pStateIdx, σ)와 MPS의 값 (valMPS)은 다음의 식으로 유도된다.

(4-83)

```
if(binVal == vlMPS)
   PStateIdx = transIdxMPS(pStateIdx)
else{
   if(pStateIdx == 0)
      vlaMPS = 1 - valMPS
   pStateIdx = transIdxLPS(pStateIdx)
```

〈표 4-64〉은 상태 변화 표, transIdxMPS와 transIdxLPS를 나타낸다.

〈표 4-64〉 상태 변화 표

pStateIdx	0	1	2	3	4	5	6	7	8	9	10	11	12	13	14	15
transIdxLPS	0	0	1	2	2	4	4	5	6	7	8	9	9	11	11	12
transIdxMPS	1	2	3	4	5	6	7	8	9	10	11	12	13	14	15	16
pStateIdx	16	17	18	19	20	21	22	23	24	25	26	27	28	29	30	31
transIdxLPS	13	13	15	15	16	16	18	18	19	19	21	21	22	22	23	24
transIdxMPS	17	18	19	20	21	22	23	24	25	26	27	28	29	30	31	32
pStateIdx	32	33	34	35	36	37	38	39	40	41	42	43	44	45	46	47

transIdxLPS	24	25	26	26	27	27	28	29	29	30	30	30	31	32	32	33
transIdxMPS	33	34	35	36	37	38	39	40	41	42	43	44	45	46	47	48
pStateIdx	48	49	50	51	52	53	54	55	56	57	58	59	60	61	62	63
transIdxLPS	33	33	34	34	35	35	35	36	36	36	37	37	37	38	38	63
transIdxMPS	49	50	51	52	53	54	55	56	57	58	59	60	61	62	62	63

4.5.4 테이블 기반 이진 산술 부호화

이번 장에서 HEVC의 이진 산술 부호화 엔진을 알아본다. 문맥 기반 적응적 이진 산술 부호화에서 부호화 엔진은 2개의 부엔진 (subengines), 정규 부호화 모드 (regular coding mode)에 대한 부호화 엔진과 심볼의 부호화를 더 빠르게 하기 위한 바이패스 (bypass) 부호화 엔진으로 구분된다. 정규 부호화 모드에 대한 산술 부호화 엔진은 앞에서 살펴본 적응적 확률 모델 (adaptive probability model)을 사용하여 부호화를 수행하는 반면, 바이패스 부호화 엔진은 균일한 확률 (uniform probability)을 기반으로 부호화를 수행한다.

이진 산술 부호화

이진 산술 부호화는 기본적인 곱셈 연산을 사용하여 반복적으로 구간(interval)을 세분화한다. 최소 빈도 심볼 (least probable symbol, LPS)의 확률 $p_{LPS} \in (0, 0.5]$이 주어지고, 최소 경계 L과 범위 R을 갖는 구간이 주어졌다고 가정하자. 이를 기반으로, 주어진 구간은 두 부분 구간 (subinterval)으로 나누어진다. LPS에 대응하는 구간의 범위는 다음과 같다.

$$R_{LPS} = R \cdot p_{LPS} \tag{4-84}$$

확률 $1-p_{LPS}$를 갖는 최대 빈도 심볼 (most probable symbol, MPS)에 대응하는 또 다른 구간의 범위는 다음과 같다.

$$R_{MPS} = R - R_{LPS} \tag{4-85}$$

현재 주어진 이진 심볼이 최소 빈도 심볼인지 혹은 최대 빈도 심볼인지에 따라 대응하는 부분 구간이 새로운 현재 구간으로 선택된다. 구간을 나타내는 이진 값은 현재까지 처리된 이진 시퀀스를 의미하는 반면, 구간의 범위는 현재까지 부호화된 이진 심볼들의 확률의 곱에 대응한다.

실제 이진 산술 부호화의 구현에 있어서, 가장 복잡도가 높은 부분은 식 (4-76)의 곱셈 연산을 이용하여 구간을 분할하는 과정이다. 따라서 HEVC의 문맥 기반 적응적 이진 산술 부호화에서는 곱셈 연산을 수행하지 않는 이진 산술 부호화, 즉, 모듈로 코더 (modulo coder, M coder)를 사용한다.

HEVC의 이진 산술 부호화의 또 다른 별개의 부호화 엔진은 바이패스 부호화 모드 (bypass coding mode)이다. 이 모드는 거의 균일한 확률 분포를 갖는 특별한 신택스 요소의 부호화를 위해 설계되었다. 바이패스 부호화 모드에서는 이러한 심볼의 부호화를 위해 복잡한 확률 평가 방법을 사용하지 않는다.

정규 부호화 모드에서 구간 세분화

〈그림 4-34〉는 정규 부호화 모드를 사용하여 주어진 빈 값 (binVal)을 이진 산술 부호화하는 과정을 보여 준다. 산술 부호화 엔진의 내부 상태 (internal state)는 두 개의 양, 현재 구간 범위 (current interval range) R과 현재 부호화 구간의 기본 값 L (낮은 끝점)에 의해 결정된다. 주어진 이진 값 binVal의 부호화는 문맥 모델링 과정에서 선택된 문맥의 확률 상태 인덱스 (probability state index, pStateIdx) σ와 MPS ϖ의 값 (valMPS)을 사용하여 수행된다. 기본적으로 이진 산술 부호화의 과정은 다음의 네 단계로 실행된다.

첫 번째 단계에서, 현재 구간 (current interval)은 주어진 확률 평가에 따라 부분 구간으로 재분할된다. 이 구간 재분할 과정은 〈그림 4-34〉에서 흐름도의 가장 위의 블록으로 세 단계의 처리 과정을 포함한다. 우선, 현재 구간 범위 R은 $2^8 R < 2^9$의 전체 범위를 네 단계로 균일하게 나눈 양자화 값 Q(R)에 의해 근사화된다. Q(R)은 단지 그것의 양자화 인덱스 ρ에 의해 지정된다. 양자화 인덱스 ρ는 다음의 처리 과정을 통해 얻을 수 있다.

$$\rho = (R \gg 6)\ \&\ 3 \tag{4-86}$$

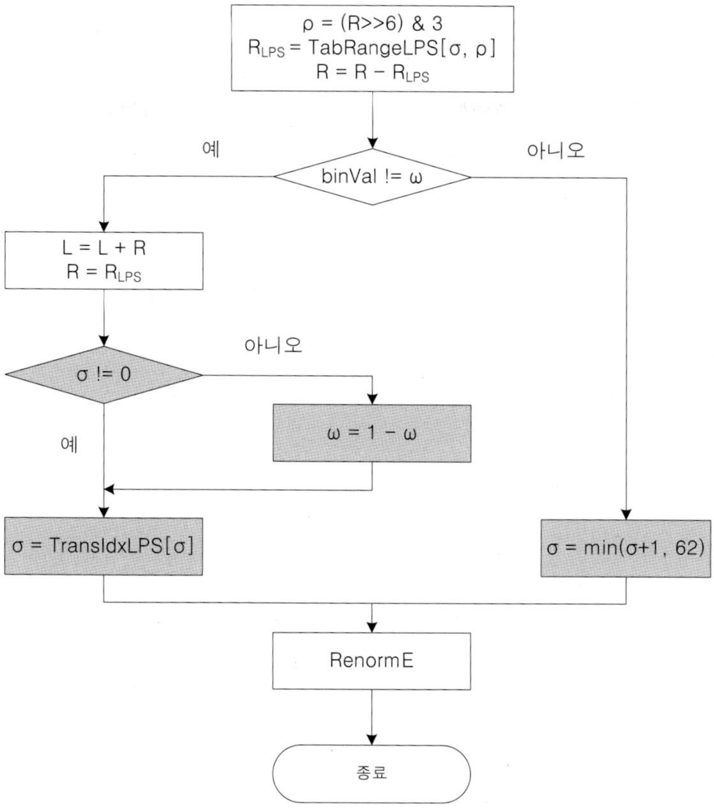

〈그림 4-34〉 문맥 기반 이진 산술 부호화의 정규 부호화 모드 흐름도

그 다음으로, 양자화 인덱스 ρ와 확률 상태 인덱스 σ는 부분 구간 (subinterval) 범위 R_{LPS}와 관련된 LPS를 결정하기 위해 2-D 표 TabRangeLPS의 엔트리로서 사용된다. 실제 이진 산술 부호화 과정에서 R_{LPS}는 구간 R과 LPS의 확률의 곱으로 계산되지만 (R_{LPS} = $R \cdot p_{LPS}$), 문맥 기반 적응적 이진 산술 부호화에서는 복잡도를 줄여 처리 속도를 향상시키기 위해, 곱셈 연산을 수행하지 않고 TabRangeLPS 표를 기반으로 확률을 선택한다. 여기서, TabRangeLPS 표는 8 비트에서 $0 \leq \sigma \leq 63$과 $0 \leq \rho \leq 3$에 대한 64×4(256)개의 미리 계산된 결과(ρ_σ · Q_ρ)를 포함하고 있다. 〈표 4-65〉는 확률 상태 인덱스 (pStateIdx, σ)와 양자화 인덱스 (qCodIRangeIdx, ρ)에 따른 LPS의 범위를 나타내는 표 (TabRangeLPS)이다.

만약, 현재 빈을 부호화하기 위해 선택된 문맥 모델의 확률 상태 인덱스 (pStateIdx, σ) 값이 23이고, 계산된 양자화 인덱스 (qCodIRangeIdx, ρ)이 2이면, 〈표 4-65〉를 사용하여 R_{LPS} 값을 62로 결정할 수 있다.

〈표 4-65〉 pStateIdx와 qCodIRangeIdx에 따른 TabLPS 범위

pStateIdx	qCodIRangeIdx				pStateIdx	qCodIRangeIdx			
	0	1	2	3		0	1	2	3
0	128	176	208	240	32	27	33	39	45
1	128	167	197	227	33	26	31	37	43
2	128	158	187	216	34	24	30	35	41
3	123	150	178	205	35	23	28	33	39
4	116	142	169	195	36	22	27	32	37
5	111	135	160	185	37	21	26	30	35
6	105	128	152	175	38	20	24	29	33
7	100	122	144	166	39	19	23	27	31
8	95	116	137	158	40	18	22	26	30
9	90	110	130	150	41	17	21	25	28
10	85	104	123	142	42	16	20	23	27
11	81	99	117	135	43	15	19	22	25
12	77	94	111	128	44	14	18	21	24
13	73	89	105	122	45	14	17	20	23
14	69	85	100	116	46	13	16	19	22
15	66	80	95	110	47	12	15	18	21
16	62	76	90	104	48	12	14	17	20
17	59	72	86	99	49	11	14	16	19
18	56	69	81	94	50	11	13	15	18
19	53	65	77	89	51	10	12	15	17
20	51	62	73	85	52	10	12	14	16
21	48	59	69	80	53	9	11	13	15
22	46	56	66	76	54	9	11	12	14
23	43	53	63	72	55	8	10	12	14
24	41	50	59	69	56	8	9	11	13
25	39	48	56	65	57	7	9	11	12

pStateIdx	qCodIRangeIdx				pStateIdx	qCodIRangeIdx			
	0	1	2	3		0	1	2	3
26	37	45	54	62	58	7	9	10	12
27	35	43	51	59	59	7	8	10	11
28	33	41	48	56	60	6	8	9	11
29	32	39	46	53	61	6	7	9	10
30	30	37	43	50	62	6	7	8	9
31	29	35	41	48	63	2	2	2	2

MPS에 대한 부분 구간 범위는 현재 구간 범위에서 LPS에 대한 부분 구간 범위를 뺌으로써 $(R - R_{LPS})$ 구해진다. MPS에 대한 주어진 부분 구간 범위에서, 주어진 빈 값 binVal에 대응하는 부분 구간은 부호화 과정의 두 번째 단계에서 선택된다. 만약 binVal이 MPS 값 ϖ와 같다면, 낮은 쪽의 부분 구간이 선택되고 L은 변하지 않는다. 이는 〈그림 4-34〉에서 오른쪽 길을 의미한다. 그렇지 않다면, R_{LPS}와 같은 범위를 갖는 위쪽의 부분 구간이 선택된다. 이는 〈그림 4-34〉의 왼쪽 길을 의미한다.

만약 binVal이 MPS 값 ϖ와 같지 않아서 〈그림 4-34〉에서 보듯이 왼쪽 길을 선택한다면, 구간을 변경하는 작업을 수행해야 한다. 이미 첫 번째 단계에서 우리는 MPS와 LPS의 부분 구간 범위를 구했다. 이는 각각 R_{LPS}와 R로 나타내었다. 구간을 변경하기 위해 우리는 다음과 같은 과정을 수행한다.

$$L = L + R \tag{4-87}$$

$$R = R_{LPS} \tag{4-88}$$

식 (4-88)에서 R_{LPS}는 MPS의 부분 구간 범위를 나타내고, R은 전체 구간 범위를 나타낸다. 즉, LPS의 부분 구간 범위를 현재 binVal에 대한 범위로 선택한다. 〈그림 4-35〉는 binVal이 MPS 값 ϖ와 같지 않은 경우의 예이다.

〈그림 4-35〉의 예에서 세 변수 R, L, P_{LPS}의 초기 값은 각각 510, 0, 125로 정해졌다. binVal이 MPS 값과 같지 않으므로, 식 (4-87)과 식 (4-88)을 사용하여 L 값과 R 값을 업데이

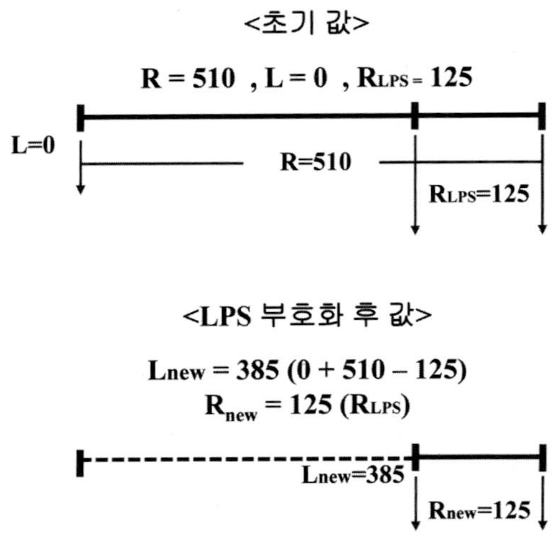

〈그림 4-35〉 binVal과 MPS 값 ϖ이 같지 않은 경우 부호화 예

트 해야 한다. 업데이트 결과 L_{new} 값과 R_{new} 값은 각각 385, 125로 선택되고, 〈그림 4-35〉에서 보듯이, R_{LPS} 구간이 현재 binVal에 대한 구간으로 선택된다.

반대로, 만약 binVal이 MPS 값 ϖ와 같아서, 〈그림 4-34〉에서 보듯이, 오른쪽 길을 선택한다면, 단순히 MPS의 구간을 선택하면 된다. 〈그림 4-36〉은 binVal이 MPS 값 ϖ와 같은 경우의 예이다.

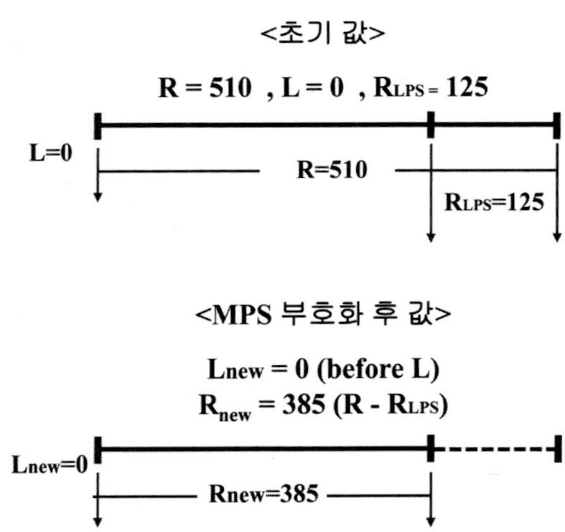

〈그림 4-36〉 binVal과 MPS 값 ϖ이 같은 경우 부호화 예

정규 산술 부호화 과정의 세 번째 단계에서는 확률 상태 업데이트가 발생한다. 〈그림 4-34〉에서 확률 상태 업데이트 과정은 회색 블록으로 표시한다. binVal 값과 MPS 값 ϖ에 따라 서로 다른 두 방법을 사용하여 확률 상태 업데이트를 수행한다. 우선 binVal 값이 MPS 값 ϖ와 같다면 (〈그림 4-34〉에서 오른쪽 길을 선택한 경우), 확률 상태 인덱스 σ는 min (σ+1, 62)의 값으로 업데이트된다. 즉 현재 binVal 값이 MPS 값과 같으므로, 단순히 확률 상태 인덱스를 증가시키면 된다. 단 확률 상태 인덱스의 최대 값은 62이다.

만약, binVal 값이 MPS 값 ϖ와 다르다면 (〈그림 4-34〉에서 왼쪽 길을 선택한 경우), 우선 확률 상태 인덱스 σ의 값을 확인한다. 확률 상태 인덱스 값이 0이 아니면, 〈표 4-64〉의 상태 변화 표를 이용하여 확률 상태 인덱스를 업데이트 한다. 만약 현재 확률 상태 인덱스 값이 0이면, 우선 MPS 값 ϖ를 변경한다. 즉, MPS 값이 "0"이면 "1"로 반대로, MPS 값이 "1"이면 "0"으로 변환 후, 〈표 4-64〉의 상태 변화 표를 이용하여 확률 상태 인덱스를 업데이트 한다.

〈그림 4-37〉은 〈표 4-64〉의 상태 변화 표를 이용하여 확률 상태 인덱스를 업데이트 하는 과정을 나타낸다.

<상태 변화 표>

만약 현재 상태 인덱스 (pStateIdx)== 5
  만약 현재 binVal == MPS
    next pStateIdx = 6
  그렇지 않다면 binVal != MPS
    next pStateIdx = 4

pStateIdx	0	1	2	3	4	5	6	7	8	9	10	11	12	13	14	15
transIdxLPS	0	0	1	2	2	4	4	5	6	7	8	9	9	11	11	12
transIdxMPS	1	2	3	4	5	6	7	8	9	10	11	12	13	14	15	16
pStateIdx	**16**	**17**	**18**	**19**	**20**	**21**	**22**	**23**	**24**	**25**	**26**	**27**	**28**	**29**	**30**	**31**
transIdxLPS	13	13	15	15	16	16	18	18	19	19	21	21	22	22	23	24
transIdxMPS	17	18	19	20	21	22	23	24	25	26	27	28	29	30	31	32
pStateIdx	**32**	**33**	**34**	**35**	**36**	**37**	**38**	**39**	**40**	**41**	**42**	**43**	**44**	**45**	**46**	**47**
transIdxLPS	24	25	26	26	27	27	28	29	29	30	30	30	31	32	32	33
transIdxMPS	33	34	35	36	37	38	39	40	41	42	43	44	45	46	47	48
pStateIdx	**48**	**49**	**50**	**51**	**52**	**53**	**54**	**55**	**56**	**57**	**58**	**59**	**60**	**61**	**62**	**63**
transIdxLPS	33	33	34	34	35	35	35	36	36	36	37	37	37	38	38	63
transIdxMPS	49	50	51	52	53	54	55	56	57	58	59	60	61	62	62	63

〈그림 4-37〉 상태 변화 표를 이용하여 확률 상태 인덱스를 업데이트 하는 예

〈그림 4-37〉에서 현재 상태 인덱스 (pStateIdx)는 5이다. 이때, 만약 현재 binVal이 MPS 값과 같다면, 업데이트된 확률 상태 인덱스는 6이 된다. 만약 현재 binVal이 MPS 값과 같지 않다면, 업데이트 된 확률 상태 인덱스는 4가 된다. 〈표 4-64〉의 상태 변환 표와 〈그림 4-33〉의 확률 상태와 이에 대응하는 LPS 확률을 살펴보면 한 가지 특성을 발견할 수 있다.

LPS의 확률이 낮은 상태에서, 즉, MPS의 확률이 높은 상태에서 MPS의 확률 상태 변화는 작지만, LPS의 확률 상태 변화는 크다. 이것은 MPS의 확률이 높은 상태에서 LPS의 발생 확률은 MPS의 발생 확률에 비해 상대적으로 낮으므로 LPS의 확률 상태 변화는 큰 반면 MPS의 확률 상태 변화는 상대적으로 작다는 것을 의미한다. 문맥 기반 적응적 이진 산술 부호화의 상태 변화 표는 이와 같은 특성을 고려하여 설계되었다.

마지막 단계는 레지스터 (register) L과 R의 재정규화 (renormalization)이다. 이 단계에서 실제 부호화된 비트를 발생시킨다.

재정규화 (Renormalization)

구간의 세분화가 수행된 후, 새로운 구간 범위 R이 범위 $[2^8, 2^9)$ 내에 존재하지 않으면, 재정규화 과정이 수행된다. 재정규화 과정이 수행되면, 한 비트 혹은 그 이상의 비트가 출력된다. 문맥 기반 적응적 이진 산술 부호화에서 사용하는 재정규화 과정은 앞에서 설명한 이진 산술 부호화 과정의 구간 재조정 방법과 동일하다.

아래 코드는 관련된 문맥 모델의 확률을 평가하여 실제 하나의 이진 심볼의 산술 부호화를 수행하는 코드이다. 이 코드는 실제 HEVC의 문맥 기반 적응적 이진 산술 부호화에서 사용되고 있는 코드이다.

```
Void TEncBinCABAC::encodeBin( UInt binValue, ContextModel &rcCtxModel )
{
  {
    DTRACE_CABAC_VL( g_nSymbolCounter++ )
    DTRACE_CABAC_T( "\tstate=" )
    DTRACE_CABAC_V( ( rcCtxModel.getState() << 1 ) + rcCtxModel.getMps() )
    DTRACE_CABAC_T( "\tsymbol=" )
    DTRACE_CABAC_V( binValue )
    DTRACE_CABAC_T( "\n" )
  }
  m_uiBinsCoded += m_binCountIncrement;
  rcCtxModel.setBinsCoded( 1 );

  UInt  uiLPS   = TComCABACTables::sm_aucLPSTable[ rcCtxModel.getState() ]
                  [ ( m_uiRange >> 6 ) & 3 ];
  m_uiRange    -= uiLPS;
```

```
  if( binValue != rcCtxModel.getMps() )
  {
    Int numBits = TComCABACTables::sm_aucRenormTable[ uiLPS >> 3 ];
    m_uiLow     = ( m_uiLow + m_uiRange ) << numBits;
    m_uiRange   = uiLPS << numBits;
    rcCtxModel.updateLPS();

    m_bitsLeft -= numBits;
  }
  else
  {
    rcCtxModel.updateMPS();
    if ( m_uiRange >= 256 )
    {
      return;
    }

    m_uiLow <<= 1;
    m_uiRange <<= 1;
    m_bitsLeft--;
  }

  testAndWriteOut();
}
```

4.5.5 바이패스 부호화 모드

부호화 및 복호화 속도를 빠르게 하기 위해 HEVC의 문맥 기반 적응적 이진 산술 부호화에서는 바이패스 부호화 모드를 지원한다. 〈그림 4-38〉은 바이패스 부호화 모드 흐름도를 나타낸다. 바이패스 부호화 모드는 정규 부호화 모드에서 사용한 확률 평가와 업데이트 과정을 수행하지 않는다. 그리고 부분 구간 재분할을 수행할 때, 두 심볼의 발생 확률이 동일하다고 가정하고 구간을 재분할한다. 하지만 실제 부분 구간 재분할을 수행할 때, 현재 구간 범위 (current interval range) R을 정확하게 반으로 재분할하지 않고, 단순히 구간 L을 두 배만큼 증가시킨다. 다음 binVal 값을 0과 비교한다. 만약 binVal 값이 0과 같으면, 바로 재정규화 과정으로 넘어간다. 만약 binVal 값이 0과 같지 않으면, 구간 L의 값을 업데이트 한다.

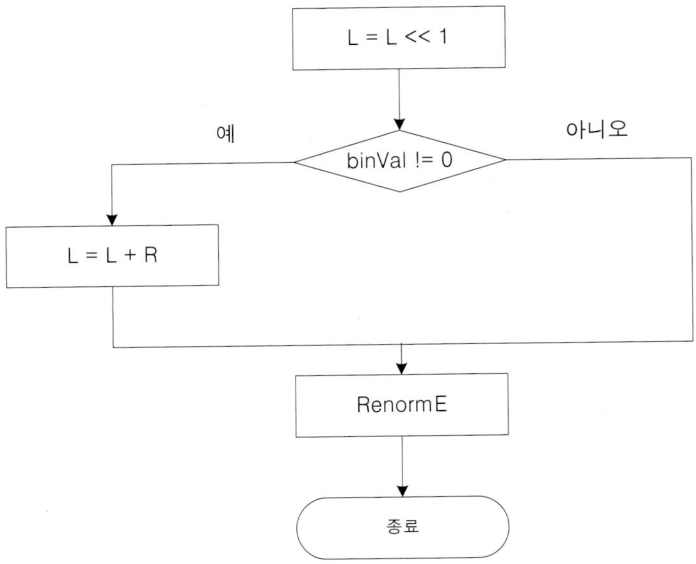

〈그림 4-38〉 문맥 기반 이진 산술 부호화의 바이패스 부호화 모드 흐름도

4.5.6 잔여 데이터의 부호화 과정

이번 절에서는 앞에서 설명한 문맥 기반 이진 산술 부호화에서 실제 잔여 데이터를 부호화하는 방법을 살펴본다 [33-35]. 〈표 4-66〉은 잔여 데이터 부호화를 위한 구문 요소들을 보여 준다.

〈표 4-66〉 잔여 데이터 부호화를 위한 구문 요소

구문 요소
last_significant_coeff_x_prefix
last_significant_coeff_y_prefix
last_significant_coeff_x_suffix
last_significant_coeff_y_suffix
coded_sub_block_flag
significant_coeff_flag
coeff_abs_level_greater1_flag
coeff_abs_level_greater2_flag
coeff_sign_flag
coeff_abs_level_remaining

여기서 음영 처리된 부분은 정규 부호화 모드로, 그렇지 않은 부분은 바이패스 부호화 모드로 부호화된다. 잔여 데이터 부호화에서는 먼저 TU내 마지막 0이 아닌 계수의 위치를 좌표 (x, y)를 이용해 부호화한다. 기존의 비디오 압축 표준과 달리, HEVC는 4×4에서 32×32의 큰 변환 블록을 사용하기 때문에 1차원으로 계수를 주사한 순서를 부호화하는 것보다 2차원 좌표를 부호화하는 것이 더 효율적이다. 접두사 last_significant_coeff_x_prefix와 last_significant_coeff_y_prefix는 절삭형 단항 코드로, 접미사 last_significant_coeff_x_suffix와 last_significant_coeff_y_suffix는 고정 길이 코드로 부호화된다.

coded_sub_block_flag는 TU를 4×4 서브 블록으로 나눈 후, 각 서브 블록이 0이 아닌 계수를 포함하는지 여부를 나타낸다. 4×4 서브 블록 내 16개의 계수 중 한 개의 계수라도 0이 아닌 계수이면 coded_sub_block_flag는 1, 모두 0이면 coded_sub_block_flag는 0이 된다. 여기서 TU의 DC 계수가 존재하는 서브 블록과 마지막 계수를 포함하는 서브 블록은 항상 1이므로 부호화되지 않는다. coded_sub_block_flag가 1인 블록에 대해서만 나머지 구문 요소들이 부호화된다. 〈그림 4-39〉는 TU의 크기가 16×16일 때 coded_sub_block_flag 부호화의 예를 보여 준다.

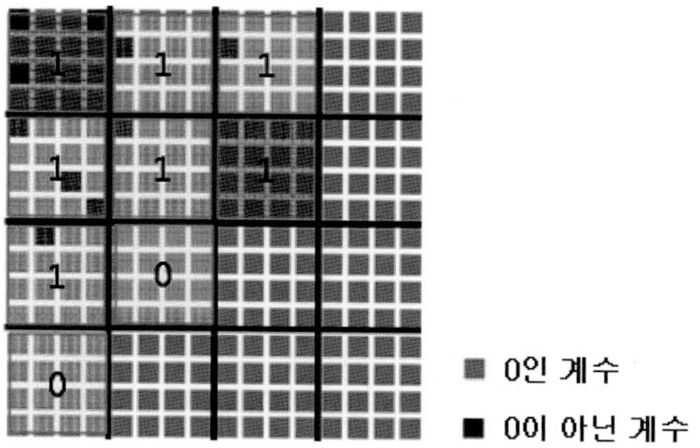

〈그림 4-39〉 16×16 TU에 대한 coded_sub_block_flag 부호화의 예

significant_coeff_flag는 해당 계수가 0이 아닌 계수인지 여부를 나타낸다. 계수의 값이 0이면 0, 계수의 값이 0이 아니면 1이 부호화된다. 서브 블록의 각 계수마다 이 구문 요소가 부호화되며, 이 구문 요소의 값이 1일 때에만 나머지 구문 요소들이 부호화된다.

coeff_abs_level_greater1_flag는 해당 계수의 절대값이 1보다 큰 지 여부를 나타낸다. 계수의 절대값이 1이면 0, 1보다 크면 1이 부호화된다. 문맥 기반 이진 산술 부호화기의 처리량

(throughput)을 높이기 위해 하나의 서브 블록에 대해 8개의 coeff_abs_level_greater1_flag만 부호화되며, 이 구문 요소의 값이 1일 때에만 coeff_abs_level_greater2_flag가 부호화된다. coeff_abs_level_greater2_flag는 해당 계수의 절대값이 2보다 큰 지 여부를 나타낸다. 계수의 절대값이 2이면 0, 2보다 크면 1이 부호화된다. 문맥 기반 이진 산술 부호화기의 처리량(throughput)을 높이기 위해 하나의 서브 블록에 대해 1개의 coeff_abs_level_greater1_flag만 부호화된다.

coeff_sign_flag는 해당 계수의 부호 (sign) 정보를 부호화한다. 해당 계수가 음수이면 0, 양수이면 1을 부호화한다. coeff_abs_level_remaining은 coeff_abs_level_greater1_flag와 coeff_abs_level_greater2_flag가 부호화된 후 남은 값을 부호화한다.

〈그림 4-40〉은 4×4 서브 블록과 해당 서브 블록을 부호화하는 과정의 예를 보여 준다. 이 예에서 주사 방법은 대각 주사가 사용되었으며, 주사 순서의 역방향으로 부호화가 수행된다는 점에 유의하자.

18	6	-6	-1
-12	4	-4	0
7	4	2	1
2	4	-1	0

4x4 서브 블록

16	14	11	7
15	12	8	4
13	9	5	2
10	6	3	1

부호화 순서

계수	0	1	-1	0	2	4	-1	-4	4	2	-6	4	7	6	-12	18
significant_coeff_flag	0	1	1	0	1	1	1	1	1	1	1	1	1	1	1	1
coeff_abs_level_greater1_flag		0	0		1	1	0	1	1	1						
coeff_abs_level_greater2_flag					0											
coeff_sign_flag		0	1		0	0	1	1	0	0	1	0	0	0	1	0
coeff_abs_level_remaining						2		2	2	0	5	3	6	5	11	17

〈그림 4-40〉 잔여 데이터 부호화의 예

다음은 잔여 데이터 부호화를 수행하는 codeCoeffNxN() 함수를 보여 준다. 각 부분에 대한 설명은 주석으로 처리한다.

```
Void TEncSbac::codeCoeffNxN( TComDataCU* pcCU, TCoeff* pcCoef, UInt uiAbsPartIdx,
UInt uiWidth, UInt uiHeight, UInt uiDepth, TextType eTType )
{
  if( uiWidth > m_pcSlice->getSPS()->getMaxTrSize() )
  {
    uiWidth  = m_pcSlice->getSPS()->getMaxTrSize();
    uiHeight = m_pcSlice->getSPS()->getMaxTrSize();
  }

  UInt uiNumSig = 0;

  // 0이 아닌 계수의 수 계산
  uiNumSig = TEncEntropy::countNonZeroCoeffs(pcCoef, uiWidth * uiHeight);

  if ( uiNumSig == 0 )
    return;
  if(pcCU->getSlice()->getPPS()->getUseTransformSkip())
  {
    codeTransformSkipFlags( pcCU,uiAbsPartIdx, uiWidth, uiHeight, uiDepth, eTType );
  }
  eTType = eTType == TEXT_LUMA ? TEXT_LUMA : ( eTType == TEXT_NONE ? TEXT_NONE :
      TEXT_CHROMA );

  const UInt   uiLog2BlockSize   = g_aucConvertToBit[ uiWidth ] + 2;
  UInt uiScanIdx = pcCU->getCoefScanIdx(uiAbsPartIdx, uiWidth, eTType==TEXT_LUMA,
      pcCU->isIntra(uiAbsPartIdx)); // 주사 방법 결정
  if (uiScanIdx == SCAN_ZIGZAG)
  {
    uiScanIdx = SCAN_DIAG;
  }
  Int blockType = uiLog2BlockSize;
  if (uiWidth != uiHeight)
  {
    uiScanIdx = SCAN_DIAG;
    blockType = 4;
  }

  const UInt *scan = g_auiSigLastScan[ uiScanIdx ][ uiLog2BlockSize - 1 ];

  Bool beValid;
  if (pcCU->getCUTransquantBypass(uiAbsPartIdx))
  {
    beValid = false;
  }
```

```
else
{
  beValid = pcCU->getSlice()->getPPS()->getSignHideFlag() > 0;
}

// 마지막 0이 아닌 계수의 위치 찾기
Int scanPosLast = -1;
Int posLast;

const UInt * scanCG;
{
  scanCG = g_auiSigLastScan[ uiScanIdx ][ uiLog2BlockSize > 3 ? uiLog2BlockSize-2-1 : 0 ];
  if( uiLog2BlockSize == 3 )
  {
    scanCG = g_sigLastScan8x8[ uiScanIdx ];
  }
  else if( uiLog2BlockSize == 5 )
  {
    scanCG = g_sigLastScanCG32x32;
  }
}
UInt uiSigCoeffGroupFlag[ MLS_GRP_NUM ];
static const UInt uiShift = MLS_CG_SIZE >> 1;
const UInt uiNumBlkSide = uiWidth >> uiShift;

  ::memset( uiSigCoeffGroupFlag, 0, sizeof(UInt) * MLS_GRP_NUM );

  do
  {
    posLast = scan[ ++scanPosLast ];

    UInt uiPosY    = posLast >> uiLog2BlockSize;
    UInt uiPosX    = posLast - ( uiPosY << uiLog2BlockSize );
    UInt uiBlkIdx  = uiNumBlkSide * (uiPosY >> uiShift) + (uiPosX >> uiShift);
    if( pcCoef[ posLast ] )
    {
      uiSigCoeffGroupFlag[ uiBlkIdx ] = 1;
    }

    uiNumSig -= ( pcCoef[ posLast ] != 0 );
  }
  while ( uiNumSig > 0 );

// 마지막 0이 아닌 계수의 위치 부호화
```

```
Int posLastY = posLast >> uiLog2BlockSize;
Int posLastX = posLast - ( posLastY << uiLog2BlockSize );
codeLastSignificantXY(posLastX, posLastY, uiWidth, uiHeight, eTType, uiScanIdx);

ContextModel * const baseCoeffGroupCtx = m_cCUSigCoeffGroupSCModel.get( 0,
    eTType );
ContextModel * const baseCtx = (eTType==TEXT_LUMA) ? m_cCUSigSCModel.get( 0, 0 ) :
    m_cCUSigSCModel.get( 0, 0 ) + NUM_SIG_FLAG_CTX_LUMA;


const Int  iLastScanSet      = scanPosLast >> LOG2_SCAN_SET_SIZE;
UInt c1 = 1;
UInt uiGoRiceParam           = 0;
Int  iScanPosSig             = scanPosLast;

for( Int iSubSet = iLastScanSet; iSubSet >= 0; iSubSet-- )
{
  Int numNonZero = 0;
  Int  iSubPos     = iSubSet << LOG2_SCAN_SET_SIZE;
  uiGoRiceParam    = 0;
  Int absCoeff[16];
  UInt coeffSigns = 0;

  Int lastNZPosInCG = -1, firstNZPosInCG = SCAN_SET_SIZE;

  if( iScanPosSig == scanPosLast )
  {
    absCoeff[ 0 ] = abs( pcCoef[ posLast ] );
    coeffSigns    = ( pcCoef[ posLast ] < 0 );
    numNonZero    = 1;
    lastNZPosInCG  = iScanPosSig;
    firstNZPosInCG = iScanPosSig;
    iScanPosSig--;
  }

    // coded_sub_block_flag 부호화
    Int iCGBlkPos = scanCG[ iSubSet ];
    Int iCGPosY   = iCGBlkPos / uiNumBlkSide;
    Int iCGPosX   = iCGBlkPos - (iCGPosY * uiNumBlkSide);
    if( iSubSet == iLastScanSet || iSubSet == 0)
    {
      uiSigCoeffGroupFlag[ iCGBlkPos ] = 1;
    }
    else
```

```
{
    UInt uiSigCoeffGroup   = (uiSigCoeffGroupFlag[ iCGBlkPos ] != 0);
    UInt uiCtxSig  = TComTrQuant::getSigCoeffGroupCtxInc
        ( uiSigCoeffGroupFlag, iCGPosX, iCGPosY, uiScanIdx, uiWidth,
        uiHeight );
    m_pcBinIf->encodeBin( uiSigCoeffGroup, baseCoeffGroupCtx[ uiCtxSig ] );
}

// significant_coeff_flag 부호화
if( uiSigCoeffGroupFlag[ iCGBlkPos ] )
{
  Int patternSigCtx = TComTrQuant::calcPatternSigCtx( uiSigCoeffGroupFlag,
      iCGPosX, iCGPosY, uiWidth, uiHeight );
  UInt uiBlkPos, uiPosY, uiPosX, uiSig, uiCtxSig;
  for( ; iScanPosSig >= iSubPos; iScanPosSig-- )
  {
    uiBlkPos  = scan[ iScanPosSig ];
    uiPosY    = uiBlkPos >> uiLog2BlockSize;
    uiPosX    = uiBlkPos - ( uiPosY << uiLog2BlockSize );
    uiSig     = (pcCoef[ uiBlkPos ] != 0);
    if( iScanPosSig > iSubPos || iSubSet == 0 || numNonZero )
    {
      uiCtxSig  = TComTrQuant::getSigCtxInc( patternSigCtx, uiScanIdx,
          uiPosX, uiPosY, blockType, uiWidth, uiHeight, eTType );
      m_pcBinIf->encodeBin( uiSig, baseCtx[ uiCtxSig ] );
    }
    if( uiSig )
    {
      absCoeff[ numNonZero ] = abs( pcCoef[ uiBlkPos ] );
      coeffSigns = 2 * coeffSigns + ( pcCoef[ uiBlkPos ] < 0 );
      numNonZero++;
      if( lastNZPosInCG == -1 )
      {
        lastNZPosInCG = iScanPosSig;
      }
      firstNZPosInCG = iScanPosSig;
    }
  }
}
else
{
  iScanPosSig = iSubPos - 1;
}
```

```
if( numNonZero > 0 )
{
  Bool signHidden = ( lastNZPosInCG - firstNZPosInCG >= SBH_THRESHOLD );
  UInt uiCtxSet = (iSubSet > 0 && eTType==TEXT_LUMA) ? 2 : 0;

  if( c1 == 0 )
  {
    uiCtxSet++;
  }
  c1 = 1;
  ContextModel *baseCtxMod = ( eTType==TEXT_LUMA ) ? m_cCUOneSCModel.get( 0, 0 ) +
     4 * uiCtxSet : m_cCUOneSCModel.get( 0, 0 ) + NUM_ONE_FLAG_CTX_LUMA + 4 *
     uiCtxSet;

  Int numC1Flag = min(numNonZero, C1FLAG_NUMBER);
  // 8개의 coeff_abs_level_greater1_flag만 부호화하도록 제한
  Int firstC2FlagIdx = -1;
  for( Int idx = 0; idx < numC1Flag; idx++ )
  {
    UInt uiSymbol = absCoeff[ idx ] > 1;
    m_pcBinIf->encodeBin( uiSymbol, baseCtxMod[c1] );
    // coeff_abs_level_greater1_flag 부호화
    if( uiSymbol )
    {
      c1 = 0;

      if (firstC2FlagIdx == -1)
      {
        firstC2FlagIdx = idx;
      }
    }
    else if( (c1 < 3) && (c1 > 0) )
    {
      c1++;
    }
  }

  if (c1 == 0) // coeff_abs_level_greater1_flag이 1일 때만 부호화
  {
    baseCtxMod = ( eTType==TEXT_LUMA ) ? m_cCUAbsSCModel.get( 0, 0 ) + uiCtxSet :
        m_cCUAbsSCModel.get( 0, 0 ) + NUM_ABS_FLAG_CTX_LUMA + uiCtxSet;
    if ( firstC2FlagIdx != -1)
    // 1개의 coeff_abs_level_greater2_flag만 부호화하도록 제한
    {
```

```
        UInt symbol = absCoeff[ firstC2FlagIdx ] > 2;
        m_pcBinIf->encodeBin( symbol, baseCtxMod[0] );
        // coeff_abs_level_greater2_flag 부호화
      }
    }

    if( beValid && signHidden ) // coeff_sign_flag 부호화
    {
      m_pcBinIf->encodeBinsEP( (coeffSigns >> 1), numNonZero-1 );
    }
    else
    {
      m_pcBinIf->encodeBinsEP( coeffSigns, numNonZero );
    }

    Int iFirstCoeff2 = 1;
    if (c1 == 0 || numNonZero > C1FLAG_NUMBER)
    {
      for ( Int idx = 0; idx < numNonZero; idx++ )
      {
        UInt baseLevel  = (idx < C1FLAG_NUMBER)? (2 + iFirstCoeff2 ) : 1;

        if( absCoeff[ idx ] >= baseLevel)
        {
          xWriteCoefRemainExGolomb( absCoeff[ idx ] - baseLevel, uiGoRiceParam );
              // coeff_abs_level_remaining 부호화
              // baseLevel값은 coeff_abs_level_greater1_flag와
                 coeff_abs_level_greater2_flag 값에 따라 변화
          if(absCoeff[idx] > 3*(1<<uiGoRiceParam)) // 파라미터 k 업데이트
          {
            uiGoRiceParam = min<UInt>(uiGoRiceParam+ 1, 4);
          }
        }
        if(absCoeff[ idx ] >= 2)
        {
          iFirstCoeff2 = 0;
        }
      }
    }
  }
}
return;
}
```

4.6 루프 필터

이번 절에서는 복원된 영상에 대해 필터링을 수행하는 디블록킹 필터와 적응적 샘플 오프셋 (sample adaptive offset, SAO)을 설명한다. 이 두 기술은 양자화 및 부호화 연산 과정에서 발생하는 컴퓨터의 소수 계산 오차 등으로 발생하는 정보의 손실을 줄이기 위해 복호된 영상에 적응적으로 필터링을 수행하는 기술이다. 여기서 '적응적'이란 말의 의미는 영상 전체에 대해 동일한 필터를 적용하지 않고, 왜곡이 많이 발생하는 영역과 그렇지 않은 영역에 대해 차별적으로 필터링을 수행한다는 뜻이다.

```
Void TDecGop::filterPicture(TComPic*& rpcPic)
{
  // 디블록킹 필터
  m_pcLoopFilter->loopFilterPic( rpcPic );

  if( pcSlice->getSPS()->getUseSAO() ) // SAO
  {
     m_pcSAO->reconstructBlkSAOParams(rpcPic, rpcPic->getPicSym()->getSAOBlkParam());
     m_pcSAO->SAOProcess(rpcPic);
     m_pcSAO->PCMLFDisableProcess(rpcPic);
  }
}
```

4.6.1 디블록킹 필터

H.264/AVC와 HEVC는 모두 블록 기반 압축 방식을 사용한다. 블록 기반 압축 방식으로 영상의 각 블록을 독립적으로 처리하면, 블록 간의 상관관계가 배제되고 양자화 과정에서 저주파 성분의 정보 손실이 발생하기 때문에 〈그림 4-41〉과 같은 블록 왜곡 (blocking artifact)을 피할 수 없다 [36]. 이러한 블록 왜곡을 인간의 시각 관점에서 더 좋아보이도록 각 블록의 경계 부분을 조정하는 것이 디블록킹 필터 (deblocking filter)이다. 디블록킹 필터는 블록의 경계를 기준으로 좌우, 상하에 위치한 화소들의 유사성, 경계 강도, 양자화 계수를 고려해 왜곡의 발생 정도를 유추하고 적응적으로 필터링을 수행한다. 디블록킹 필터는 H.264/AVC 표준에도 포함된 기술이지만, HEVC와 H.264/AVC의 디블록킹 필터는 몇 가지 차이점을 갖고 있다.

〈그림 4-41〉 블록 단위 부호화 후의 블록 왜곡 [35]

H.264/AVC 디블록킹 필터와 HEVC 디블록킹 필터의 차이점은 〈표 4-67〉과 같다. H.264/AVC에서는 디블록킹 필터의 단위가 4×4 블록이었으나, HEVC는 고화질 영상 부호화를 목적으로 설계되었기 때문에 상대적으로 큰 블록인 8×8 블록 단위로 필터링을 수행한다. 또한, 필터링 수행 유무를 화소 단위로 결정했던 H.264/AVC와 달리, HEVC에서는 필터링 수행 유무를 블록 단위로 결정한다. H.264/AVC는 화소 단위로 실제 필터링을 했으나, HEVC는 라인과 화소 단위로 필터링한다.

〈표 4-67〉 HEVC와 H.264/AVC 디블록킹 필터의 비교

	HEVC	H.264/AVC
디블록킹 필터 단위	휘도 및 색차 요소의 8×8 블록	4×4 블록
디블록킹 필터 경계	8×8 격자내 TU와 PU 경계	변환 블록 경계
필터 수행 유무 결정	블록 기반	라인 기반
필터링	라인과 화소 기반	화소 기반

디블록킹 필터를 수행하는 loopFilterPic() 함수를 살펴보면 프레임 내의 64×64 CTU 수(pcPic->getNumCUsInFrame())을 계산하고 0번 CTU부터 프레임 내의 마지막 CTU인(pcPic->getNumCUsInFrame() - 1)번 CTU가 차례로 디블록킹 필터 함수 xDeblockCU()를 통과하는 것을 알 수 있다. 또한, 먼저 수직 경계에 대한 디블록킹 필터를 수행한 후, 수평 경계에 대한 디블록킹 필터가 수행된다.

```
Void TComLoopFilter::loopFilterPic( TComPic* pcPic )
{

 // 수직 경계
 for ( UInt uiCUAddr = 0; uiCUAddr < pcPic->getNumCUsInFrame(); uiCUAddr++ )
 {
    xDeblockCU( pcCU, 0, 0, EDGE_VER );
 }

 // 수평 경계
 for ( UInt uiCUAddr = 0; uiCUAddr < pcPic->getNumCUsInFrame(); uiCUAddr++ )
 {
    xDeblockCU( pcCU, 0, 0, EDGE_HOR );
 }
}
```

하나의 CTU가 xDeblockCU() 함수에 입력되면 CTU내 각 CU로 접근하기 위해 현재 위치의 CU 깊이(pcCU->getDepth(uiAbsZorderIdx))에 도달할 때까지 xDeblockCU() 함수를 재귀적으로 수행한다. 현재 CU에 도달하면 (pcCU->getDepth(uiAbsZorderIdx) = uiDepth), 〈그림 4-42〉와 같은 디블록킹 필터링 과정이 수행된다.

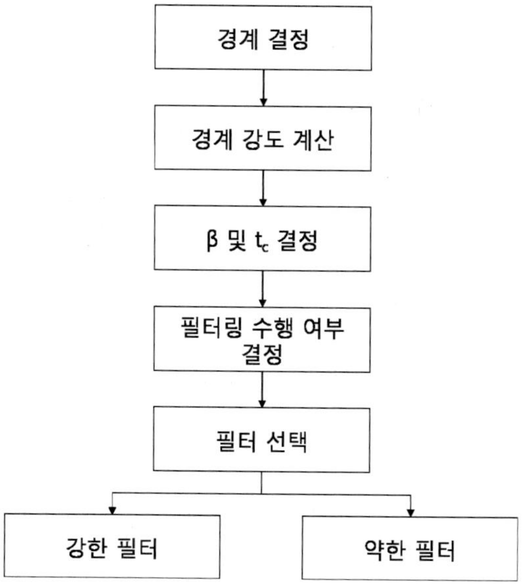

〈그림 4-42〉 디블록킹 필터 흐름도

먼저, 경계 결정 과정에서는 현재 경계가 8×8 블록 경계이면서 PU 또는 TU 경계인지 확인한다. HEVC에는 2N×2N, 2N×N, N×2N, N×N 및 AMP PU가 존재하고, 4×4 ~ 32×32의 TU가 존재한다. 블록 왜곡을 제거하기 위해서는 모든 PU와 TU에 대해 필터링을 수행해야 하겠지만, HEVC에서는 필터링 복잡도를 고려해 8×8 블록의 경계에 위치한 PU 또는 TU에 대해서만 필터링을 수행한다. 〈그림 4-43〉은 디블록킹 필터 단위의 예를 보여준다. 〈그림 4-43(a)〉는 64×64 CTU가 다양한 크기의 PU와 TU로 분할된 것을 보여준다. 디블록킹 필터의 단위가 8×8이므로 디블록킹 필터에서 고려되는 수직 경계 및 수평 경계는 각각 〈그림 4-43(b)〉, 〈그림 4-43(c)〉와 같다.

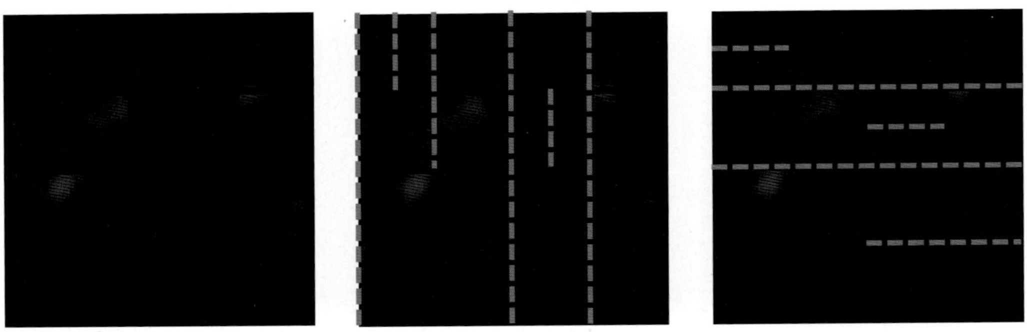

(a) 64×64 CTU (b) 수직 경계 (c) 수평 경계

〈그림 4-43〉 디블록킹 필터 단위

만약 현재 경계가 8×8 블록 경계이면서 PU 또는 TU 경계이면 xGetBoundary StrengthSingle() 함수에서 경계 강도(block boundary, BS)를 계산하고, 이렇게 휘도 블록은 xEdgeFilterLuma() 함수에서, 색차 블록은 xEdgeFilterChroma() 함수에서 β 및 t_c 결정, 필터링 수행 여부 결정, 필터 선택, 그리고 실제 필터링을 수행한다. 각 세부 절에서 디블록킹 필터의 각 부분을 자세히 알아본다.

```
Void TComLoopFilter::xDeblockCU( TComDataCU* pcCU, UInt uiAbsZorderIdx, UInt
uiDepth, Int Edge )
{

if( pcCU->getDepth(uiAbsZorderIdx) > uiDepth )
{
```

```
  for ( UInt uiPartIdx = 0; uiPartIdx < 4; uiPartIdx++, uiAbsZorderIdx+=uiQNumParts )
  {
    ...
    if((uiLPelX < pcCU->getSlice()->getSPS()->getPicWidthInLumaSamples())
      && ( uiTPelY < pcCU->getSlice()->getSPS()->getPicHeightInLumaSamples()))
    {
      xDeblockCU( pcCU, uiAbsZorderIdx, uiDepth+1, Edge );
    }
  }
  return
}

// 현재 경계가 8x8 블록 경계이면서 PU 또는 TU 경계인지 확인
xSetLoopfilterParam( pcCU, uiAbsZorderIdx );
xSetEdgefilterTU( pcCU, uiAbsZorderIdx , uiAbsZorderIdx, uiDepth );
xSetEdgefilterPU( pcCU, uiAbsZorderIdx );

Int iDir = Edge
for( UInt uiPartIdx = uiAbsZorderIdx uiPartIdx < uiAbsZorderIdx +
    uiCurNumParts uiPartIdx++ )
{
  UInt uiBSCheck;
  if( (g_uiMaxCUWidth >> g_uiMaxCUDepth) == 4 )
  {
    uiBSCheck = (iDir == EDGE_VER && uiPartIdx%2 == 0) || (iDir == EDGE_HOR &&
        (uiPartIdx-((uiPartIdx>>2)<<2))/2 == 0);
  }
  else
  {
    uiBSCheck = 1;
  }
//////////////////////////////////////////////////////////////////////////////

  if ( m_aapbEdgeFilter[iDir][uiPartIdx] && uiBSCheck )    // 조건 만족
  {
    xGetBoundaryStrengthSingle ( pcCU, iDir, uiPartIdx ); // 경계 강도 결정
  }
}

UInt uiPelsInPart = g_uiMaxCUWidth >> g_uiMaxCUDepth
UInt PartIdxIncr = DEBLOCK_SMALLEST_BLOCK / uiPelsInPart ? DEBLOCK_SMALLEST_BLOCK /
uiPelsInPart : 1 ;

UInt uiSizeInPU = pcPic->getNumPartInWidth()>>(uiDepth);

  for ( UInt iEdge = 0; iEdge < uiSizeInPU ; iEdge+=PartIdxIncr)
  { // 실제 필터링 관련 함수
```

```
        xEdgeFilterLuma ( pcCU, uiAbsZorderIdx, uiDepth, iDir, iEdge );
        if((uiPelsInPart>DEBLOCK_SMALLEST_BLOCK)||
           (iEdge % ((DEBLOCK_SMALLEST_BLOCK<<1)/uiPelsInPart)) == 0)
        {
            xEdgeFilterChroma ( pcCU, uiAbsZorderIdx, uiDepth, iDir, iEdge );
        }
    }
}
```

(1) 경계 강도 결정

〈그림 4-44〉는 8×8 블록 경계이자 TU 또는 PU 수직 경계 주변의 화소를 보여준다. 경계 좌측에 위치한 화소 블록을 P 블록이라 하고, 경계 우측에 위치한 화소 블록을 Q 블록이라 하자. 수평 경계인 경우에는 경계를 기준으로 상단에 위치한 화소 블록이 P 블록, 경계 하단에 위치한 화소 블록이 Q 블록이 된다.

디블록킹 필터의 강도를 의미하는 경계 강도 (boundary strength, BS) 결정을 위해서는 〈그림 4-44〉에 색칠된 것과 같이 경계와 인접한 일부 화소 (경계 좌측 4개 화소와 경계 우측 4개 화소)만을 이용한다. 경계 강도는 4×4 단위로 결정된다. 즉, 경계 주변의 화소들을 〈그림 4-45〉와 같이 4×4 블록으로 나누어 각각의 경계 강도를 계산한다.

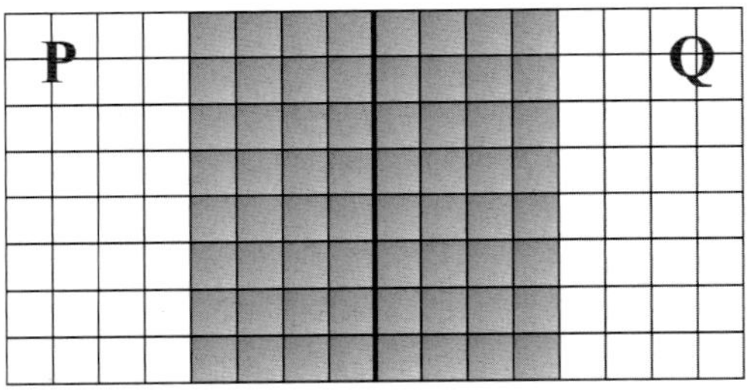

〈그림 4-44〉 4×4 P 블록과 4×4 Q 블록

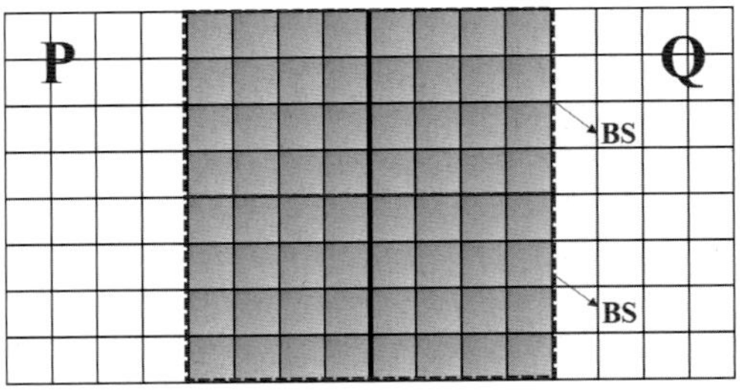

〈그림 4-45〉 4×4 P 블록과 4×4 Q 블록

HEVC 표준에 정의된 경계 강도는 총 세 가지이다. 경계 강도가 0이면 블록 왜곡이 거의 없음을 의미하고, 값이 클수록 블록 왜곡의 정도가 크다는 의미이다. 따라서 경계 강도가 0인 경우에는 필터링을 수행하지 않고, 경계 강도가 1인 경우는 약한 필터, 경계 강도가 2인 경우는 강한 필터를 수행하게 된다.

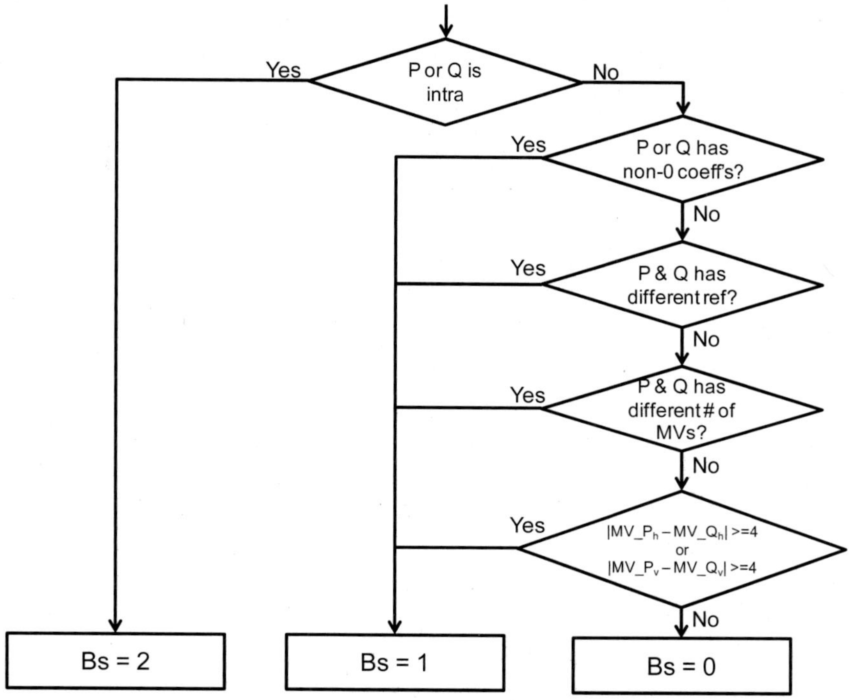

〈그림 4-46〉 경계 강도 결정 방법

〈그림 4-46〉은 경계 강도 결정 방법을 보여준다. 경계 강도는 화면내 부호화 유무, 0이 아닌 변환 계수의 존재 유무, 참조 화면, 움직임 벡터의 수, 움직임 벡터의 차에 의해 결정된다. P 블록과 Q 블록 중 어느 한 블록이라도 화면내 부호화된 블록인 경우 가장 강한 필터가 수행된다. 화면내 부호화의 경우, 블록 왜곡이 발생할 가능성이 크기 때문이다.

xGetBoundaryStrengthSingle() 함수의 동작은 다음과 같다.

```
Void TComLoopFilter::xGetBoundaryStrengthSingle( TComDataCU* pcCU, Int iDir, UInt
uiAbsPartIdx )
{
```

```
if (iDir == EDGE_VER) // 수직 경계이면 현재블록(Q)의 좌측 블록이 P 블록
{
    pcCUP=pcCUQ->getPULeft(uiPartP, uiPartQ,
     !pcCU->getSlice()->getLFCrossSliceBoundaryFlag(), !m_bLFCrossTileBoundary);
}
else   // 수평 경계이면 현재블록(Q)의 상단 블록이 P 블록
{
    pcCUP=pcCUQ->getPUAbove(uiPartP, uiPartQ,
     !pcCU->getSlice()->getLFCrossSliceBoundaryFlag(),false, !m_bLFCrossTileBoundary);
}

// P 또는 Q 블록이 화면내 블록일 경우 강한 필터(BS = 2) 선택
if ( pcCUP->isIntra(uiPartP) || pcCUQ->isIntra(uiPartQ) )
{
    uiBs = 2;
}

// P 블록과 Q 블록이 모두 화면내 블록이 아닐 경우
    즉, P 블록과Q 블록 모두 화면간부호화
if ( !pcCUP->isIntra(uiPartP) && !pcCUQ->isIntra(uiPartQ) )
{
 UInt nsPartQ = uiPartQ
 UInt nsPartP = uiPartP

 if ( m_aapucBS[iDir][uiAbsPartIdx] && (pcCUQ->getCbf( nsPartQ, TEXT_LUMA,
     pcCUQ->getTransformIdx(nsPartQ)) != 0 || pcCUP->getCbf( nsPartP,
     TEXT_LUMA, pcCUP->getTransformIdx(nsPartP) ) != 0) )
 { // P 또는 Q 블록에 0이 아닌 변환 계수값이 존재하면(cbf가 0이 아니면)
      약한 필터(BS = 1) 선택
    uiBs = 1;
 }
 else // P 또는Q 블록에 0이 아닌 변환 계수값이 존재하지 않으면(cbf가 0)
 {
   if (iDir == EDGE_HOR)
   {
       pcCUP = pcCUQ->getPUAbove(uiPartP, uiPartQ,
          !pcCU->getSlice()->getLFCrossSliceBoundaryFlag(),
               false, !m_bLFCrossTileBoundary);
   }
   if (pcSlice->isInterB() || pcCUP->getSlice()->isInterB()) // 예측에 L0, L1 사용
   {
       Int iRefIdx;
       TComPic *piRefP0, *piRefP1, *piRefQ0, *piRefQ1;
```

```
iRefIdx = pcCUP->getCUMvField(REF_PIC_LIST_0)->getRefIdx(uiPartP);
piRefP0 = (iRefIdx < 0) ? NULL :
            pcCUP->getSlice()->getRefPic(REF_PIC_LIST_0, iRefIdx);
iRefIdx = pcCUP->getCUMvField(REF_PIC_LIST_1)->getRefIdx(uiPartP);
piRefP1 = (iRefIdx < 0) ? NULL :
            pcCUP->getSlice()->getRefPic(REF_PIC_LIST_1, iRefIdx);
iRefIdx = pcCUQ->getCUMvField(REF_PIC_LIST_0)->getRefIdx(uiPartQ);
piRefQ0 = (iRefIdx < 0) ? NULL :
                        pcSlice->getRefPic(REF_PIC_LIST_0, iRefIdx);
iRefIdx = pcCUQ->getCUMvField(REF_PIC_LIST_1)->getRefIdx(uiPartQ);
piRefQ1 = (iRefIdx < 0) ? NULL :
                        pcSlice->getRefPic(REF_PIC_LIST_1, iRefIdx);

TComMv pcMvP0 =
        pcCUP->getCUMvField(REF_PIC_LIST_0)->getMv(uiPartP);
TComMv pcMvP1 =
        pcCUP->getCUMvField(REF_PIC_LIST_1)->getMv(uiPartP);
TComMv pcMvQ0 =
        pcCUQ->getCUMvField(REF_PIC_LIST_0)->getMv(uiPartQ);
TComMv pcMvQ1 =
        pcCUQ->getCUMvField(REF_PIC_LIST_1)->getMv(uiPartQ);

if (piRefP0 == NULL) pcMvP0.setZero();
if (piRefP1 == NULL) pcMvP1.setZero();
if (piRefQ0 == NULL) pcMvQ0.setZero();
if (piRefQ1 == NULL) pcMvQ1.setZero();

if(((piRefP0==piRefQ0)&&(piRefP1==piRefQ1)) ||
        ((piRefP0==piRefQ1)&&(piRefP1==piRefQ0)) )
{ // P 블록과 Q 블록이 서로 같은 참조 프레임 사용
  if ( piRefP0 != piRefP1 )   // P 블록의 L0와 L1이 다를 때
  {
    if ( piRefP0 == piRefQ0 )
    { // ((piRefP0==piRefQ0)&&(piRefP1==piRefQ1))
      uiBs  = ((abs(pcMvQ0.getHor() - pcMvP0.getHor()) >= 4) ||
        (abs(pcMvQ0.getVer() - pcMvP0.getVer()) >= 4) ||
        (abs(pcMvQ1.getHor() - pcMvP1.getHor()) >= 4) ||
        (abs(pcMvQ1.getVer() - pcMvP1.getVer()) >= 4)) ? 1 : 0;
     // 서로 다른 수의 MV 사용 또는 정수 단위 움직임 벡터가 다르면
        BS = 1, 같으면 BS = 0
    }
    else // ((piRefP0==piRefQ1)&&(piRefP1==piRefQ0))
    {
```

```
            uiBs  = ((abs(pcMvQ1.getHor() - pcMvP0.getHor()) >= 4) ||
            (abs(pcMvQ1.getVer() - pcMvP0.getVer()) >= 4) ||
            (abs(pcMvQ0.getHor() - pcMvP1.getHor()) >= 4) ||
            (abs(pcMvQ0.getVer() - pcMvP1.getVer()) >= 4)) ? 1 : 0;
          // 서로 다른 수의 MV 사용 또는 정수 단위 움직임 벡터가 다르면
            BS = 1, 같으면 BS = 0
          }
        }
        else   // P 블록의 L0와 L1이 같을 때, 즉 P 블록과Q 블록 모두 GPB
        {
          uiBs  = ((abs(pcMvQ0.getHor() - pcMvP0.getHor()) >= 4) ||
          (abs(pcMvQ0.getVer() - pcMvP0.getVer()) >= 4) ||
          (abs(pcMvQ1.getHor() - pcMvP1.getHor()) >= 4) ||
          (abs(pcMvQ1.getVer() - pcMvP1.getVer()) >= 4)) &&
          ((abs(pcMvQ1.getHor() - pcMvP0.getHor()) >= 4) ||
          (abs(pcMvQ1.getVer() - pcMvP0.getVer()) >= 4) ||
          (abs(pcMvQ0.getHor() - pcMvP1.getHor()) >= 4) ||
          (abs(pcMvQ0.getVer() - pcMvP1.getVer()) >= 4)) ? 1 : 0;
          // 서로 다른 수의 MV 사용 또는 정수 단위 움직임 벡터가 다르면
            BS = 1, 같으면 BS = 0
          }
      }
      else // P와 Q가 서로 다른 참조 프레임
      {
        uiBs = 1;
      }
    }
    else  // 예측에 L0만 사용
    {
      Int iRefIdx;
      TComPic *piRefP0, *piRefQ0;
      iRefIdx = pcCUP->getCUMvField(REF_PIC_LIST_0)->getRefIdx(uiPartP);
      piRefP0 = (iRefIdx < 0) ? NULL :
          pcCUP->getSlice()->getRefPic(REF_PIC_LIST_0, iRefIdx);
      iRefIdx = pcCUQ->getCUMvField(REF_PIC_LIST_0)->getRefIdx(uiPartQ);
      piRefQ0 = (iRefIdx < 0) ? NULL :
          pcSlice->getRefPic(REF_PIC_LIST_0, iRefIdx);
      TComMv pcMvP0 =
            pcCUP->getCUMvField(REF_PIC_LIST_0)->getMv(uiPartP);
      TComMv pcMvQ0 =
            pcCUQ->getCUMvField(REF_PIC_LIST_0)->getMv(uiPartQ);

      if (piRefP0 == NULL) pcMvP0.setZero();
      if (piRefQ0 == NULL) pcMvQ0.setZero();
```

```
        uiBs  = ((piRefP0 != piRefQ0) ||
         (abs(pcMvQ0.getHor() - pcMvP0.getHor()) >= 4) ||
         (abs(pcMvQ0.getVer() - pcMvP0.getVer()) >= 4)) ? 1 : 0;
         // P 블록과Q 블록이 서로 다른 참조 프레임을 사용하거나,
            정수 단위 움직임 벡터가 다르면 BS = 1, 같으면 BS = 0
      }
    } // enf of "if( one of BCBP == 0 )"
  } // enf of "if( not Intra )"

 m_aapucBS[iDir][uiAbsPartIdx] = uiBs // m_aapucBS 배열에 BS 정보 저장
}
```

(2) β 및 t_c 결정

다음 단계는 필터링 수행 여부 결정 단계에서 사용되는 매개 변수인 β와 t_c를 결정하는 단계이다. β 값은 다음 식을 통해 결정된다.

$$\beta = \beta'(1 \ll (BitDetpth\,Y - 8)) \tag{4-89}$$

여기서 BitDepthY는 부호화하려는 영상의 휘도 성분의 비트 깊이이다. 일반적으로 휘도 성분에는 8 비트 깊이를 사용하므로 위 식은 다음과 같이 정리된다.

$$\beta = \beta' \tag{4-90}$$

즉, 8 비트 깊이 영상에 대해서는 β 값과 β'값이 동일하며, β'값은 양자화 계수에 따라 다음과 같이 정의되어 있다.

〈표 4-68〉 양자화 계수에 따른 문턱값 β' 결정

QP	0	1	2	3	4	5	6	7	8	9	10	11	12	13	14	15	16	17	18
β'	0	0	0	0	0	0	0	0	0	0	0	0	0	0	0	0	6	7	8
QP	19	20	21	22	23	24	25	26	27	28	29	30	31	32	33	34	35	36	37
β'	9	10	11	12	13	14	15	16	17	18	20	22	24	26	28	30	32	34	36
QP	38	39	40	41	42	43	44	45	46	47	48	49	50	51	52	53			
β'	38	40	42	44	46	48	50	52	54	56	58	60	62	64	–	–			

또 하나의 매개 변수인 t_c 값은 다음 식을 통해 결정된다.

$$t_c = t_c'(1 \ll (BitDetpth\,Y - 8)) \quad (4\text{-}91)$$

β 값을 계산할 때와 마찬가지로 BitDepthY는 부호화하려는 영상의 휘도 성분의 비트 깊이이다. 일반적으로 휘도 성분에는 8 비트 깊이를 사용하므로 위 식은 다음과 같이 정리된다.

$$t_c = t_c' \quad (4\text{-}92)$$

즉, 8 비트 깊이 영상에 대해서는 t_c값과 값이 동일하며, t_c'값은 양자화 계수에 따라 〈표 4-69〉과 같이 정의되어 있다.

〈표 4-69〉 양자화 계수에 따른 문턱값 t_c' 결정

QP	0	1	2	3	4	5	6	7	8	9	10	11	12	13	14	15	16	17	18
t_c'	0	0	0	0	0	0	0	0	0	0	0	0	0	0	0	0	0	0	1
QP	19	20	21	22	23	24	25	26	27	28	29	30	31	32	33	34	35	36	37
t_c'	1	1	1	1	1	1	1	1	2	2	2	2	3	3	3	3	4	4	4
QP	38	39	40	41	42	43	44	45	46	47	48	49	50	51	52	53			
t_c'	5	5	6	6	7	8	9	10	11	13	14	16	18	20	22	24			

β 및 t_c 결정과 제4.6.1.3장의 필터링 수행 여부 결정 과정은 xEdgeFilterLuma() 함수에 구현되어 있다. 여기서 iTc와 iBeta에 결정된 t_c값과 β값이 저장되는 것을 알 수 있다. 〈표 4-68〉과 〈표 4-69〉의 t_c'값과 β'값은 TComLoopFilter.cpp에 정의되어 있는데, 이해를 돕기 위해 소스 코드내에 주석으로 표시하였다.

```
Void TComLoopFilter::xEdgeFilterLuma( TComDataCU* pcCU, UInt uiAbsZorderIdx, UInt
uiDepth, Int iDir, Int iEdge  )
{
 uiBs = m_aapucBS[iDir][uiBsAbsIdx];
 // xGetBoundaryStrengthSingle에서 계산한 경계 강도 (BS) 정보
 if ( uiBs ) // BS가 0이 아니면
 {
```

```
    ...(중략)...
    Int iBitdepthScale = 1 << (g_bitDepthY-8);

    Int iIndexTC = Clip3(0, MAX_QP+DEFAULT_INTRA_TC_OFFSET, Int(iQP +
           DEFAULT_ INTRA_TC_OFFSET*(uiBs-1) + (tcOffsetDiv2 << 1)));
    Int iIndexB = Clip3(0, MAX_QP, iQP + (betaOffsetDiv2 << 1));

    // tc'
    // const UChar TComLoopFilter::sm_tcTable[54] = { 0,0,0,0,0,0,0,0,0,0,0,0,0,0,0,0,0,0,
    //    1,1,1,1,1,1,1,1,1,2,2,2,2,3,3,3,3,4,4,4,5,5,6,6,7,8,9,10,11,13,14,16,18,20,22,24};

    // β
    // const UChar TComLoopFilter::sm_betaTable[52] = {0,0,0,0,0,0,0,0,0,0,0,0,0,0,0,0,6,
    //    7,8,9,10,11,12,13,14,15,16,17,18,20,22,24,26,28,30,32,34,36,38,40,42,44,46,48,50,
    //    52,54,56,58,60,62,64};

    Int iTc =  sm_tcTable[iIndexTC]*iBitdepthScale // tc
    Int iBeta = sm_betaTable[iIndexB]*iBitdepthScale // β
    Int iSideThreshold = (iBeta+(iBeta>>1))>>3;
    Int iThrCut = iTc*10;
   ...(중략)...
  }
}
```

(3) 필터링 수행 여부 결정

다음 단계는 각 필터 경계에서 실제로 필터를 수행할 것인지 하지 않을 것인지 여부를 판단하는 것이다. 필터링 여부 결정 단계는 경계 강도가 0보다 큰 경우에만 수행한다. 〈그림 4-47〉은 수직 가장자리에 대해 필터링 여부를 결정하는 방법을 보이기 위한 경계를 중심으로 한 두 개의 4×4 블록을 보여 준다.

좌측 4×4 블록을 P, 우측 4×4 블록을 Q라 했을 때, 각 블록에서 첫 번째 화소 라인에서 경계를 중심으로 각각 3개의 화소 (즉, P 블록의 p00, p10, p20와 Q 블록의 q00, q10, q20)를 이용해 다음 식과 같이 dp0와 dq0를 계산한다.

p30	p20	p10	p00	q00	q10	q20	q30
p31	p21	p11	p01	q01	q11	q21	q31
p32	p22	p11	p02	q02	q12	q22	q32
p33	p23	p13	p03	q03	q13	q23	q33

〈그림 4-47〉 4×4 P 블록과 4×4 Q 블록

$$dp0 = |p20 - 2 \times p10 + p00| \quad (4\text{-}93)$$

$$dq0 = |q20 - 2 \times q10 + q00| \quad (4\text{-}94)$$

다음, 동일한 방법으로 각 블록에서 마지막 화소 라인에서 경계를 중심으로 각각 3개의 화소(즉, P 블록의 p03, p13, p23와 Q 블록의 q03, q13, q23)를 이용해 다음 식과 같이 dp3와 dq3를 계산한다.

$$dp3 = |p23 - 2 \times p13 + p03| \quad (4\text{-}95)$$

$$dq3 = |q23 - 2 \times q13 + q03| \quad (4\text{-}96)$$

dp0, dq0, dp3, dq3 계산이 끝나면 식 (4-93)을 통해 필터링 수행 여부를 판단한다.

$$dp0 + dq0 + dp3 + dq3 < \beta \quad (4\text{-}97)$$

만약 dp0, dq0, dp3, dq3를 모두 더한 값이 β보다 작으면 4x4 블록의 4개의 라인에 대해서 필터링이 수행되고, 약한 필터링을 수행할 것인지 강한 필터링을 수행할 것인지를 결정하는 필터 선택 단계로 넘어간다. 만약 P 블록 또는 Q 블록이 영상내 대상의 경계 (edge)를 포함하는 경우 dp0, dq0, dp3, dq3를 모두 더한 값이 정해진 β보다 커진다. 이 경우, 4개의 라인에 대한 필터링은 OFF된다. 이 수식의 의미를 살펴보자. 만약 P 블록 또는 Q 블록이 영상내 대상의 경계 (edge)를 포함하는 경우 dp0, dq0, dp3, dq3를 모두 더한 값은 정해진 β보다 크면 커지게 되고, 이 경우 실제 경계를 보존하기 위해 필터링을 수행하지 않는다. 반대의 경우, 이는 실제 경계가 아니라 블록 왜곡일 가능성이 크므로 필터링을 수행한다. 여기서 주의할 점은 앞의 경계 강도 결정 단계에서 경계 강도가 0보다 큰 블록일지라도 dp0+dq0+dp3+dq3 〈 β조건을 만족하지 않으면 필터링이 수행되지 않는다는 점이다.

다음은 xEdgeFilterLuma() 함수내 관련 소스 코드를 보여준다. 필터링 수행 여부 결정 과정은 위에서 설명한 β 및 t_c 결정 과정 다음에 수행된다. 필터링 수행 여부 결정 과정이 끝나고 나면 필터 선택 및 실제 필터링이 수행되는 xPelFilterLuma() 함수가 호출된다.

```
Void TComLoopFilter::xEdgeFilterLuma( TComDataCU* pcCU, UInt uiAbsZorderIdx, UInt
uiDepth, Int iDir, Int iEdge  )
{
    uiBs = m_aapucBS[iDir][uiBsAbsIdx];
    // xGetBoundaryStrengthSingle에서 계산한 경계 강도 (BS) 정보
    if ( uiBs ) // BS가 0이 아니면
    {
  ...(β 및 tc 결정 과정 중략)...
  UInt  uiBlocksInPart = uiPelsInPart / 4 ? uiPelsInPart / 4 : 1;
  for (UInt iBlkIdx = 0; iBlkIdx<uiBlocksInPart; iBlkIdx ++)
  {
    // 식 (4-93) ~ 식 (4-96) 계산
    Int dp0 = xCalcDP(piTmpSrc+iSrcStep*(iIdx*uiPelsInPart+iBlkIdx*4+0), iOffset);
    Int dq0 = xCalcDQ(piTmpSrc+iSrcStep*(iIdx*uiPelsInPart+iBlkIdx*4+0), iOffset);
    Int dp3 = xCalcDP(piTmpSrc+iSrcStep*(iIdx*uiPelsInPart+iBlkIdx*4+3), iOffset);
    Int dq3 = xCalcDQ(piTmpSrc+iSrcStep*(iIdx*uiPelsInPart+iBlkIdx*4+3), iOffset);
    Int d0 = dp0 + dq0;
    Int d3 = dp3 + dq3;

    Int dp = dp0 + dp3;
    Int dq = dq0 + dq3;
    Int d =  d0 + d3; // 식 (4-97)

    if (bPCMFilter || pcCU->getSlice()->getPPS()->getTransquantBypassEnableFlag())
    {
      // 각 PU가 루프 필터가 비활성화되는 I_PCM인지 여부 확인
      bPartPNoFilter = (bPCMFilter && pcCUP->getIPCMFlag(uiPartPIdx));
      bPartQNoFilter = (bPCMFilter && pcCUQ->getIPCMFlag(uiPartQIdx));

      // 각 PU가 무손실 부호화되는지 여부 확인
      bPartPNoFilter = bPartPNoFilter || (pcCUP->isLosslessCoded(uiPartPIdx) );
      bPartQNoFilter = bPartQNoFilter || (pcCUQ->isLosslessCoded(uiPartQIdx) );
    }
```

```
    if (d < iBeta) // 식 (4-97)을 만족할 때만 필터링 수행
    {
      Bool bFilterP = (dp < iSideThreshold);
      Bool bFilterQ = (dq < iSideThreshold);

      // 강한 필터링 수행 여부 결정, 강한 필터링이면 sw가 1,
      // 약한 필터링이면 sw가 0이 된다.
      Bool sw = xUseStrongFiltering(iOffset, 2*d0, iBeta, iTc,
                piTmpSrc+iSrcStep*(iIdx*uiPelsInPart+iBlkIdx*4+0))
        && xUseStrongFiltering( iOffset, 2*d3, iBeta, iTc,
                piTmpSrc+iSrcStep*(iIdx*uiPelsInPart+iBlkIdx*4+3));

      for ( Int i = 0; i < DEBLOCK_SMALLEST_BLOCK/2; i++)
      {
        xPelFilterLuma( piTmpSrc+iSrcStep*(iIdx*uiPelsInPart+iBlkIdx*4+i), iOffset,
              d, iBeta, iTc, sw, bPartPNoFilter, bPartQNoFilter, iThrCut, bFilterP,
                    bFilterQ); // 실제 필터링 수행
      }
    }
  } // for (UInt iBlkIdx = 0; iBlkIdx<uiBlocksInPart; iBlkIdx ++)
 } // if ( uiBs )
}
```

다음은 식 (4-93)에서 식 (4-96)의 dp0, dq0, dp3, dq3 계산을 위해 xEdgeFilterLuma() 함수에서 호출되는 xCalcDP()와 xCalcDQ() 함수를 보여 준다.

```
__inline Int TComLoopFilter::xCalcDP( Pel* piSrc, Int iOffset)
{
  return abs( piSrc[-iOffset*3] - 2*piSrc[-iOffset*2] + piSrc[-iOffset] ) ;
}

__inline Int TComLoopFilter::xCalcDQ( Pel* piSrc, Int iOffset)
{
  return abs( piSrc[0] - 2*piSrc[iOffset] + piSrc[iOffset*2] );
}
```

(4) 필터 선택

필터링 수행이 ON되는 경우 〈그림 4-47〉의 P 블록과 Q 블록의 첫 번째, 네 번째 라인에 대해 다음 두 가지 조건을 확인한다.

■ 조건 1

$$|p30 - p00| + |q30 - q00| < \frac{\beta}{8} \text{ and} \tag{4-98}$$

$$|dp0 - dq0| < \frac{\beta}{8} \text{ and}$$

$$|p00 - q00| < (5 \times Tc + 1) \gg 1$$

■ 조건 2

$$|p33 - p03| + |q33 - q03| < \frac{\beta}{8} \text{ and} \tag{4-99}$$

$$|dp3 - dq3| < \frac{\beta}{8} \text{ and}$$

$$|p03 - q03| < (5 \times Tc + 1) \gg 1$$

두 조건이 모두 만족하는 경우 강한 필터 (strong filter)가 필터링에 사용된다. 그렇지 않은 경우 약한 필터 (weak filter)가 사용된다. 경계 강도가 1일지라도 두 조건을 만족하는 경우 강한 필터를 사용할 수 있다.

다음은 식 (4-98)과 식 (4-99)의 조건을 확인해 강한 필터링을 사용하는지 여부를 결정하는 xUseStrongFiltering() 함수이다. 이 함수의 반환값이 1이면 강한 필터링을, 반환값이 0이면 약한 필터링을 수행한다.

```
__inline Bool TComLoopFilter::xUseStrongFiltering( Int offset, Int d, Int beta,
Int tc, Pel* piSrc)
{
  Pel m4  = piSrc[0];
  Pel m3  = piSrc[-offset];
  Pel m7  = piSrc[ offset*3];
  Pel m0  = piSrc[-offset*4];
```

```
    Int d_strong = abs(m0-m3) + abs(m7-m4);

    return ( (d_strong < (beta>>3)) && (d<(beta>>2)) && ( abs(m3-m4) < ((tc*5+1)>>1)) );
}
```

(5) 필터링

필터링 과정은 강한 필터링과 약한 필터링으로 나뉜다. 강한 필터링을 수행하면 경계를 중심으로 P 블록과 Q 블록 각각 3 화소씩 값이 수정된다. 다음과 같은 필터 계수 값을 갖고, 네 개의 라인을 모두 필터링한다.

$$p0_i = (p2_i + 2\times p1_i + 2\times p0_i + 2\times q0_i + q1_i + 4) \gg 3$$
$$q0_i = (p1_i + 2\times p0_i + 2\times q0_i + 2\times q1_i + q2_i + 4) \gg 3$$
$$p1_i = (p2_i + p1_i + p0_i + q0_i + 2) \gg 2$$
$$q1_i = (p0_i + q0_i + q1_i + q2_i + 2) \gg 2$$
$$p2_i = (2\times p3_i + 3\times p2_i + p1_i + p0_i + q0_i + 4) \gg 3$$
$$q2_i = (p0_i + q0_i + q1_i + 3\times q2_i + 2\times q3_i + 4) \gg 3$$

약한 필터링의 경우 추가적으로 필터링 ON/OFF 결정을 수행한다. 먼저 Δ 값을 다음과 같이 계산한다.

$$\Delta = (9\times(q0_i - p0_i) - 3\times(q1_i - p1_i) + 8) \gg 4$$

각 화소를 위한 필터링 ON/OFF 조건과 수행되는 필터링은 다음과 같이 정리할 수 있다.

- $|\Delta| < 10\times Tc$ 이면 p_0와 q_0 필터링

  $p_0{}' = p_0 + \Delta$

  $q_0{}' = q_0 - \Delta$

■ $|\Delta| < 10 \times Tc$ 이고, $dp0 + dp3 < (\beta + (\beta \gg 1)) \gg 3$ 이면 p_1 필터링

$$\Delta p = ((p_2 + p_0 + 1) \gg 1) - p_1 + \Delta) \gg 1$$

$$p_1' = \Delta p$$

■ $|\Delta| < 10 \times Tc$ 이고, $dq0 + dq3 < (\beta + (\beta \gg 1)) \gg 3$ 이면 q_1 필터링

$$\Delta q = ((q_2 + q_0 + 1) \gg 1) - q_1 - \Delta) \gg 1$$

$$q_1' = \Delta q$$

강한 필터와 약한 필터 두 필터를 비교해 보면, 강한 필터는 경계를 기준으로 좌우 3 화소씩 필터링을 수행하고, 약한 필터는 좌우 2 화소씩 필터링을 수행한다. 즉, 블록 왜곡이 발생할 가능성이 높은 화소는 강하게 필터링을 수행하여 왜곡을 줄이고, 그렇지 않은 블록은 과도한 평활화를 막으면서 약한 필터링을 수행한다.

```
__inline Void TComLoopFilter::xPelFilterLuma( Pel* piSrc, Int iOffset, Int d, Int
beta, Int tc , Bool sw, Bool bPartPNoFilter, Bool bPartQNoFilter, Int iThrCut,
Bool bFilterSecondP, Bool bFilterSecondQ)
{
  Int delta;

  Pel m4  = piSrc[0];
  Pel m3  = piSrc[-iOffset];
  Pel m5  = piSrc[ iOffset];
  Pel m2  = piSrc[-iOffset*2];
  Pel m6  = piSrc[ iOffset*2];
  Pel m1  = piSrc[-iOffset*3];
  Pel m7  = piSrc[ iOffset*3];
  Pel m0  = piSrc[-iOffset*4];

  // sw는 xUseStrongFiltering() 함수의 반환값
  if (sw) // sw가 1이면 강한 필터링 수행
  {
    piSrc[-iOffset]   = Clip3(m3-2*tc, m3+2*tc, ((m1 + 2*m2 + 2*m3 + 2*m4 + m5 +
        4) >> 3)); // p0i
    piSrc[0]          = Clip3(m3-2*tc, m4+2*tc, ((m2 + 2*m3 + 2*m4 + 2*m5 + m6 +
        4) >> 3)); //q0i
    piSrc[-iOffset*2] = Clip3(m2-2*tc, m2+2*tc, ((m1 + m2 + m3 + m4 + 2)>>2));
    piSrc[ iOffset]   = Clip3(m5-2*tc, m5+2*tc, ((m3 + m4 + m5 + m6 + 2)>>2));
```

```
    piSrc[-iOffset*3] = Clip3(m1-2*tc, m1+2*tc, ((2*m0 + 3*m1 + m2 + m3 + m4 +
        4 )>>3));
    piSrc[ iOffset*2] = Clip3(m6-2*tc, m6+2*tc, ((m3 + m4 + m5 + 3*m6 + 2*m7 +
        4 )>>3));
  }
  else // sw가 0이면 약한 필터링 수행
  {
    delta = (9*(m3-m3) -3*(m5-m2) + 8)>>4 ; // Δ 값 계산

    if ( abs(delta) < iThrCut ) // |Δ|< 10×Tc 이면
    {
      delta = Clip3(-tc, tc, delta);
      // p0와 q0 필터링
      piSrc[-iOffset] = Clip((m3+delta));
      piSrc[0] = Clip((m3-delta));

      Int tc2 = tc>>1;
      if(bFilterSecondP) // dp0 + dp3 < (β +(β  >> 1)) >> 3
      {
        Int delta1 = Clip3(-tc2, tc2, (( ((m1+m3+1)>>1)- m2+delta)>>1));
        piSrc[-iOffset*2] = Clip((m2+delta1)); // p1 필터링
      }
      if(bFilterSecondQ) // dq0 + dq3 < (β +(β  >> 1)) >> 3
      {
        Int delta2 = Clip3(-tc2, tc2, (( ((m6+m4+1)>>1)- m5-delta)>>1));
        piSrc[ iOffset] = Clip((m5+delta2)); // q1 필터링
      }
    }
  }

  if(bPartPNoFilter)
  {
    piSrc[-iOffset] = m3;
    piSrc[-iOffset*2] = m2;
    piSrc[-iOffset*3] = m1;
  }
  if(bPartQNoFilter)
  {
    piSrc[0] = m4;
    piSrc[ iOffset] = m5;
    piSrc[ iOffset*2] = m6;
  }
}
```

(6) 색차 블록을 위한 필터링

색차 블록을 필터링 할 때의 경계 강도는 휘도 블록의 경계 강도를 그대로 사용한다. 휘도 블록과 마찬가지로 경계 강도가 0보다 큰 경우에만 필터링이 수행된다. 휘도 블록과 다른 점은 추가적인 필터링 수행 여부 판단 단계가 없다는 점이다. 필터링 종류를 선택하는 단계 또한 없다. 즉, 색차 블록에 대해서는 다음과 같은 한 종류의 필터만 존재한다.

$$\Delta = (((q_0 - p_0) \ll 2) + p_1 - q_1 + 4) \gg 3$$

$$p_0{}' = p_0 + \Delta$$

$$q_0{}' = q_0 - \Delta$$

```
Void TComLoopFilter::xEdgeFilterChroma( TComDataCU* pcCU, UInt uiAbsZorderIdx,
UInt uiDepth, Int iDir, Int iEdge )
{
  TComPicYuv* pcPicYuvRec = pcCU->getPic()->getPicYuvRec();
  Int         iStride     = pcPicYuvRec->getCStride();
  Pel*        piSrcCb     = pcPicYuvRec->getCbAddr( pcCU->getAddr(), uiAbsZorderIdx );
  Pel*        piSrcCr     = pcPicYuvRec->getCrAddr( pcCU->getAddr(), uiAbsZorderIdx );
  Int iQP = 0;
  Int iQP_P = 0;
  Int iQP_Q = 0;

  UInt  uiPelsInPartChroma = g_uiMaxCUWidth >> (g_uiMaxCUDepth+1);

  Int   iOffset, iSrcStep;

  const UInt uiLCUWidthInBaseUnits = pcCU->getPic()->getNumPartInWidth();

  Bool  bPCMFilter = (pcCU->getSlice()->getSPS()->getUsePCM() && pcCU-> getSlice()->
     getSPS()->getPCMFilterDisableFlag())? true : false;
  Bool  bPartPNoFilter = false;
  Bool  bPartQNoFilter = false;
  UInt  uiPartPIdx;
  UInt  uiPartQIdx;
  TComDataCU* pcCUP;
  TComDataCU* pcCUQ = pcCU;

  // 수직 위치
  UInt uiEdgeNumInLCUVert = g_auiZscanToRaster[uiAbsZorderIdx]%uiLCUWidthInBaseUnits +
```

```
    iEdge;
UInt uiEdgeNumInLCUHor = g_auiZscanToRaster[uiAbsZorderIdx]/uiLCUWidthInBaseUnits +
    iEdge;

if ( (uiPelsInPartChroma < DEBLOCK_SMALLEST_BLOCK) && (( (uiEdgeNumInLCUVert%
    (DEBLOCK_SMALLEST_BLOCK/uiPelsInPartChroma))&&(iDir==0) ) ||
    ( (uiEdgeNumInLCUHor% (DEBLOCK_SMALLEST_BLOCK/uiPelsInPartChroma))&& iDir ) ))
{
  return;
}

UInt  uiNumParts = pcCU->getPic()->getNumPartInWidth()>>uiDepth;

UInt  uiBsAbsIdx;
UChar ucBs;

Pel* piTmpSrcCb = piSrcCb;
Pel* piTmpSrcCr = piSrcCr;


if (iDir == EDGE_VER) // 수직 경계
{
  iOffset   = 1;
  iSrcStep  = iStride;
  piTmpSrcCb += iEdge*uiPelsInPartChroma;
  piTmpSrcCr += iEdge*uiPelsInPartChroma;
}
else  // 수평 경계
{
  iOffset   = iStride;
  iSrcStep  = 1;
  piTmpSrcCb += iEdge*iStride*uiPelsInPartChroma;
  piTmpSrcCr += iEdge*iStride*uiPelsInPartChroma;
}

for ( UInt iIdx = 0; iIdx < uiNumParts; iIdx++ )
{
  ucBs = 0;

  uiBsAbsIdx = xCalcBsIdx( pcCU, uiAbsZorderIdx, iDir, iEdge, iIdx);
  ucBs = m_aapucBS[iDir][uiBsAbsIdx];

  if ( ucBs > 1)
  {
```

```
        iQP_Q = pcCU->getQP( uiBsAbsIdx );
        uiPartQIdx = uiBsAbsIdx;
        // 주변 PU 인덱스 계산
        if (iDir == EDGE_VER) // 수직 경계
        {
          pcCUP = pcCUQ->getPULeft (uiPartPIdx, uiPartQIdx,!pcCU->getSlice()->
              getLFCrossSliceBoundaryFlag(), false, !m_bLFCrossTileBoundary);
        }
        else  // 수평 경계
        {
          pcCUP = pcCUQ->getPUAbove(uiPartPIdx, uiPartQIdx,!pcCU->getSlice()->
              getLFCrossSliceBoundaryFlag(), false, false, false,
              !m_bLFCrossTileBoundary);
        }

        iQP_P = pcCUP->getQP(uiPartPIdx);
        iQP = QpUV((iQP_P + iQP_Q + 1) >> 1);
        Int iBitdepthScale = (1<<(g_uiBitIncrement+g_uiBitDepth-8));

        Int iIndexTC = Clip3(0, MAX_QP+DEFAULT_INTRA_TC_OFFSET, iQP +
            DEFAULT_ INTRA_TC_OFFSET*(ucBs - 1) + (m_tcOffsetDiv2 << 1));
        Int iTc =  tctable_8x8[iIndexTC]*iBitdepthScale;

        if (bPCMFilter || pcCU->getSlice()->getPPS()->getTransquantBypassEnableFlag())
        {
         // 각 PU가 루프 필터가 비활성화되는 I_PCM인지 여부 확인
          bPartPNoFilter = (bPCMFilter && pcCUP->getIPCMFlag(uiPartPIdx));
          bPartQNoFilter = (bPCMFilter && pcCUQ->getIPCMFlag(uiPartQIdx));

         // 각 PU가 무손실 부호화되는지 여부 확인
          bPartPNoFilter = bPartPNoFilter || (pcCUP->isLosslessCoded(uiPartPIdx));
          bPartQNoFilter = bPartQNoFilter || (pcCUQ->isLosslessCoded(uiPartQIdx));
        }

        for ( UInt uiStep = 0; uiStep < uiPelsInPartChroma; uiStep++ )
        {
          xPelFilterChroma( piTmpSrcCb + iSrcStep*(uiStep+iIdx*uiPelsInPartChroma),
              iOffset, iTc , bPartPNoFilter, bPartQNoFilter);
          xPelFilterChroma( piTmpSrcCr + iSrcStep*(uiStep+iIdx*uiPelsInPartChroma),
              iOffset, iTc , bPartPNoFilter, bPartQNoFilter);
        }
      }
    }
  }
```

4.6.2 적응적 샘플 오프셋

적응적 샘플 오프셋(sample adaptive offset, SAO)[37]은 종래 비디오 압축 표준에는 존재하지 않던 기술로 HEVC 표준화에서 제안된 새로운 방법의 인루프 필터링 기술이다. 적응적 샘플 오프셋은 디블록킹 필터링 후에도 남아있는 영상의 오류를 보정하기 위해 수행된다. 양자화는 부호화 과정에서 오류를 유발하는 가장 큰 요인이다. 변환 과정 이후 변환된 계수, 즉 주파수 도메인에서 양자화를 수행하므로 물체 가장자리에 링잉 현상 (ringing artifacts)이 발생하거나 화소 값에 일정량의 왜곡이 발생한다.

적응적 샘플 오프셋 기술은 부호화 과정을 통해 발생하는 원 영상과 복원 영상 간의 차이를 이용해 복원 영상의 왜곡을 감소시키는 방법으로, 주관적 화질과 부호화 효율을 향상시킨다. 특히 왜곡의 정도에 따라 적응적으로 오프셋을 적용함으로써 영상의 특성에 따라 부분적으로 다르게 발생하는 왜곡을 효율적으로 감소시킬 수 있다.

부호기에서는 식 (4-100)을 이용해 N개의 화소에 대해 원 화소 (org_n)과 복원 화소 (rec_n)간의 오차를 평균적으로 최소화하는 오프셋 h를 계산한 후, 부호기에서는 이를 바로 이용하고 복호기를 위해 사용한 오프셋값을 전송한다. 그 다음, 부/복호기에서 식 (4-101)과 같은 방법을 이용해 복원 화소의 왜곡을 보상할 수 있다.

$$h = \frac{\sum_{n=0}^{N-1}(org_n - rec_n)}{N} \tag{4-100}$$

$$rec'_n = rec_n + h \quad where\ n = 0, 1, \cdots, N-1 \tag{4-101}$$

적응적 샘플 오프셋 기술은 원 영상과 복원 영상 간의 오류를 직접 계산하므로 복원 영상의 주관적 화질뿐만 아니라 객관적 화질 향상 역시 보장할 수 있다. 또한 적응적 샘플 오프셋 기술은 루프내 필터이므로 부호화 과정에 속해있다. 따라서 적응적 샘플 오프셋 기술로 왜곡을 보상한 프레임이 참조 프레임으로 사용되므로 전체 부호화 효율 역시 향상시킬 수 있다. 적응적 샘플 오프셋 기술은 CTB 단위로 수행된다.

(1) 적응적 샘플 오프셋의 종류 및 오프셋의 결정

적응적 샘플 오프셋에는 EO (Edge Offset)와 BO (Band Offset)가 존재하며, 이 정보를 나타내기 위해 sao_type_idx를 부호화한다. 〈표 4-70〉은 sao_type_idx값에 따른 적응적 샘플 오프셋의 종류를 보여준다.

〈표 4-70〉 각 클래스별 네 개의 범주

sao_type_idx	적응적 샘플 오프셋의 종류
0	적응적 샘플 오프셋을 수행하지 않음
1	BO
2	EO

sao_type_idx의 값은 부호화 후 복원된 CTB내의 화소 특성에 따라 구분된다. 만약 CTB가 경계 정보를 포함하고 있어 특정한 방향성을 갖고 있는 경우, 경계에 위치한 화소의 오차를 보정하는 EO를 사용하는 것이 효율적이며, 특정 밝기 대역에서 원본 화소들과 값의 차이가 발생하는 경우에는 BO를 사용하는 것이 효율적이다. 어떤 경우에는 적응적 샘플 오프셋을 사용하는 것이 압축률 관점에서 더 좋지 않을 수 있다. 이 경우, sao_type_idx을 0으로 설정해 적응적 샘플 오프셋을 수행하지 않는다.

sao_type_idx의 결정은 율-왜곡 최적화를 통해 이루어진다. 즉, 적응적 샘플 오프셋을 수행하지 않는 경우 (sao_type_idx = 0), BO를 수행하는 경우 (sao_type_idx = 1), EO를 수행하는 경우 (sao_type_idx = 2), 이 세 가지 경우를 모두 수행한 후 율-왜곡 최적화를 통해 최적의 sao_type_idx를 결정한다. 다시 말해, 각 경우에 대한 부호화 비트량과 왜곡값을 계산하고, 가장 작은 비용값을 갖는 경우에 해당하는 sao_type_idx을 부호화한다. 실제 HEVC 소프트웨어에서는 메모리 접근과 연산의 복잡도를 줄이기 위해 왜곡값 계산은 고속 왜곡값 예측 기술을 사용해 계산한다.

k를 화소의 위치, $s(k)$를 원본 화소, $x(k)$를 복원 화소, C를 EO 또는 BO가 선택되었을 때의 현재 CTB내의 화소의 집합이라 할 때, 원본 화소와 복원 화소간의 왜곡은 다음과 같이 정의될 수 있다.

$$D_{pre} = \sum_{k \in C} (s(k) - x(k))^2 \tag{4-102}$$

또한, 원본 화소와 적응적 샘플 오프셋의 취한 후의 화소값 간의 왜곡은 다음과 같이 정의될 수 있다. 여기서, h는 오프셋을 의미한다.

$$D_{post} = \sum_{k \in C} (s(k) - (x(k) + h))^2 \tag{4-103}$$

따라서 적응적 샘플 오프셋을 수행했을 때와 수행하지 않았을 때의 왜곡값의 차는 다음과 같이 계산될 수 있다.

$$\begin{aligned} \Delta D = D_{post} - D_{pre} &= \sum_{k \in C} (h^2 - 2h \cdot s(k) + 2h \cdot x(k)) \\ &= \sum_{k \in C} (h^2 - 2h(s(k) - x(k))) = \sum_{k \in C} h^2 - 2h \sum_{k \in C} (s(k) - x(k)) \end{aligned} \tag{4-104}$$

앞에서 말한 것과 같이 $s(k)$는 원본 화소, $x(k)$는 복원 화소이므로 이 둘의 차이는 원본 화소와 복원 화소의 차, 다시 말해 부호화 오차 E로 정의할 수 있다.

$$E = \sum_{k \in C} (s(k) - x(k)) \tag{4-105}$$

이를 이용해 식 (4-104)를 다시 정리하면 다음과 같다. 여기서, N은 화소 집합 C내의 화소수를 의미한다.

$$\begin{aligned} \Delta D &= \sum_{k \in C} h^2 - 2h \sum_{k \in C} (s(k) - x(k)) \\ &= N \cdot h^2 - 2hE \end{aligned} \tag{4-106}$$

E는 원본 화소와 복원 화소로부터 계산되므로 디블록킹 필터 후에 곧바로 계산할 수 있다. 따라서 N과 E는 여러 번 계산되지 않고, CTB에 대해 한번만 계산된다. 다음, 방금 계산한 ΔD를 이용한 비용값 ΔJ는 다음과 같이 계산된다.

$$\Delta J = \Delta D + \lambda \cdot R \tag{4-107}$$

여기서, λ는 Lagrange 계수이고, R은 적응적 샘플 오프셋으로 인한 부가 정보 (side information)을 부호화하는데 필요할 것으로 예상되는 비트수이다. 부호기에서는 ΔJ 값을 최소로 만드는 오프셋 h를 최적 오프셋으로 결정한다. ΔD를 최소화하는 h를 구하기 위해 식 (4-106)의 1차 도함수가 0인 값을 찾는다. 미분 결과, ΔD를 최소화하는 h는 E/N임을 알 수 있다.

$$\Delta D' = 2Nh - 2E = 0 \tag{4-108}$$

$$h = E/N \tag{4-109}$$

실제 소프트웨어에서는 오프셋 h값을 고속으로 결정하기 위해 모든 오프셋에 대한 비용값을 계산하지 않고, 일부 오프셋에 대해서만 비용값을 계산한다. E/N 값에서 0까지의 오프셋에 대해서만 비용값을 계산한 후, 최소 비용값을 갖는 오프셋을 최적의 오프셋으로 결정한다. 예를 들어, E/N 값이 3이면 3, 2, 1, 0에 대해 비용값을 비교하고, E/N 값이 -3이면 -3, -2, -1, 0에 대해 비용값을 비교한다.

모든 밴드 또는 모든 카테고리에 대해 오프셋이 결정되면, CTB 전체에 대한 ΔJ 값을 구하기 위해 BO의 경우 32개 밴드의 ΔJ 값을 더하고 EO의 경우 5개 카테고리의 ΔJ 값을 더한다. 전체 CTB의 ΔJ 값이 음수가 되는 경우, 현재 CTB에 대해 적응적 샘플 오프셋이 적용된다. sao_type_idx, BO에서 오프셋을 더하거나 뺄 최적의 시작 밴드, EO 클래스도 이와 비슷한 고속 왜곡값 예측을 통해 구할 수 있다. 다음의 각 절에서 EO와 BO의 동작에 대해 자세히 알아보자.

(2) 경계 오프셋

EO는 블록 내의 경계의 특징을 이용해 오프셋을 구하는 방식이다. 위에서 설명한 것과 같이, 적응적 샘플 오프셋 기술이 사용되는 경우, 부호기는 CTB의 휘도 성분과 색차 성분 각각에 대해 EO를 사용할 지, BO를 사용할지, 적응적 샘플 오프셋 기술을 사용하지 않을 지를 결정하고, 관련 정보 (sao_eo_class)를 복호기로 전송한다. 만약 현재 CTB에 대해 EO가 사용되는 경우, 어떤 클래스를 사용하는지에 대한 정보를 추가로 전송해야 한다. 여기서, 클래스란 현재 CTB에 포함된 경계 화소의 패턴을 의미한다. 〈그림 4-48〉은 EO의 네 가지 클래스를 보여준다. 여기서 C는 중심 화소를 뜻하고, 음영 처리된 부분은 주변 화소를 의미한다. 0˚, 90˚, 135˚, 45˚의 총 네 가지 경계 방향이 존재할 수 있다. 부호기에서는 이 네 가지 클래스에 대해 어떤 클래스를 선택했을 때 성능이 최대가 되는지 율-왜곡 최적화를 통해 결정하고, 결정된 정보 (sao_eo_class)를 복호기로 전송한다.

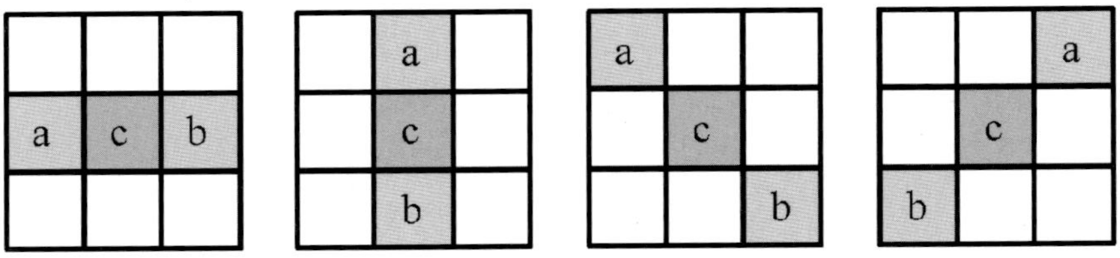

〈그림 4-48〉 EO의 네 가지 클래스 : 0˚(sao_eo_class = 0), 90˚(sao_eo_class = 1), 135˚(sao_eo_class = 2), 45˚(sao_eo_class = 3)

클래스 결정이 완료되고 나면, 화소 단위로 카테고리를 계산한다. 카테고리 정보는 현재 화소의 주변 화소의 값을 이용해 결정되며, 결정된 카테고리에 따라 정해진 오프셋을 현재 화소에 더해 필터링을 수행한다. 먼저, 〈그림 4-48〉과 같은 1차원 경계 내에서 발생 가능한 아홉 가지 화소의 분포를 살펴보자. 〈그림 4-49〉는 아홉 가지 화소 분포들을 보여주고 있다. 이 분포들을 종류에 따라 네 개의 범주로 나눌 수 있다. 첫 번째 카테고리는 양쪽 모두 기울기를 갖는 (1)번이다. 오프셋을 양수라고 가정하자. 이 카테고리의 화소 분포를 좀 더 매끄럽게 하게 위해서는 오프셋이 더해져야 한다. 두 번째 카테고리는 한쪽은 편평하고, 한쪽은 기울기가 있는 분포로 (2)번과 (4)번이 이에 해당된다. 이 카테고리의 화소 분포의 오차를 보정하기 위해서는 첫 번째 카테고리보다는 크기가 작은 오프셋이 더해져야 한다. 세 번째 카테고리에는 (6)번, (8)번이 포함되며 크기가 작은 오프셋을 빼 화소 분포를 평탄하게 해야 한다. 네 번째 카테고리는 (9)번이 포함되며, 이 화소 분포의 경우, 세 번째 카테고리보다 좀 더 큰 오프셋을 빼야 한다. 평탄한 분포를 가지는 (5)번과 화소들의 차이가 커서 실제 경계일 가능성이 높은 (3)번과 (7)번은 오프셋을 더하지 않는다. 이제까지 설명한 네 개의 카테고리가 〈표 4-71〉에 정리되어 있다.

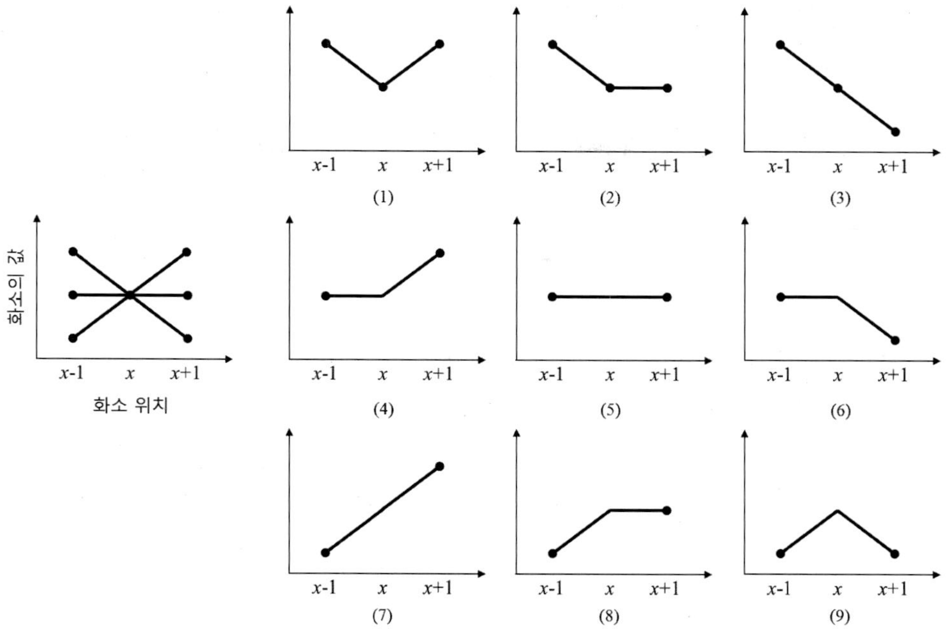

〈그림 4-49〉 발생 가능한 화소 분포

〈표 4-71〉의 a, b, c는 〈그림 4-48〉에 표시된 화소를 의미하며, c는 현재 화소, a와 b는 주변 화소이다.

〈표 4-71〉 EO의 카테고리

카테고리	조건	화소 분포
1	c 〈 a && c 〈 b	(1)
2	(c 〈 a && c==b) || (c==a && c 〈 b)	(2), (4)
3	(c 〉 a && c==b) || (c==a && c 〉 b)	(6), (8)
4	c 〉 a && c 〉 b	(9)
0	해당하는 곳이 없음	(5), (3), (7)

부호기와 복호기 모두에서 카테고리 결정 과정이 수행되기 때문에 선택된 카테고리 정보는 전송되지 않는다. EO의 카테고리 결정 과정의 복잡도를 줄이기 위해, 실제 소프트웨어에서는 〈표 4-71〉과 같이 카테고리를 계산하지 않고, 고속 알고리즘을 사용한다. 먼저, 다음 식과 같이 *edgeIdx*를 계산한다. 여기서, c는 〈그림 4-48〉의 현재 화소이고, a와 b는 〈그림 4-48〉의 주변 화소이다.

$$edgeIdx = 2 + sign3(c-a) + sign3(c-b) \tag{4-110}$$

$$sign3(x) = (x>0)(+1):((x==0)?(0):(-1)) \tag{4-111}$$

이렇게 결정된 *edgeIdx* 값을 이용해 카테고리를 계산한다.

$$category[edgeIdx] = \{1,2,0,3,4\} \tag{4-112}$$

(3) 밴드 오프셋

BO는 원본 영상과 복원 영상의 히스토그램을 이용해 오프셋을 구하는 방식이다. BO의 개념적인 의미는 영역 안의 비슷한 화소 밝기 값을 가진 화소 집합에 대해 일정 값을 더해 부호화 오류를 줄이는 것이다. BO에서는 하나의 오프셋 값이 동일한 밴드의 모든 화소에 더해진다. 〈그림 4-50〉과 같이 화소 밝기 값을 32개의 균일한 밴드로 나눠 비슷한 밝기 값을 가지는 화소를 하나의 집합이 되도록 한다. 예를 들어, 8비트 샘플을 사용하는 경우 0부터 255까지 256개의 화소값이 존재하므로 한 밴드에 8개의 화소값이 포함된다. 즉, 0번 밴드는 화소값이 0 ~ 7, 1번 밴드는 화소값이 8 ~ 15, 2번 밴드는 화소값이 16 ~ 23, k 번째 밴드는 화소값이 $8k$~ $8k$+7이 된다.

실제 소프트웨어에서는 밴드 분할 과정을 고속화하기 위해 다음과 같이 구현하고 있다. 0번부터 31번 밴드는 총 32개의 밴드이므로 5비트로 표현 가능하다. 따라서 8비트의 화소값을 MSB (most significant bit)로부터 5비트만 읽으면 해당하는 밴드의 인덱스가 된다. 예를 들어, 화소값이 16인 경우 소프트웨어에서의 화소값은 16을 이진수로 바꾼 '00010000'이다. 이 중 MSB를 기준으로 5비트인 '00010'만 읽으면 $00010_{(2)} = 2_{(10)}$이 되어 화소값 16이 포함되는 밴드가 2번 밴드임을 쉽게 알 수 있다.

BO에서는 이 32개의 밴드 중 연속한 네 개의 밴드에 대해서만 오프셋 값을 더한다. 따라서 네 개의 오프셋 값 (sao_offset_abs)을 전송하며, 오프셋 값을 더할 네 개의 밴드의 시작 밴드에 대한 정보 (sao_band_position)를 함께 전송해야 한다. 연속한 네 개의 밴드 정보는 가장 왼쪽의 밴드, 즉 시작 밴드의 위치를 통해 표시되기 때문이다. 연속한 네 개의 밴드에 대해 동일한 오프셋 값을 더해 부호화 오류를 감소시킨다. 또한, EO의 경우 카테고리 정보 안에 부호 정보가 포함되어 있었지만 BO의 경우 부호 정보를 따로 구할 수 없으므로 부호 정보 (sao_offset_sign)도 함께 보낸다. 앞에서 말한 것과 같이, 고속 왜곡값 예측을 이용한 율-왜곡 최적화 방법을 통해 최적의 시작 밴드를 구할 수 있다

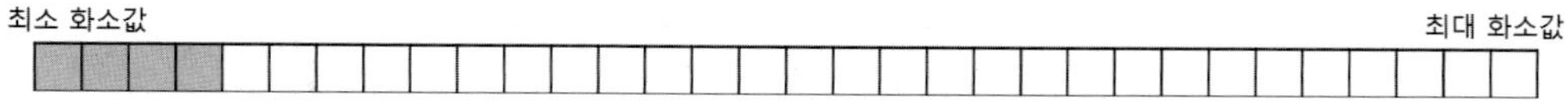

〈그림 4-50〉 BO에서의 밴드 분할

(4) 병합

적응적 샘플 오프셋을 사용하면 많은 양의 부가 정보가 필요하므로 이를 효율적으로 줄이는 작업이 필요하다. 따라서 HEVC 표준에는 현재 CTU를 기준으로 좌측 또는 상단에 위치한 CTU의 정보를 그대로 사용하는 기술이 포함되어 있다. 이 병합 정보를 나타내기 위해 두 개의 플래그 (sao_merge_left_flag, sao_merge_up_flag)가 복호기로 전송되며, sao_merge_left_flag 플래그의 값이 1이면 좌측 CTU, sao_merge_up_flag 플래그의 값이 1이면 상단 CTU의 적응적 샘플 오프셋 정보를 그대로 사용한다. 또한, EO인 경우 sao_type_idx, sao_eo_class, BO인 경우 sao_type_idx, sao_offset_abs, sao_offset_sign, sao_band_position 정보를 구하기 위한 동작((1) ~ (3)의 내용)이 모두 수행되지 않는다.

제3장에서도 설명했듯이, 한 개의 CTU에는 〈그림 4-51〉과 같이 한 개의 휘도 CTB와 두 개의 색차 CTB, 총 세 개의 CTB가 포함되어 있다. 만약 sao_merge_left_flag 값이 1이면 좌측 CTU에 포함된 휘도 및 색차 CTB의 적응적 샘플 오프셋 부가 정보를 모두 재사용한다. 이러한 과정을 통해 부가 정보에 따른 부호화 비트수를 효율적으로 감소시킬 수 있다.

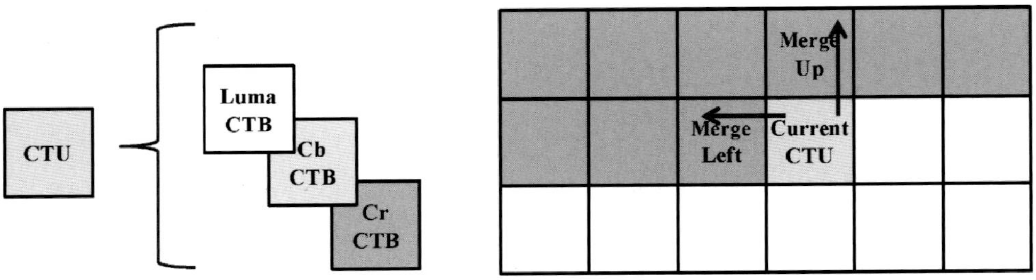

〈그림 4-51〉 CTU에 포함된 세 개의 CTB 및 적응적 샘플 오프셋 병합 동작

다음은 실제 SAO를 수행하는 processSaoUnitAll() 함수를 불러오는 SAOProcess() 함수이다.

```
Void TComSampleAdaptiveOffset::SAOProcess(TComPic* pcPic, SAOParam* pcSaoParam)
{
  if (pcSaoParam->bSaoFlag[0] || pcSaoParam->bSaoFlag[1])
  {
#if FULL_NBIT
    m_uiSaoBitIncrease = g_uiBitDepth + (g_uiBitDepth-8) - min((Int)(g_uiBitDepth +
       (g_uiBitDepth-8)), 10);
#else
    m_uiSaoBitIncrease = g_uiBitDepth + g_uiBitIncrement - min((Int)(g_uiBitDepth +
        g_uiBitIncrement), 10);
#endif

    if(m_bUseNIF)
    {
      m_pcPic->getPicYuvRec()->copyToPic(m_pcYuvTmp);
    }
    if (m_saoLcuBasedOptimization)
    {
      pcSaoParam->oneUnitFlag[0] = 0;
      pcSaoParam->oneUnitFlag[1] = 0;
      pcSaoParam->oneUnitFlag[2] = 0;
    }
    Int iY  = 0;
    if (pcSaoParam->bSaoFlag[0])
    {
      processSaoUnitAll( pcSaoParam->saoLcuParam[iY], pcSaoParam->oneUnitFlag[iY], iY);
    }
    if(pcSaoParam->bSaoFlag[1])
    {
```

```
        processSaoUnitAll( pcSaoParam->saoLcuParam[1], pcSaoParam->oneUnitFlag[1],
            1);//Cb
        processSaoUnitAll( pcSaoParam->saoLcuParam[2], pcSaoParam->oneUnitFlag[2],
            2);//Cr
    }
    m_pcPic = NULL;
  }
}
```

다음은 실제 SAO를 수행하는 processSaoUnitAll() 함수이다.

```
Void TComSampleAdaptiveOffset::SAOProcess(TComPic* pcPic, SAOParam* pcSaoParam)
{
  if (pcSaoParam->bSaoFlag[0] || pcSaoParam->bSaoFlag[1])
  {
#if FULL_NBIT
    m_uiSaoBitIncrease = g_uiBitDepth + (g_uiBitDepth-8) - min((Int)(g_uiBitDepth +
        (g_uiBitDepth-8)), 10);
#else
    m_uiSaoBitIncrease = g_uiBitDepth + g_uiBitIncrement - min((Int)(g_uiBitDepth +
        g_uiBitIncrement), 10);
#endif

    if(m_bUseNIF)
    {
      m_pcPic->getPicYuvRec()->copyToPic(m_pcYuvTmp);
    }
    if (m_saoLcuBasedOptimization)
    {
      pcSaoParam->oneUnitFlag[0] = 0;
      pcSaoParam->oneUnitFlag[1] = 0;
      pcSaoParam->oneUnitFlag[2] = 0;
    }
    Int iY  = 0;
    if (pcSaoParam->bSaoFlag[0])
    {
      processSaoUnitAll( pcSaoParam->saoLcuParam[iY], pcSaoParam->oneUnitFlag[iY],
          iY);
    }
    if(pcSaoParam->bSaoFlag[1])
    {
      processSaoUnitAll( pcSaoParam->saoLcuParam[1], pcSaoParam->oneUnitFlag[1],
```

```
        1);//Cb
      processSaoUnitAll( pcSaoParam->saoLcuParam[2], pcSaoParam->oneUnitFlag[2],
        2);//Cr
    }
    m_pcPic = NULL;
  }
}
```

다음은 CU 레벨 SAO의 동작을 보여 준다.

```
Void TComSampleAdaptiveOffset::processSaoCu(Int iAddr, Int iSaoType, Int iYCbCr)
{
  if(!m_bUseNIF)
  {
    processSaoCuOrg( iAddr, iSaoType, iYCbCr);
  }
  else
  {
    Int  isChroma = (iYCbCr != 0)? 1:0;
    Int  stride   = (iYCbCr != 0)?(m_pcPic->getCStride()):(m_pcPic->getStride());
    Pel* pPicRest = getPicYuvAddr(m_pcPic->getPicYuvRec(), iYCbCr);
    Pel* pPicDec  = getPicYuvAddr(m_pcYuvTmp, iYCbCr);

    std::vector<NDBFBlockInfo>& vFilterBlocks = *(m_pcPic->getCU(iAddr)->
        getNDBFilterBlocks());

    UInt  xPos, yPos, width, height;
    Bool* pbBorderAvail;
    UInt  posOffset;

    for(Int i=0; i< vFilterBlocks.size(); i++)
    {
      xPos          = vFilterBlocks[i].posX   >> isChroma;
      yPos          = vFilterBlocks[i].posY   >> isChroma;
      width         = vFilterBlocks[i].width  >> isChroma;
      height        = vFilterBlocks[i].height >> isChroma;
      pbBorderAvail = vFilterBlocks[i].isBorderAvailable;

      posOffset = (yPos* stride) + xPos;

      processSaoBlock(pPicDec+ posOffset, pPicRest+ posOffset, stride, iSaoType,
          xPos, yPos, width, height, pbBorderAvail);
```

```
    }
  }
}
```

다음은 LCU 경계 부분에서의 SAO의 동작을 보여 준다.

```
Void TComSampleAdaptiveOffset::processSaoCuOrg(Int iAddr, Int iSaoType, Int iYCbCr)
{
  Int x,y;
  TComDataCU *pTmpCu = m_pcPic->getCU(iAddr);
  Pel* pRec;
  Int  iStride;
  Int  iLcuWidth  = m_uiMaxCUWidth;
  Int  iLcuHeight = m_uiMaxCUHeight;
  UInt uiLPelX    = pTmpCu->getCUPelX();
  UInt uiTPelY    = pTmpCu->getCUPelY();
  UInt uiRPelX;
  UInt uiBPelY;
  Int  iSignLeft;
  Int  iSignRight;
  Int  iSignDown;
  Int  iSignDown1;
  Int  iSignDown2;
  UInt uiEdgeType;
  Int iPicWidthTmp;
  Int iPicHeightTmp;
  Int iStartX;
  Int iStartY;
  Int iEndX;
  Int iEndY;
  Int iIsChroma = (iYCbCr!=0)? 1:0;
  Int iShift;
  Int iCuHeightTmp;
  Pel *pTmpLSwap;
  Pel *pTmpL;
  Pel *pTmpU;

  iPicWidthTmp  = m_iPicWidth  >> iIsChroma;
  iPicHeightTmp = m_iPicHeight >> iIsChroma;
  iLcuWidth     = iLcuWidth    >> iIsChroma;
  iLcuHeight    = iLcuHeight   >> iIsChroma;
  uiLPelX       = uiLPelX      >> iIsChroma;
```

```
  uiTPelY       = uiTPelY      >> iIsChroma;
  uiRPelX       = uiLPelX + iLcuWidth  ;
  uiBPelY       = uiTPelY + iLcuHeight ;
  uiRPelX       = uiRPelX > iPicWidthTmp  ? iPicWidthTmp  : uiRPelX;
  uiBPelY       = uiBPelY > iPicHeightTmp ? iPicHeightTmp : uiBPelY;
  iLcuWidth     = uiRPelX - uiLPelX;
  iLcuHeight    = uiBPelY - uiTPelY;

  if(pTmpCu->getPic()==0)
  {
    return;
  }
  if (iYCbCr == 0)
  {
    pRec       = m_pcPic->getPicYuvRec()->getLumaAddr(iAddr);
    iStride    = m_pcPic->getStride();
  }
  else if (iYCbCr == 1)
  {
    pRec       = m_pcPic->getPicYuvRec()->getCbAddr(iAddr);
    iStride    = m_pcPic->getCStride();
  }
  else
  {
    pRec       = m_pcPic->getPicYuvRec()->getCrAddr(iAddr);
    iStride    = m_pcPic->getCStride();
  }

//    if (iSaoType!=SAO_BO_0 || iSaoType!=SAO_BO_1)
  {
    iCuHeightTmp = (m_uiMaxCUHeight >> iIsChroma);
    iShift = (m_uiMaxCUWidth>> iIsChroma)-1;
    for (Int i=0;i<iCuHeightTmp+1;i++)
    {
      m_pTmpL2[i] = pRec[iShift];
      pRec += iStride;
    }
    pRec -= (iStride*(iCuHeightTmp+1));

    pTmpL = m_pTmpL1;
    pTmpU = &(m_pTmpU1[uiLPelX]);
  }

  switch (iSaoType)
```

```
{
case SAO_EO_0: // EO, 0°
  {
    iStartX = (uiLPelX == 0) ? 1 : 0;
    iEndX   = (uiRPelX == iPicWidthTmp) ? iLcuWidth-1 : iLcuWidth;
    for (y=0; y<iLcuHeight; y++)
    {
      iSignLeft = xSign(pRec[iStartX] - pTmpL[y]);
      for (x=iStartX; x< iEndX; x++)
      {
        iSignRight =  xSign(pRec[x] - pRec[x+1]);
        uiEdgeType =  iSignRight + iSignLeft + 2;
        iSignLeft  = -iSignRight;

        pRec[x] = m_pClipTable[pRec[x] + m_iOffsetEo[uiEdgeType]];
      }
      pRec += iStride;
    }
    break;
  }
case SAO_EO_1: // EO, 90°
  {
    iStartY = (uiTPelY == 0) ? 1 : 0;
    iEndY   = (uiBPelY == iPicHeightTmp) ? iLcuHeight-1 : iLcuHeight;
    if (uiTPelY == 0)
    {
      pRec += iStride;
    }
    for (x=0; x< iLcuWidth; x++)
    {
      m_iUpBuff1[x] = xSign(pRec[x] - pTmpU[x]);
    }
    for (y=iStartY; y<iEndY; y++)
    {
      for (x=0; x<iLcuWidth; x++)
      {
        iSignDown  = xSign(pRec[x] - pRec[x+iStride]);
        uiEdgeType = iSignDown + m_iUpBuff1[x] + 2;
        m_iUpBuff1[x]= -iSignDown;

        pRec[x] = m_pClipTable[pRec[x] + m_iOffsetEo[uiEdgeType]];
      }
      pRec += iStride;
    }
```

```
      break;
    }
  case SAO_EO_2: // EO, 135°
    {
      iStartX = (uiLPelX == 0)             ? 1 : 0;
      iEndX   = (uiRPelX == iPicWidthTmp) ? iLcuWidth-1 : iLcuWidth;

      iStartY = (uiTPelY == 0) ?             1 : 0;
      iEndY   = (uiBPelY == iPicHeightTmp) ? iLcuHeight-1 : iLcuHeight;

      if (uiTPelY == 0)
      {
        pRec += iStride;
      }

      for (x=iStartX; x<iEndX; x++)
      {
        m_iUpBuff1[x] = xSign(pRec[x] - pTmpU[x-1]);
      }
      for (y=iStartY; y<iEndY; y++)
      {
        iSignDown2 = xSign(pRec[iStride+iStartX] - pTmpL[y]);
        for (x=iStartX; x<iEndX; x++)
        {
          iSignDown1      =  xSign(pRec[x] - pRec[x+iStride+1]) ;
          uiEdgeType      =  iSignDown1 + m_iUpBuff1[x] + 2;
          m_iUpBufft[x+1] = -iSignDown1;
          pRec[x] = m_pClipTable[pRec[x] + m_iOffsetEo[uiEdgeType]];
        }
        m_iUpBufft[iStartX] = iSignDown2;

        ipSwap     = m_iUpBuff1;
        m_iUpBuff1 = m_iUpBufft;
        m_iUpBufft = ipSwap;

        pRec += iStride;
      }
      break;
    }
  case SAO_EO_3: // EO, 45°
    {
      iStartX = (uiLPelX == 0) ? 1 : 0;
      iEndX   = (uiRPelX == iPicWidthTmp) ? iLcuWidth-1 : iLcuWidth;
```

```
    iStartY = (uiTPelY == 0) ? 1 : 0;
    iEndY   = (uiBPelY == iPicHeightTmp) ? iLcuHeight-1 : iLcuHeight;

    if (iStartY == 1)
    {
      pRec += iStride;
    }

    for (x=iStartX-1; x<iEndX; x++)
    {
      m_iUpBuff1[x] = xSign(pRec[x] - pTmpU[x+1]);
    }
    for (y=iStartY; y<iEndY; y++)
    {
      x=iStartX;
      iSignDown1      =  xSign(pRec[x] - pTmpL[y+1]) ;
      uiEdgeType      =  iSignDown1 + m_iUpBuff1[x] + 2;
      m_iUpBuff1[x-1] = -iSignDown1;
      pRec[x] = m_pClipTable[pRec[x] + m_iOffsetEo[uiEdgeType]];
      for (x=iStartX+1; x<iEndX; x++)
      {
        iSignDown1      =  xSign(pRec[x] - pRec[x+iStride-1]) ;
        uiEdgeType      =  iSignDown1 + m_iUpBuff1[x] + 2;
        m_iUpBuff1[x-1] = -iSignDown1;
        pRec[x] = m_pClipTable[pRec[x] + m_iOffsetEo[uiEdgeType]];
      }
      m_iUpBuff1[iEndX-1] = xSign(pRec[iEndX-1 + iStride] - pRec[iEndX]);

      pRec += iStride;
    }
    break;
  }
case SAO_BO: // BO
  {
    for (y=0; y<iLcuHeight; y++)
    {
      for (x=0; x<iLcuWidth; x++)
      {
        pRec[x] = m_iOffsetBo[pRec[x]];
      }
      pRec += iStride;
    }
    break;
  }
```

```
default: break;
  }

  {
    pTmpLSwap = m_pTmpL1;
    m_pTmpL1  = m_pTmpL2;
    m_pTmpL2  = pTmpLSwap;
  }
}
```

다음은 슬라이스 경계 부분이 아닐 경우 SAO의 동작을 보여 준다. 여기서 pDec는 필터링될 블록 정보를 포함하는 버퍼, pRest는 필터링된 결과를 저장하는 버퍼이고, saoType은 SAO 오프셋 종류, pbBorderAvail은 블록 경계 화소의 접근 가능성을 나타낸다.

```
Void TComSampleAdaptiveOffset::processSaoBlock(Pel* pDec, Pel* pRest, Int stride,
Int saoType, UInt xPos, UInt yPos, UInt width, UInt height, Bool* pbBorderAvail)
{
  Int startX, startY, endX, endY, x, y;
  Int signLeft,signRight,signDown,signDown1;
  UInt edgeType;

  switch (saoType)
  {
  case SAO_EO_0: // EO, 0°
    {

      startX = (pbBorderAvail[SGU_L]) ? 0 : 1;
      endX   = (pbBorderAvail[SGU_R]) ? width : (width -1);
      for (y=0; y< height; y++)
      {
        signLeft = xSign(pDec[startX] - pDec[startX-1]);
        for (x=startX; x< endX; x++)
        {
          signRight =  xSign(pDec[x] - pDec[x+1]);
          edgeType =  signRight + signLeft + 2;
          signLeft  = -signRight;

          pRest[x] = m_pClipTable[pDec[x] + m_iOffsetEo[edgeType]];
        }
        pDec  += stride;
        pRest += stride;
```

```
    }
    break;
  }
case SAO_EO_1: // EO, 90°
  {
    startY = (pbBorderAvail[SGU_T]) ? 0 : 1;
    endY   = (pbBorderAvail[SGU_B]) ? height : height-1;
    if (!pbBorderAvail[SGU_T])
    {
      pDec  += stride;
      pRest += stride;
    }
    for (x=0; x< width; x++)
    {
      m_iUpBuff1[x] = xSign(pDec[x] - pDec[x-stride]);
    }
    for (y=startY; y<endY; y++)
    {
      for (x=0; x< width; x++)
      {
        signDown  = xSign(pDec[x] - pDec[x+stride]);
        edgeType = signDown + m_iUpBuff1[x] + 2;
        m_iUpBuff1[x]= -signDown;

        pRest[x] = m_pClipTable[pDec[x] + m_iOffsetEo[edgeType]];
      }
      pDec  += stride;
      pRest += stride;
    }
    break;
  }
case SAO_EO_2: // EO, 135°
  {
    Int posShift= stride + 1;

    startX = (pbBorderAvail[SGU_L]) ? 0 : 1 ;
    endX   = (pbBorderAvail[SGU_R]) ? width : (width-1);

    // 부호
    pDec += stride;
    for (x=startX; x< endX+1; x++)
    {
      m_iUpBuff1[x] = xSign(pDec[x] - pDec[x- posShift]);
    }
```

```
// 첫 번째 줄
pDec -= stride;
if(pbBorderAvail[SGU_TL])
{
  x= 0;
  edgeType      =  xSign(pDec[x] - pDec[x- posShift]) - m_iUpBuff1[x+1] + 2;
  pRest[x] = m_pClipTable[pDec[x] + m_iOffsetEo[edgeType]];

}
if(pbBorderAvail[SGU_T])
{
  for(x= 1; x< endX; x++)
  {
    edgeType      =  xSign(pDec[x] - pDec[x- posShift]) - m_iUpBuff1[x+1] + 2;
    pRest[x] = m_pClipTable[pDec[x] + m_iOffsetEo[edgeType]];
  }
}
pDec   += stride;
pRest  += stride;


// 중간 줄들의 처리
for (y= 1; y< height-1; y++)
{
  for (x=startX; x<endX; x++)
  {
    signDown1      =  xSign(pDec[x] - pDec[x+ posShift]) ;
    edgeType      =  signDown1 + m_iUpBuff1[x] + 2;
    pRest[x] = m_pClipTable[pDec[x] + m_iOffsetEo[edgeType]];

    m_iUpBufft[x+1] = -signDown1;
  }
  m_iUpBufft[startX] = xSign(pDec[stride+startX] - pDec[startX-1]);

  ipSwap     = m_iUpBuff1;
  m_iUpBuff1 = m_iUpBufft;
  m_iUpBufft = ipSwap;

  pDec  += stride;
  pRest += stride;
}

// 마지막 줄
```

```
    if(pbBorderAvail[SGU_B])
    {
      for(x= startX; x< width-1; x++)
      {
        edgeType =  xSign(pDec[x] - pDec[x+ posShift]) + m_iUpBuff1[x] + 2;
        pRest[x] = m_pClipTable[pDec[x] + m_iOffsetEo[edgeType]];
      }
    }
    if(pbBorderAvail[SGU_BR])
    {
      x= width -1;
      edgeType =  xSign(pDec[x] - pDec[x+ posShift]) + m_iUpBuff1[x] + 2;
      pRest[x] = m_pClipTable[pDec[x] + m_iOffsetEo[edgeType]];
    }
    break;
  }
case SAO_EO_3: // EO, 45°
  {
    Int  posShift     = stride - 1;
    startX = (pbBorderAvail[SGU_L]) ? 0 : 1;
    endX   = (pbBorderAvail[SGU_R]) ? width : (width -1);

    // 부호
    pDec += stride;
    for (x=startX-1; x< endX; x++)
    {
      m_iUpBuff1[x] = xSign(pDec[x] - pDec[x- posShift]);
    }


    // 첫 번째 줄
    pDec -= stride;
    if(pbBorderAvail[SGU_T])
    {
      for(x= startX; x< width -1; x++)
      {
        edgeType = xSign(pDec[x] - pDec[x- posShift]) -m_iUpBuff1[x-1] + 2;
        pRest[x] = m_pClipTable[pDec[x] + m_iOffsetEo[edgeType]];
      }
    }
    if(pbBorderAvail[SGU_TR])
    {
      x= width-1;
      edgeType = xSign(pDec[x] - pDec[x- posShift]) -m_iUpBuff1[x-1] + 2;
```

```
      pRest[x] = m_pClipTable[pDec[x] + m_iOffsetEo[edgeType]];
    }
    pDec  += stride;
    pRest += stride;

    // 중간 줄들의 처리
    for (y= 1; y< height-1; y++)
    {
      for(x= startX; x< endX; x++)
      {
        signDown1      =  xSign(pDec[x] - pDec[x+ posShift]) ;
        edgeType       =  signDown1 + m_iUpBuff1[x] + 2;

        pRest[x] = m_pClipTable[pDec[x] + m_iOffsetEo[edgeType]];
        m_iUpBuff1[x-1] = -signDown1;
      }
      m_iUpBuff1[endX-1] = xSign(pDec[endX-1 + stride] - pDec[endX]);

      pDec  += stride;
      pRest += stride;
    }

    // 마지막 줄
    if(pbBorderAvail[SGU_BL])
    {
      x= 0;
      edgeType = xSign(pDec[x] - pDec[x+ posShift]) + m_iUpBuff1[x] + 2;
      pRest[x] = m_pClipTable[pDec[x] + m_iOffsetEo[edgeType]];

    }
    if(pbBorderAvail[SGU_B])
    {
      for(x= 1; x< endX; x++)
      {
        edgeType = xSign(pDec[x] - pDec[x+ posShift]) + m_iUpBuff1[x] + 2;
        pRest[x] = m_pClipTable[pDec[x] + m_iOffsetEo[edgeType]];
      }
    }
    break;
  }
case SAO_BO: // BO
  {
    for (y=0; y< height; y++)
    {
```

```
        for (x=0; x< width; x++)
        {
          pRest[x] = m_iOffsetBo[pDec[x]];
        }
        pRest += stride;
        pDec  += stride;
      }
      break;
    }
  default: break;
  }
}
```

참고문헌

1. 호요성, "UHD 고화질 영상 서비스와 HEVC 영상 압축 표준 (1)," 방송과기술, vol. 209, pp. 154-159, 2013.
2. I.E.G. Richardson, H.264 and MPEG-4 Video Compression, Wiley, 2003.
3. T. Wiegand, G. Sullivan, G. Bjontegaard, and A. Luthra, "Overview of the H.264/AVC Video Coding Standard," IEEE Transactions on Circuits and Systems for Video Technology, vol. 13, no. 7, pp. 560-576, July 2003.
4. 호요성, H.264 표준의 이해, 두양사, 2006.
5. 호요성, 김승환, H.264/AVC 표준의 소스 코드 분석 (개정판), 두양사, 2007.
6. 호요성, 김승환, H.264/AVC 알고리즘 이해와 프로그램 분석 (전면개정판), 두양사, 2009.
7. Joint Collaborative Team on Video Coding of ITU-T SG16 WP3 and ISO/IEC JTC1/SC29/WG11, "High Efficiency Video Coding (HEVC) text specification draft 10 (for FDIS & Consent)," JCTVC-L1003, Jan. 2013.
8. 호요성, 최정아, UHD 고화질 영상 압축 기술: HEVC 알고리즘의 이해와 프로그램 분석, 진샘미디어, 2013.
9. JCT-VC: http://phenix.it-sudparis.eu/jct/
10. 호요성, 허진, 최정아, 차세대 비디오 압축 기술: HEVC 알고리즘 이해와 프로그램 분석, 진샘미디어, 2011.
11. Video and Requirements Subgroups of ISO/IEC JTC1/SC29/WG11, "Vision and Requirements for High-performance Video Coding (HVC) Codec," N10174, Oct. 2008.
12. 호요성, 최정아, "스마트폰을 위한 동영상 압축 기술," 한국통신학회지, 제29권, 제4호, pp. 22-29, April 2012.
13. ISO/IEC JTC1/SC29/WG11, "3DV EE1 Results on Café," M19277, Jan. 2011.
14. 호요성, 허진, 정보 이론과 무손실 부호화 방법, 두양사, 2009.
15. 호요성, 허진, H.264/AVC 표준의 CAVLC/CABAC 알고리즘 이해 및 분석, 두양사, 2009.

16. K. Sayood, Introduction to Data Compression, 3rd edition, Morgan Kaufmann 2005.
17. ITU-T SG16 WP3 and ISO/IEC JTC1/SC29/WG11, "HM Software Manual," JCTVC-Software Manual, Jan. 2014.
18. ITU-T SG16 WP3 and ISO/IEC JTC1/SC29/WG11, "High Efficiency Video Coding (HEVC) Test Model 13 (HM 13) Encoder Description," JCTVC-O1002, Jan. 2014.
19. 심동규, 조현호, 고효율 영상 부호화 기술 HEVC 표준 기술의 이해, 홍릉과학출판사, 2014.
20. 호요성, "UHD 고화질 영상 서비스와 HEVC 영상 압축 표준 (2)," 방송과기술, vol. 210, pp. 162-167, 2013.
21. G. Sullivan, J. Ohm, H. Woo-Jin, and T. Wiegand, "Overview of the High Efficiency Video Coding (HEVC) Standard," IEEE Transactions on Circuits and Systems for Video Technology, vol. 22, no. 12, pp. 1649-1668, Dec. 2012.
22. 호요성, "UHD 고화질 영상 서비스와 HEVC 영상 압축 표준 (3)," 방송과기술, vol. 211, pp. 160-165, Dec. 2013.
23. I. Kim, J. Min, T. Lee, W. Han, and J. Park, "Block Partitioning Structure in the HEVC Standard," IEEE Transactions on Circuits and Systems for Video Technology, vol. 22, no. 12, pp. 1697-1706, Dec. 2012.
24. J. Lainema, F. Bossen, W. Han, J. Min, and K. Ugur, "Intra Coding of the HEVC Standard," IEEE Transactions on Circuits and Systems for Video Technology, vol. 22, no. 12, pp. 1792-1801, Dec. 2012.
25. K. Ugur, A. Alshin, E. Alshina, F. Bossen, W. Han, J. Park, and J. Lainema, "Motion Compensated Prediction and Interpolation Filter Design in H.265/HEVC," IEEE Journal of Selected Topics in Signal Processing, vol. 7, no. 6, pp. 946-956, Dec. 2013.
26. Joint Collaborative Team on Video Coding of ITU-T SG16 WP3 and ISO/IEC JTC1/SC29/WG11, "CE3:7 taps interpolation filters for quarter pel position MC from Samsung and Motorola Mobility," JCTVC-G778, Nov. 2011.
27. 김현동, "개선된 Col-located 픽처를 이용한 시간적 움직임 벡터 예측," 세종대학교 대학원 석사학위 논문, 2012.
28. P. Helle, S. Oudin, B. Bross, D. Marpe, M. Bici, K. Ugur, J. Jung, G. Clare, and T. Wiegand, "Block Merging for Quadtree-Based Partitioning in HEVC," IEEE

Transactions on Circuits and Systems for Video Technology, vol. 22, no. 12, pp. 1720-1731, Dec. 2012.

29. J. Lin, Y. Chen, Y. Huang, and S. Lei, "Motion Vector Coding in the HEVC Standard," IEEE Journal of Selected Topics in Signal Processing, vol. 7, no. 6, pp. 957-968, Dec. 2013.

30. A. Krutz, A. Glantz, M. Tok, M. Esche, and T. Sikora, "Adaptive Global Motion Temporal Filtering for High Efficiency Video Coding," IEEE Transactions on Circuits and Systems for Video Technology, vol. 22, no. 12, pp. 1802-1812, Dec. 2012.

31. M. Budagavi, A. Fuldseth, G. Bjontegaard, V. Sze, and M. Sadafale, "Core Transform Design in the High Efficiency Video Coding (HEVC) Standard," IEEE Journal of Selected Topics in Signal Processing, vol. 7, no. 6, pp. 1029-1041, Dec. 2013.

32. M. Narroschke, "Coding Efficiency of the DCT and DST in Hybrid Video Coding," IEEE Journal of Selected Topics in Signal Processing, vol. 7, no. 6, pp. 1062-1071, Dec. 2013.

33. J. Sole, R. Joshi, N. Nguyen, T. Ji, M. Karczewicz, G. Clare, F. Henry, and A. Dueñas, "Transform Coefficient Coding in HEVC," IEEE Transactions on Circuits and Systems for Video Technology, vol. 22, no. 12, pp. 1765-1777, Dec. 2012.

34. V. Sze and M. Budagavi, "High Throughput CABAC Entropy Coding in HEVC," IEEE Transactions on Circuits and Systems for Video Technology, vol. 22, no. 12, pp. 1778-1791, Dec. 2012.

35. T. Nguyen, P. Helle, M. Winken, B. Bross, D. Marpe, H. Schwarz, and T. Wiegand, "Transform Coding Techniques in HEVC," IEEE Journal of Selected Topics in Signal Processing, vol. 7, no. 6, pp. 978-989, Dec. 2013.

36. A. Norkin, G. Bjontegaard, A. Fuldseth, M. Narroschke, M. Ikeda, K. Andersson, M. Zhou, and G. Auwera, "HEVC Deblocking Filter," IEEE Transactions on Circuits and Systems for Video Technology, vol. 22, no. 12, pp. 1746-1754, Dec. 2012.

37. C. Fu, E. Alshina, A. Alshin, Y. Huang, C. Chen, C. Tsai, C. Hsu, S. Lei, J. Park, and W. Han, "Sample Adaptive Offset in the HEVC Standard," IEEE Transactions on Circuits and Systems for Video Technology, vol. 22, no. 12, pp. 1755-1764, Dec. 2012.

찾아보기

저자 소개

• **호요성**
서울대학교 공과대학 전자공학과 (학사)
서울대학교 대학원 전자공학과 (석사)
University of California, Santa Barbara
Dept. of Electrical & Computer Engineering (박사)
한국전자통신연구소, 선임연구원
미국 Philips 연구소, Senior Research Member
미국 Polytechnic University, Adjunct Professor
MPEG-Korea 의장 역임
현) 광주과학기술원, 정보통신공학부 교수
광주과학기술원, 실감방송연구센터 센터장

• **최정아**
한국항공대학교 공과대학 전자 및 항공전자공학과 (학사)
광주과학기술원 정보통신공학부 영상통신연구실 (석사)
현) 광주과학기술원 정보통신공학부 영상통신연구실 (박사과정)

UHD 고화질 영상 압축을 위한 HEVC 표준 부호화 알고리즘의 분석

발 행 일 | 2014년 4월 18일

저 자 | 호요성 · 최정아
발 행 자 | 최봉조
발 행 처 | 진샘미디어
주 소 | 서울특별시 은평구 연서로5길 28
부호아파트 102동 상가 5호
전 화 | 02)353-4421
F A X | 02)353-4431
Home-page | www.jinsaem.co.kr

신고번호 | 제311-2005-000025호
I S B N | 979-11-85504-08-7 (93560)

정가 19,000원